北京市教育科学"十四五"规划2021年度青年课题（CDC21122）研究成果
中国学前教育研究会"十四五"研究课题（K20210419）研究成果

幼儿园体能活动设计与教学指导

谷长伟　主编

中国农业出版社
北京

图书在版编目（CIP）数据

幼儿园体能活动设计与教学指导 / 谷长伟主编 . —北京：中国农业出版社，2022.4
ISBN 978-7-109-29188-1

Ⅰ.①幼… Ⅱ.①谷… Ⅲ.①身体训练－教学研究－学前教育 Ⅳ.①G613.7

中国版本图书馆 CIP 数据核字（2022）第 038991 号

幼儿园体能活动设计与教学指导
YOUERYUAN TINENG HUODONG SHEJI YU JIAOXUE ZHIDAO

中国农业出版社出版
地址：北京市朝阳区麦子店街 18 号楼
邮编：100125
责任编辑：孙利平
版式设计：杨 婧 责任校对：吴丽婷 责任印制：王 宏
印刷：北京中兴印刷有限公司
版次：2022 年 4 月第 1 版
印次：2022 年 4 月北京第 1 次印刷
发行：新华书店北京发行所
开本：700mm×1000mm 1/16
印张：15
字数：360 千字
定价：58.00 元

编 委 会

主　编　谷长伟

副主编　文　岩　胡彩云

编　委　绳海静　谭亚静　任丽娟　付冬华

　　　　殷　媚　刘海燕　霍燕兵　季　鹏

　　　　赵　萌　韩素芳　颜　磊　张东艳

　　　　王玲玲　吴琳珺　李　华　张　莹

　　　　张宏远　佟　玮　云　静　高　阳

　　　　高　硕　季　星　张新阶　王　芳

本书系北京市教育科学"十四五"规划2021年度青年课题（CDC21122）研究成果，由北京欢动未来科技有限公司提供科研支持。

前 言

　　建设健康中国是习近平新时代中国特色社会主义思想的重要组成部分。其中《"健康中国2030"规划纲要》指出："加大学校健康教育力度，将健康教育纳入国民教育体系，把健康教育作为所有教育阶段素质教育的重要内容。"幼儿是祖国的未来和希望，是祖国的花朵。关注幼儿体质健康发展是当今社会的重要议题。我国著名幼教专家陈鹤琴先生曾指出："强国必先强种，强种必先强身，强身，首先要注意幼年的儿童。"

　　近年来，我国颁布了一系列纲领性文件，如：《"健康中国2030"规划纲要》（2016年10月25日由中共中央、国务院印发）、《体育强国建设纲要》（2019年8月10日由国务院办公厅印发）。从这些文件中不难看出，国家对儿童及青少年健康的高度重视。目前，受疫情影响，全社会更加关注孩子们的健康状况。

　　教育部先后制定的《幼儿园教育指导纲要（试行）》（以下简称《纲要》）和《3~6岁儿童学习与发展指南》（以下简称《指南》）都将幼儿的"健康与运动"放在了五大领域教育活动的首位。运动是幼儿生长与发育的原动力，它像营养和睡眠一样不可或缺，并具有不可替代的作用。因此，幼儿园把对幼儿的健康教育放在了首位，以体育活动促进幼儿健康发展，以健康教育促进幼儿全面、和谐发展。

　　幼儿期是动作技能形成与发展的"黄金期"，是奠定基础动作、培养运动能力的关键期。在此期间，进行科学、合理的体育活动不仅能提高幼儿基本动作技能的发展，开发幼儿的运动潜能，培养幼儿良好的运动习惯，全面提高幼儿的综合体能，还能有效地促进幼儿身体素质与心理健康的和谐发展，为他们终身的体能发展与强健的体魄打下良好的基础。

体育及幼儿体育是一个相对宽泛的概念。体育是以身体活动为手段的教育活动。幼儿体育是增进幼儿健康、增强幼儿体质的教育活动。幼儿体育是学校体育的基础阶段和重要组成部分，包括多方面的内容，如幼儿的营养、卫生、保健、生活及卫生习惯、安全教育、体育活动，以及心理健康。这些都是影响幼儿健康的重要因素。因此，都属于幼儿体育教育的范畴，不能简单地把"幼儿体育"理解为诸如做操、跑步、跳跃、投掷等运动类型的活动，我们通常称运动类型的活动为"体育活动"。体育活动是幼儿体育的主体，也是核心内容。有关幼儿园体育活动的图书比较多，这些图书讲述的内容大多以发展幼儿体能为核心目标，实际讲述的是体育活动。

体能及幼儿体能是幼儿体育中的重要概念。如果把幼儿体育定义为一级概念，那么，体能及幼儿体能只是一个相对的二级概念。仅从幼儿园的体育活动来说，除了体能活动，还应包括一些专项运动技能的活动，如幼儿球类运动、跳绳、平衡车运动、跑酷等。因此，为了厘清"体能活动"与"体育活动"的关系，为了让大家不再简单地用"体育活动"来代替"体能活动"，同时，也为了凸显体能活动在幼儿体育中的基础核心地位，我们特别在书名中标明了"体能活动"，在书中用"体能课"来代替过去的"体育课"，希望通过这一点，引起幼儿教师对体育活动中有关体能活动的重视。

本书以《纲要》和《指南》为指导，从幼儿体能发展及幼儿园体能教学活动的需求出发，遵循幼儿的身心发展水平、年龄特点和体育活动的规律，以幼儿体能活动的主要内容和形式为线索进行编写，讲述了幼儿园开展体能课的主要内容，包括：基本动作发展、队列和口令、幼儿体操、体育游戏、体育教学活动、综合体能循环运动共6种体能活动类型，注重幼儿体能活动的科学性和体能发展的全面性。

在本书结构的安排上，以专题内容为基本单元和框架，每个专题阐述一个或若干个基本问题，解决一线教师在组织体能活动过程中的困惑。虽然每个专题内容相对独立，但它们之间又相互关联，使全书内容成为一个有机整体。

全书共分12章。第一章，体能课程概述，介绍课程的主要内容及其教学（包括教学理念、教学组织结构、实施原则、分级及目标）；第二章至第八章分别阐述幼儿基本动作发展及教育策略，包括走、跑、跳、投、钻爬、平衡、翻滚、攀登、悬垂、支撑和推拉等11种动作类型；第九章讲述幼儿体育游戏；第十章讲述集体体育教学活动；第十一章讲述幼儿基础体操，第十二章介绍以体能锻炼为目标的家庭亲子体育活动。每章可作为一个相对独立的专题，既有相关理论阐述和教育、教学策略与建议，又列举了丰富的活动实例。这些内容大多来自一线教师及教研人员的经验总结，对广大一线教师的教学具有重要的指导意义和参考价值。

本书系北京市教育科学"十四五"规划2021年度青年课题（CDC21122）研究成果，是对中国智慧工程研究会教育科学"十三五"规划重点课题"幼儿体适能教学的研究与实践"案例的梳理和升华。书中的理论和活动案例大部分源于参与课题研究园所的教育实践，同时又运用于其他园所的教育实践。

本书作为幼儿园体能教学指导书，具有较强的针对性和可操作性，适用于幼儿园一线教师教学参考，也可供职业院校学前教育专业的学生学习与参考。

本书的优势及亮点，可概括为以下4点：

1.理论的全面性与系统性：本书从幼儿体能课程与幼儿体育的关系说起，全面地介绍了幼儿体能课教学的目标、主要内容、教学策略等几大板块，详细介绍了11种基本动作发展及其教育策略；系统地讲解了幼儿体育游戏、集体体育教学活动、幼儿体操、体能发展与亲子体育活动等各方面的基础理论知识。

2.内容的丰富性：除了全面、系统的理论阐述，本书还包含了丰富的实例和案例，这些都是幼儿园教师和各区教研员的经验总结，很多内容都是结合实例进行的细致分析。

3.实用性强和可操作性强：本书不仅讲述的理论实用性强，而且每个专题部分都有实用的可操作性案例，供教师们学习与参考。这些实例和案例有别于教案，更多的是游戏案例，方便教师结合本班幼儿的实际情况及动作发展水平，自由组合、创编，灵活应用于自己的教学实践中。

4.课程资源不断更新和及时共享：该课程始终处于不断的教学实践中，有一批固定的教学及研究团队，这是一支创新的团队，还在不断地更新课程资源，并与广大读者分享。

本书能如期出版，除了编写者的努力外，还要感谢多年来一直参与课题研究实践园所的支持，以及为本书提供丰富素材和活动案例的幼儿园。感谢中国农业出版社领导的关怀及编辑孙利平的支持与努力。

为了幼儿未来的全面发展，为了广大幼儿教师的专业提升，为了让幼儿园的体育活动与智育、德育更好地自然融合，我们一直坚持走在幼儿体育教育改革与探索的道路上，永不停歇！让孩子们在快乐的运动中健康成长，一直是我们努力的方向和目标。幼儿体能教育是一门实践性很强的幼儿教育学科分支，唯有努力和坚持，才能让我们更接近理想的目标。

由于编者水平和能力所限，书中难免有不妥之处，敬请广大教师及读者提出批评和宝贵的建议，以便再版时修订、完善。

编 者

2022年1月

目　录

第一章　幼儿体能课程概述

第一节　幼儿体能课程与幼儿体育的关系

一、幼儿体育的概念与范畴

1. 体育的概念、意义及其类别

"体育"是现代社会日常生活中常用词汇。"体"是指人的身体，"育"是指教育，合在一起的意思是，有关身体的教育。一般情况下，"体育"是指依据人体生长发育特点及运动技能形成的规律，以身体与智力活动为手段，全面提升身体素质及运动能力的一种实践性较强的教育活动。通过各种身体运动，不仅能促进身体机能和体能的发展，保持身体健康，而且还能促进心理健康的发展，培养良好的意志、品质和个性，提高社会适应能力，改善生活方式，提高生活质量。

根据受众群体和目标的不同，体育又分为不同的种类，如学校体育、大众体育、专业体育。

（1）学校体育：受众群体是各类在校学生，目标是强身健体，保持身体良好的健康状态，增强体质，掌握体育的基本知识、技能，学会科学锻炼身体的方法，促进身心健康发展，为学生今后的学习、生活打好基础。

（2）大众体育：受众群体是社会大众，包括社会各类人群，目标是养生保健、健美健身、休闲娱乐、医疗防治、培养体育后备人才等。

（3）专业体育：受众群体主要是专业或职业技能人员，包括体育专业院校的师生、社会各级体育专项集训人员，通过最大限度地发挥个人或群体在体力、智力、心理等方面潜力的基础上进行以运动技术及运动成绩为主的比赛活动，目标是赢得比赛。他们经常为了赢得奖牌、争得荣誉而进行各种体育项目的比赛。

2. 幼儿体育的概念、范畴及其意义

幼儿体育是学校体育的基础阶段和重要组成部分。

如何理解"幼儿体育"？幼儿体育是遵循幼儿身体生长发展规律，以增强幼儿体质、增进幼儿健康、促进幼儿全面、和谐发展为目的开展的一系列教育

活动，它包括多方面的内容。

在幼儿园，幼儿的营养、卫生、保健、安全教育、体育活动、生活及卫生习惯，以及心理健康，都是影响幼儿健康的重要因素。因此，这些内容都属于幼儿体育教育的范畴。我们不能简单地把"幼儿体育"理解为诸如幼儿做操、跑步、跳跃、投掷等各种运动类型的活动。我们通常将这些运动类型的活动统称为"体育活动"。体育活动是幼儿体育的主体，也是幼儿体育的核心基础。

《幼儿园工作规程》（2016版）（以下简称《规程》）第一章第五条列出了"幼儿园保育和教育的主要目标"，其中第一款指出："促进幼儿身体正常发育和机能的协调发展，增强体质，促进心理健康，培养良好的生活习惯、卫生习惯和参加体育活动的兴趣。"由此可以看出，《规程》强调了体育的首要地位，幼儿身体和机能的健康发展是幼儿成长及一切发展的基础。

体育活动是促进幼儿身心健康、和谐发展的重要手段之一。生命的健康是保证人发展的物质基础。人的认知、情感、行为等方面的发展，都需要建立在身体健康的基础上，健全的大脑是心理发展的重要物质保障。因此，人要在社会中求得生存并得到发展，首先要有健康的身体。

幼儿期，身体各器官、系统功能尚未发育成熟，又是生长、发育十分迅速和旺盛的时期，同时也是保障身体健康发展的关键期。在幼儿园的教育中，科学而适宜的体育活动对幼儿强健体魄和身心全面、和谐发展，具有十分重要的意义。

二、幼儿体能与幼儿体育的关系

体能，也称"体适能"，是指人体机能保证日常生活、学习和运动而又不易疲劳的身体适应能力，主要包括基本动作和身体素质两方面。人体的基本动作包括走、跑、跳、投掷、钻爬、平衡、翻滚、攀登、悬垂和支撑等。身体素质包括力量、速度、耐力、柔韧、灵活等。幼儿体能是指幼儿的身体适应能力，它包括幼儿的基本动作和身体素质。

体育活动能有效地促进幼儿体能的发展。实践表明，经常开展各种体育活动能逐渐增强幼儿四肢和躯干的肌肉力量，随着体育锻炼时间的逐渐延长，肌肉的力量和耐力也随之增加；经常开展各种体育活动能使幼儿的动作更加协调、灵活、敏捷，体现身体素质的力量、耐力、灵活性、柔韧性、协调性及平衡能力都得到极大的发展和提高。比如，跑步的速度加快，跳跃和投掷的远度增加，钻爬、攀登的动作灵敏性增强等。因此，我们要充分重视幼儿体育活动对促进幼儿体能发展的作用和重大意义。

虽然体育活动能促进幼儿体能的发展，但要注意科学选择适当的体育活动内容、形式、组织方法和活动时间。这样，才能最大限度地发挥体育活动对幼儿体能发展的促进作用。幼儿体育活动切忌采用成人化或运动员训练的方式，避免持续进行单一的动作练习或为发展某项体能而不断重复练习。幼儿体育活动的内容和形式应该活泼、有趣、丰富多彩，且符合幼儿的年龄特点。因此，应该避免通过长距离的快速跑（25米以上）或耐力跑（300米以上）来发展幼儿跑步的速度和耐力。根据幼儿运动系统（骨骼、肌肉和关节）的发育特点，不宜重点锻炼幼儿身体的柔韧度，不能过早地进行高难度的专业化训练，如劈叉、下腰、拉伸肩关节等，应通过投掷、跳绳、体操等多种形式的体育活动来增强幼儿关节的灵活性及韧带的力量，不提倡花架子、摆样子、不求实的体育活动形式。

三、幼儿体能课程简介

幼儿体能课程是围绕幼儿开展的一套幼儿园基础体育教育综合活动的教学方案。

课程以"专业、有趣、塑造人格"为宗旨，通过故事情境导入与科技手段相结合，组织丰富多彩的体育活动，激发幼儿参与活动及学习的兴趣，引导教师和家长多角度地参与教育过程，让幼儿获得有益终生的健康体魄和学习能力。

四、幼儿体能课程目标

幼儿体能课程以《纲要》和《指南》为指导，遵循幼儿身心发展水平、年龄特点和体育活动的规律，以促进幼儿基础动作发展、养成良好运动习惯和塑造运动品格为目标。

《纲要》中指出，幼儿园阶段的体育活动应以"幼儿喜欢参加体育活动，动作协调、灵活"为主。幼儿体能课程为了使目标更具有科学性、针对性、趣味性，并突出实操性和教育性，从情感、能力等多维度将目标细化为以下4个内容：

1.发展幼儿基本动作，增强幼儿体质

（1）促进幼儿身体的正常生长、发育和发展，提升幼儿体质。

（2）帮助幼儿形成正确的站姿、走姿、坐姿，形成健康、良好的体态。

（3）锻炼与提高走、跑、跳跃、投掷、钻爬、平衡6项基本动作能力。

（4）学习并发展翻滚、悬垂、支撑、推拉、攀登5项扩展基本动作能力。

（5）探索并掌握对圈、绳、垫子、轮胎、沙包、球等常见物品的一物多玩能力。

（6）发展与提高幼儿的力量、平衡能力、协调能力、灵敏性、耐力等身体素质。

（7）提高幼儿对气候及自然环境变化的适应能力和抵抗疾病的能力。

2. 培养幼儿对运动的兴趣和安全意识

（1）用童趣化、生活化、游戏化的方式吸引幼儿参与到体育活动中来，培养幼儿的运动兴趣。

（2）逐步培养幼儿积极参加体育锻炼的习惯。

（3）提高幼儿运动中的安全意识和基本的自我保护能力。

3. 促进幼儿科学认知能力的良好发展

（1）丰富幼儿各类自然、逻辑、数学的知识和经验。

（2）发展幼儿的空间知觉、时间知觉、判断能力、运动记忆和模仿能力。

（3）满足幼儿的好奇心，激发幼儿的想象力和创造力。

4. 促进幼儿良好品格的形成和发展

（1）培养幼儿遵守活动规则的意识和习惯。

（2）帮助幼儿体验运动的快乐与成就感，培养幼儿的自信心。

（3）培养幼儿勇敢、不怕困难、不怕辛苦等良好的意志、品质。

（4）培养幼儿的团队精神、公平意识、合作与互助意识，激发参与竞争的欲望。

（5）培养幼儿认真倾听的习惯，提高主动沟通的表达能力。

第二节　幼儿体能课程的内容

幼儿体能课程依据幼儿的年龄特点和身心发展水平，将教育活动内容分为6种类型：幼儿基本动作、队列和口令、幼儿体操、集体体育游戏、体育教学活动、体能循环活动。

幼儿体能课程根据幼儿园组织体育活动的时长和场地的不同，可以采用丰富多彩的形式，如晨操或间操、集体体育教学活动、区域分散自主体育游戏、综合体能循环游戏活动、混龄体育游戏、家庭体育游戏等。教师可以根据园所的具体情况和不同需求合理选用、定制和搭配，实现幼儿身心健康发展的目标。

一、幼儿基本动作

幼儿基本动作是幼儿的基本活动能力，是指幼儿在日常生活和社会实践活动中所必须具备的、最基本的身体运动技能。幼儿体能课程中所说的幼儿基本动作包括走、跑、跳跃、投掷、钻爬、平衡、翻滚、悬垂、支撑、攀爬、推拉等。其中，前6项（走、跑、跳跃、投掷、钻爬和平衡）是最基本的动作，又称"核心动作"；后5项（翻滚、悬垂、支撑、攀爬和推拉）被视为延展的基本动作。

1. 走

走，又称"走步"，是幼儿身体位置移动最基本、最自然、最容易和最省力的一种运动方式。走，能提高幼儿的平衡能力和协调能力，发展下肢肌肉的力量、耐力及心肺功能等，是一种非常好的有氧运动方式。幼儿的走包括直线走、曲线走、圆圈走、排队走、模仿走、变换姿势走、后退走、蹲着走等多种形式。走的主要动作要领是：动作自然、放松，上体保持正直，两臂前后自然摆动，双脚自然迈步，一前一后，步幅适中，步伐适度且有节奏，两膝微屈、伸直交替运动，两脚脚尖稍向正前方，脚掌落地要轻，身体发生位置移动。

2. 跑

跑，又称"跑步"，是幼儿身体快速移动位置的一种运动方式，也是幼儿日常生活中最基本的运动技能，是锻炼身体的重要手段。幼儿经常跑步，可以有效地增强其腿部肌肉力量，提高幼儿跑步速度、身体的灵敏性及耐力。跑包括直线跑、曲线跑、折返跑、变速跑、协调跑、追逐跑、走跑交替等多种形式。跑和走的根本区别在于两脚是否有腾空动作，即两脚是否同时离开地面。跑要有两脚瞬间腾空的动作，而走则始终有一只脚接触地面。跑的主要动作要领：上体正直，稍向前倾；两脚交替向前快速迈步，要有两脚蹬地和瞬间腾空的过程，落地时要轻；两手握拳；两臂屈肘于体侧，前后自然摆动。

3. 跳跃

跳跃是幼儿需要掌握的基本动作技能之一。通过跳跃练习可以增强腿部肌肉力量，发展弹跳能力，锻炼身体的灵敏性、协调能力、平衡能力等素质。跳跃动作的形式丰富多样，有立定跳远、双脚连续跳、单脚跳、单双脚交替跳、纵跳、从高处向下跳、助跑跨跳、模仿跳等。跳跃的主要动作要领：屈膝，蹬地动作要快速、有力，两脚要有一定的腾空时间，落地时动作要轻，落地后保持身体平衡，同时屈膝缓冲。

4. 投掷

投掷动作在日常生活中具有很高的应用价值。幼儿通过多种形式的投掷活动，可以增强上肢、腰、背等部位的肌肉力量，锻炼上肢的各个关节，提高其柔韧性，促进动作的准确性、协调性及视觉运动能力的发展。投掷动作主要分为投远和投准两种类型：投远，主要是以远度为评价标准，其目的是将投掷物尽可能投得远一些；投准，是以投掷的命中率为评价标准，指尽可能地用投掷物击中指定的目标。对于幼儿来说，投准动作要比投远动作更难一些。小班幼儿从正向肩上投掷开始学习，其主要动作要领为：两脚前后开立，身体正对投掷方向，以右手为例，左脚在前，右脚在后，重心后移至右脚，上体稍后仰，左手瞄准投掷目标，右手持物举高，屈肘于肩上，手高过头，投掷时身体由下至上依次用力，具体为蹬地、上身由后向前移动、摆臂、甩腕，将物体掷出，出手速度要快，重心由后脚转移至前脚，投完后，身体保持直立姿势。中、大班幼儿重点掌握侧身肩上投掷，其主要动作要领：两脚前后开立，身体侧面正对投掷方向，以右手为例，左脚在前，右脚在后，右膝微屈，左腿伸直，上体稍后倾，左臂前伸，可以瞄准出手的高度，也可以自由举起，右手持物后伸；投的时候，依次蹬地、转身90度、摆臂、甩腕，将物体掷出，出手速度要快，重心由后脚转移至前脚；投完后，身体保持直立姿势。

5.钻爬

（1）钻的动作可以增强幼儿腿部和腰部的肌肉力量，发展幼儿身体动作的灵敏性、柔韧性和平衡性。钻可以分为正面钻和侧面钻。完成钻的动作通常需要设置障碍物。钻的主要动作要领为：①正面钻，身体面向障碍物，屈膝，下蹲，含胸，低头，弯腰，团身，保持低重心，慢慢移动双脚，从障碍物下方钻过；②侧面钻，身体侧对障碍物，两腿屈膝，前腿从障碍物下方伸过，然后含胸，低头，弯腰，侧身移动重心，身体从障碍物下方钻过。

（2）爬是幼儿日常生活中最为常用的动作之一，它能增强幼儿四肢肌肉力量及背肌、腹肌的力量，并能提高幼儿动作的灵敏性和协调性，发展身体的耐力。幼儿的爬按照生长发育的过程依次为手膝爬、手脚爬和匍匐爬。爬的主要动作要领为：①手膝爬，身体正面朝下，双腿弯曲，双手、双膝、双脚脚趾同时着地，与肩同宽，四肢配合运动，向各个方向移动；②手脚爬，身体正面朝下，双手、双脚前脚掌同时着地，双腿略弯曲，膝盖不着地，四肢配合运动，向各个方向移动；③匍匐爬，身体正面紧贴地面，头稍微抬起，屈回右腿，右脚用力蹬地，同时伸出左手扒地，借助右脚蹬地和左手扒地的力量使身体前行，再做反方向动作，交替动作爬行。

6.平衡

平衡能力是指抵抗破坏平衡的外力，以保持身体处于稳定状态的能力。它是幼儿的基础动作能力，是其他基本动作的基础。发展平衡能力有助于提高幼儿前庭器官的机能和运动系统的功能。平衡能力分为静态平衡能力和动态平衡能力。静态平衡能力是指维持人体重心与姿势相对静止的静态姿势能力，主要动作包括闭目双脚站立、单脚站立等，动作要领为：支撑腿撑直，站立，身体正直、立腰，向支撑腿转移重心，保持身体的稳定状态；动态平衡能力是指在运动状态下，对人体重心和姿势的调整和控制能力，主要动作包括走平衡木、原地旋转、闭目行进、窄道移动、间隔物（如梅花桩）上行走等，动作要领为：头正，体直，立腰，身体不晃动，步伐均匀，手臂配合保持身体稳定状态。

7.翻滚

翻滚是幼儿最喜爱的运动方式之一。幼儿通过翻滚练习，能够提高身体的平衡、协调及控制能力。幼儿的翻滚动作主要包括侧滚翻和前滚翻。

（1）侧滚翻，有时也称"滚动"，动作要领为：平躺或趴在垫子上，双手置于胸前或头顶，借助腰部和背部的力量，身体向一侧翻滚，腿和手臂跟随翻滚。

（2）前滚翻，可先练习团身滚动，要求收腹、抱腿、低头、含胸、团身，背部着垫，前后滚动，然后练习前滚翻，要求蹲撑、低头、含胸、提臀、双脚蹬地，向前翻滚，以头部、肩部、背部、腰部、臀部依次着垫，当背部着垫时迅速收腹、团身、屈膝，上体紧贴大腿，双手抱膝成并腿坐或蹲立姿势。

8.悬垂

悬垂可以有效地拉伸幼儿身体，锻炼幼儿上肢力量，增强肩关节的柔韧度和活动范围。有资料显示，悬垂还是促进人体长高的有效方法之一。幼儿悬垂包括混合悬垂和单纯悬垂两种。混合悬垂是手和身体的某一部分（如腿）同时悬垂于器械上，单纯悬垂则只用手悬垂于器械上。幼儿锻炼悬垂可先从双手、双脚混合悬垂开始，逐步过渡到双手单纯悬垂，之后再进行更为复杂的悬垂动作。悬垂器械的高度以幼儿身体悬空、下垂，脚尖能轻轻地接触地面为宜。悬垂前应做好肩部的准备活动，防止肩部拉伤，并注意控制悬垂时长。

9.支撑

支撑是幼儿经常用到的基本动作之一，通常会与其他基本动作混合使用，包括静态支撑和动态支撑两种。静态支撑是指在平面或器械上进行静态的支撑活动，如平板支撑、双杠或单杠支撑等；动态支撑是在双手支撑的同时，做出其他基本动作，如在凳子或垫子上做支撑向前移动或跳跃，在单杠上做支撑加翻滚。

10.攀登

攀登是发展幼儿上、下肢力量和身体协调性的重要运动方式之一。幼儿的攀登动作通常指双手、双脚同时攀登，可以向上或平行攀登。注意攀登设施要稳定、牢固，以保证幼儿运动时的安全。

11.推拉

在物体后方用力，使物体前行，叫"推"；在物体前方用力，使物体前行，叫"拉"。推拉是幼儿上肢力量和身体协调性的综合运用，常见的推拉练习包括推小车、推轮胎、拉人、拉小车等。

二、队列和口令

队列队形也称"排队和变换队形"，它是指在教师的口令指挥下，幼儿做出整齐划一、协调一致的队形动作。体能课程中集体教学活动的准备部分、基本部分、放松部分及体操、体育游戏活动都离不开队列队形的组织和变化，它贯穿于整个幼儿体育活动中。队列队形能很好地培养幼儿的组织纪律性和集体意识，促进幼儿形成正确的身体姿态，提高幼儿在运动中身体的方位知觉能力。

体能课的队列和口令分为：幼儿园常用队列和幼儿园常用队形两部分。

1.幼儿园常用队列

（1）队列的基本术语。

①列：幼儿面向同一方向，左右并排站立，横着排成一条直线，叫"列"。列是组成横队的要素。几排即称为"几列横队"。

②路：幼儿面向同一方向，前后站立，竖着排成一条直线，叫"路"。路是组成纵队的要素。几队即称为"几路纵队"。

③横队：按列排成的队形称为"横队"。横队队形横向的宽度大于纵深的长度。

④纵队：按路排成的队形称为"纵队"。纵队队形纵深的长度大于横向的宽度。

（2）口令的要求与方法。

口令是日常列队和队列训练时教师下达的口头指令，包括预令和动令。

预令是口令的前半部分，也是准备部分，是让幼儿注意做好身体上和心理上的准备。预令时间稍长。动令是口令的后半部分，也是行动部分，要求短促、有力，能让幼儿立即做出相应的动作，如"向前看（预令）——齐（动令）"。在队列练习时，不是每个队列动作的口令都有预令和动令，比如"立正""稍息"的口令就只有动令。

教师喊口令时，声音要洪亮、有力、急促、清晰，注意音阶高低与音调强弱的变化。一般口令均由低音向高音发展，如"向右看——齐"。

口令主要分为4种：

①短促口令，其特点是：只有动令，不论几个字，中间不拖音、不停顿，通常按照音节（字数）平均分配时长，有时最后一个字发音稍长，整体发音短促、有力，如"立正""稍息"等。

②断续口令，其特点是：预令和动令之间有停顿，如"第一名，出列"等。

③连续口令，其特点是：预令的拖音与动令相连，有时预令与动令之间微歇。预令拖音稍长，其长短视分队大小而定，动令短促、有力，如"立——定""向右——转"等。有的口令，预令和动令都有拖音，如"面向国旗——敬礼——"等。

④复合口令，兼有断续口令和连续口令的特点，如"以某某为准，向中看——齐""右转弯，齐步——走"等。

（3）幼儿园常用队列动作（表1-1）。

表1-1　幼儿园常用队列动作

队列动作名称	动作要领说明	口　令
立正	两脚脚跟靠拢、并齐，脚尖向外分开约60°，两腿绷直，小腹微收，自然挺胸，上体正直，微向前倾，两肩放平，稍向后张，两臂下垂，自然伸直，两手五指并拢，自然微屈，头要正，颈要直，口要闭，下颌微收，两眼平视前方	立正
稍息	左脚顺脚尖方向伸出约全脚的三分之二，两腿自然伸直，上体保持立正姿势，身体重心大部分落于右脚	稍息
向前看齐，两臂放下	纵队排头幼儿两臂侧平举，两手五指并拢、掌心向下，立正站好。第二名幼儿与前面的幼儿身体对齐，两臂前平举，两手五指并拢、用力，掌心相对，同时，看前面幼儿的后颈部。后排幼儿以此类推。全队幼儿看齐后，教师下达口令"两臂放——下"。幼儿听口令，放下两臂，两手贴于大腿两侧，身体成立正姿势站好	向前看——齐 两臂放——下
转体	（1）向右转：以右脚跟为轴，右脚跟和左脚掌前部同时用力，身体协调一致向右转体90°，重心落在右脚，左脚取捷径快速靠拢右脚，成立正姿势站好。身体转动和并脚时，两腿绷直，上体保持正直 （2）向左转：动作要领同向右转，方向相反 （3）向后转：按照向右转的动作要领向后转体180°	向右——转 向左——转 向后——转
原地踏步走	从左脚开始原地屈膝抬起、落下，两脚在原地依次上下起落，上体保持正直；抬腿时，大腿抬高，与地面平行，脚尖自然下垂；脚落地时要轻；两臂伸直，前后自然摆动，两手握拳；两眼向前看	原地踏步——走
齐步走	全体幼儿听口令，同时左脚向正前方迈出，按照先脚跟、后脚掌的顺序着地，身体重心前移，换右脚向正前方迈出，动作要领同左脚，两脚交替向前移动；上体保持正直，两臂伸直，前后摆动；全体幼儿步伐统一、有力	齐步——走
便步走	自然走步，不统一要求走步速度和节奏，不要求全体幼儿步伐整齐一致，走得轻松、自然即可	便步——走
跑步走	听到预令"跑步"时，两手迅速握拳，提到腰际，约与腰带同高，拳心向内，肘部稍向里合；听到动令"走"时，上体稍向前倾，同时，左脚利用右脚掌的蹬力向前跃出，前脚掌先着地，身体重心前移，右脚动作要领同左脚，两脚交替向前移动；两臂屈肘，前后自然摆动	跑步——走

（续）

队列动作名称	动作要领说明	口　令
向右/左转弯走	向右转弯走：听到动令后，左脚向前迈出半步，脚尖向右约45°，上体向右转体90°，左脚不转动，同时右脚向新的方向迈步走 向左转弯走，动作要领同上，转弯方向相反	向右转弯——走 向左转弯——走
立定	齐步走或正步走时，听到口令，左脚再向前迈出大半步着地（两脚尖夹角约60°），两腿绷直，右脚取捷径迅速靠拢左脚，成立正姿势站好。跑步时，听到口令后再跑两步，左脚向前迈出大半步着地，同时两拳收于腰际，两臂停止摆动，右脚靠拢左脚，同时将手放下，成立正姿势站好	立——定
向右/左看齐	向右看齐时，基准幼儿不动，其他幼儿向右转头，眼睛看右邻幼儿腮部，身体对齐；后列幼儿先向前对正，再向右对齐 向左看齐时，动作要领同上，方向相反	向右看——齐 向左看——齐

（4）各年龄段队列练习的内容和要求（表1-2）。

表1-2　幼儿园各年龄段队列练习的内容和要求

队列动作	小　班	中　班	大　班
立正	立正时，上体正直，头正，两臂在体侧自然下垂	两脚脚跟靠拢，脚尖分开，上体正直，头正，两臂自然下垂于体侧，两眼看前方	同中班
稍息	能自然站立	听到口令后，两脚侧开立，两臂可自然下垂于体侧，也可两手背后相握	听到口令后，左脚向左侧跨出半步，两臂可自然下垂于体侧，也可两手背后相握；身体重心落在两脚之间
看齐	能两臂前平举，一个跟着一个站成一路纵队	纵队看齐时，排头幼儿两臂侧平举，后排幼儿两臂前平举（两手掌心相对），眼看前面幼儿后颈部。幼儿看齐后，教师下达口令："两臂放——下！"幼儿听口令，将两臂放下，两手自然放至体侧	同中班

（续）

队列动作	小班	中班	大班
原地踏步	/	听到口令后，上体保持正直，两脚在原地协调地按节奏依次上下起落，同时两臂前后直摆，两手握拳	听到口令后，从左脚开始，两脚在原地按节奏依次上下起落，上体保持正直，两臂前后直摆，两手握拳，两眼向前看
便步走	/	/	自然走步，不要求统一的步伐和节奏
齐步走	能随着口令抬腿向前迈步，不要求左、右脚踩上节奏	听到口令后，能上体保持正直，上、下肢协调地按节奏走，两眼看前方，两臂前后直摆，两手握拳	听到口令后，从左脚开始向前迈步，步伐均匀一致，上体保持正直，两臂前后握拳直摆，精神饱满地走
跑步走	听到预令后，能两臂屈肘于体侧；听到动令后，能向指定的方向跑	听到预令后，能两臂屈肘于体侧；听到动令后，能上、下肢协调地按节奏向指定的方向跑	听到预令后，能两臂屈肘于体侧；听到动令后，左脚先迈出，两脚前脚掌着地跑，同时，上体稍前倾，两臂前后自然摆动，向指定方向跑
向左/右转	/	/	身体向左/右转体90°，同时以左/右脚跟为轴，原地转动90°，右/左脚跟上
向左/右转弯走	/	/	听到口令后，纵队排头幼儿在指定地点向左/右转弯走，其余幼儿逐一跟随前进
立定	听到动令后，会自然停下，成立正姿势站好	听到动令后，减速停下，成立正姿势站好	听到动令后，走两步后立刻停下，成立正姿势站好

备注：幼儿阶段不做跑步走中的立定，只做齐步走中的立定。

2.幼儿园常用队形

（1）上课集合队形。

①口令：教师喊口令"成一列或几列横队——集合"，也可以按教师指定队形集合。

②要求：幼儿听口令成一列或几列横队站立，或按教师指定队形站立；教师面向幼儿站立，位置在与第一横排幼儿两端连线呈等腰三角形的顶角处。

③建议：小班幼儿面向教师，能自然地站成一列或几列横队即可；中、大班幼儿要求站队整齐，横成行，竖成线。

（2）做操站队队形。

①口令：教师喊口令"向前看——齐"，排头幼儿两臂侧平举，后排幼儿两臂前平举，两手掌心相对，身体与前面一名幼儿的身体对齐。幼儿对齐后，教师喊口令"两臂放——下"或"向前——看"，幼儿两臂还原至体侧。

②队形：常用队形包括若干列横队队形（教师面向第一横排）、若干路纵队队形（教师面向幼儿，站在队伍的最前面）、半圆形或圆形队形（教师站在圆心位置）。

③建议：幼儿站位应背阳、背风，这样有利于他们看清教师领操时的示范动作。小班做操时，可以围着教师，站成半圆形队形或散点站立。

（3）操节中常用队形变换。

幼儿体操中的队形变换是由多个不同的队形变化及基本动作组成，是根据幼儿各年龄段的特点，以幼儿兴趣为契机，以开发幼儿思维为主线，以训练幼儿的方位感、空间感为目的，以培养幼儿良好的团队精神、相互配合为目标的体操形式。常用队形包括：纵队队形、三角队形、四方队形、扇面队形、斜面队形、圆形队形6种。

（4）圆形走。

①口令：成圆形队——走！

②要求：幼儿一路纵队，沿着场地边缘走，或者按照场地上画好的圆圈走。

③建议：小班由教师带队走，中、大班由一名幼儿带队走。可以根据幼儿对走成圆形队形的情况逐步取消画线。

（5）螺旋形走。

①口令：成螺旋形——走！

②要求：幼儿听到口令后，由一路纵队或一个圆形队成螺旋形行进。

③建议：螺旋形走适合大班幼儿。走成螺旋形的关键是排头的带领。初学时，一般由教师做排头，逐渐缩小圆圈；成螺旋形队形后还原成圆形队形的关键还是排头，方法是排头向后转向，往反方向走。要求幼儿一个跟着一个走。

（6）蛇形走（"S"形走）。

①口令：成蛇形——走！

②要求：教师可以在地面画上"S"形线或放置可乐瓶、锥形筒等障碍物，让幼儿按照画出的"S"形路线走，或绕障碍物"S"形走。

③建议：在地面画上圆形，在圆形路线上间隔放置障碍物，全体幼儿沿着圆形路线绕障碍物行进；也可以让一组幼儿间隔站立在圆形线上，其他幼儿从间隙中绕这组幼儿"S"形行进。

三、幼儿体操

幼儿体操是幼儿体育活动的一种基本组织形式，是幼儿一日活动的重要环节，是增强幼儿体质的有效手段。合理的开展幼儿体操活动能锻炼幼儿的肌肉、关节、韧带，促进其力量、柔韧性、平衡、协调性等多种身体素质的发展，养成挺拔、美观的身姿，培养幼儿的节奏感和韵律感，形成良好的意志、品质。

1.幼儿体操的种类

幼儿体操主要分为徒手操和器械操两大类。

（1）徒手操：是指幼儿通过头部、上肢、下肢、躯干等各个部位的动作配合，根据人体各部位运动的特点，按照一定的顺序，有目的、有节奏地进行举、摆、绕、振、踢、屈伸、绕环、跳跃等一系列单一或组合动作及成套动作的身体练习。

（2）器械操：是指在幼儿徒手操的基础上，手持较轻的器械所做的各种体操动作。幼儿园常见的器械操包括小响铃操、圈操、篮球操、旗操、椅子操、垫子操等。

2.幼儿体操的内容

幼儿体操的内容可以分为操节内容、队列队形、体能活动3个方面。

（1）操节内容一般包括：伸展运动、头部运动、肩部运动、扩胸运动、体侧运动、体转运动、腹背运动、全身运动、腿部运动、跳跃运动、整理运动11个部分。

（2）队列队形一般与操节内容、体能活动相结合，目的是培养幼儿的团队合作精神，形成秩序感。体能课程设计了6种队列队形：四方队形、三角队形、纵队队形、扇面队形、斜面队形、圆形队形。

（3）体能活动通常利用身体或器材练习走、跑、跳跃、钻爬、平衡等动作，发展幼儿基本动作的协调性和运动能力。

3.幼儿体操的持续时间

不同年龄段的幼儿，其体操活动的持续时间也不同：小班以8~10分钟为宜；中、大班以12~15分钟为宜。

四、集体体育游戏

集体体育游戏，简称"体育游戏"，是体能课程的主要组织内容，它根据一定的发展目标设计而成，由身体基本动作、情节、角色和规则组成的一系列活动性游戏。《纲要》对幼儿健康方面列出了明确的内容和要求，对体育游戏也提出了相应的要求，即"开展丰富多彩的户外游戏和体育活动，培养幼儿参加体育活动的兴趣和习惯，增强体质，提高对环境的适应能力""用幼儿感兴趣的方式发展其基本动作，提高动作的协调性、灵活性"。体育游戏活动，以体育锻炼为主要目的和主要内容，以游戏化的形式为载体，充分尊重幼儿的个性化发展，能灵活地发挥幼儿的游戏自主性，是幼儿园开展自主性游戏的充分体现和常规做法。体育游戏活动的时间相对灵活，可长可短，不受太多的限制；活动目标也比较宽泛，没有那么具体、明显的严格限制；参加活动的人数也比较灵活，可以是几名幼儿，也可以是全班幼儿一起参加或分小组参加。

体育游戏的形式根据不同的标准有多种不同的划分方法，通常可分为发展动作类、一物多玩类、传统民间民俗类。这3类游戏形式再结合体育器材和音乐的运用，可以创编出种类繁多的游戏。虽然体育游戏活动是幼儿的自主性游戏活动，但教师在各类体育游戏中并不是简单的旁观者，而是游戏活动中重要的引导者、观察者和支持者。

五、体育教学活动

体育教学活动，又叫"集体体育教学活动"，是指以教师为主导的，有目的、有计划、有组织地对幼儿身体发展施加影响的教育活动，是在幼儿基本能力的基础上，促进幼儿身心发展的体育活动形式。体育教学活动是由教师的"教"和幼儿的"学"共同组成的集体教育活动，是针对全班幼儿的体育锻炼活动。与幼儿园其他形式的体育活动有着密切的关联。集体体育教学活动的内容可以是队列队形和口令的学习与练习，体操的学习与练习，基本动作的学习与练习，也可以是专项内容的学习与练习，如跳绳、跑酷、平衡车、各种球类运动。通常情况下，幼儿园集体体育教学活动以幼儿身体基本动作的学习和练习为主要内容，且注重幼儿身体的全面锻炼和发展。

幼儿体育教学活动在较强的组织规则背景下开展，是能覆盖所有幼儿的身体锻炼活动。幼儿体育教学应遵循人体生理机能活动变化规律和幼儿不同年龄段动作技能形成的规律，注重运动的常规教育。幼儿体育教学活动的形式应充分体现其游戏性。因此，体育游戏是体育教学活动最主要的、也是最常见的活动形式，同时，集体教学活动渗透着各种必要的教育元素，与五大领域自然融合。

六、体能循环活动

体能循环活动是指在活动场地不同的区域分别设计不同的动作练习内容，幼儿按一定的体育游戏规则和活动项目顺序要求，分别在不同的区域循环往复地进行以体能发展为目的的各种动作练习活动。体能循环活动与体育游戏活动一样，是幼儿园体育活动常用的形式之一。

体能循环活动以促进幼儿体能发展为目的，以基本动作练习为主要内容，以相关的设施和运动器械为媒介，幼儿在不同的区域循环往复地练习。活动可以分组进行，也可以不分组，采用鱼贯式循环推进的方式。体能循环活动不仅能增加每次活动的练习内容，而且能最大限度地减少活动过程中幼儿消极等待的时间，加大练习密度，提高运动强度和身心负荷量。

体能循环活动的设计，首先考虑的是活动中的动作练习内容。动作练习内容要遵循幼儿的年龄特点及动作发展的规律和特点，从学期或学年的教学目标及教学活动的实际需要出发，有计划地科学安排，不能为了循环而循环，为了练习而练习。盲目地、随意地安排体能循环活动不仅达不到预期的活动效果，反而不利于幼儿的身心健康发展。其次，体能循环活动的设计应充分利用幼儿园有限的场地空间及其他教育资源，如体育设施、器材等。第三，为了充分调动幼儿参与活动的积极性，活动内容可以根据幼儿的年龄特点，适当引入游戏竞技的成分，增加相互合作、协调配合的练习内容，同时给予幼儿一定的自主性，幼儿可以根据自己的能力及发展水平适当地选择和调整活动内容及动作要求。

第三节　幼儿体能课程教学

一、课程教学理念

既能减轻教师、幼儿和家长的任务负担，又能提升幼儿学习的效率和效果，是体能课程设计的目标和方向，是对体能课程设计水平的考验，也是体能课程评价的关键指标。这就要求体能课程必须做好以下4件事：

1.让幼儿"爱动"。体能课程内容能有效地激发幼儿的兴趣，让幼儿爱上运动。

2.让幼儿"会动"。体能课程内容适合幼儿的年龄特点和身体发育特点，对幼儿进行科学的指导，让幼儿会运动。

3.让幼儿"敢动"。体能课程内容有吸引力，能激发幼儿探索欲望，让幼儿敢于运动。

4.让幼儿"善动"。体能课程内容能养成幼儿良好的运动习惯，让幼儿善于运动。

二、教学组织结构

1.结构与时间

集体教学，以小、中、大班幼儿年龄特点为基础，授课时长分别为：小班15~20分钟、中班20~25分钟、大班25~30分钟。每次教学活动均包括准备部分、基本部分和结束部分。以大班为例，单次活动时长为30分钟，包括准备部分、基本部分、结束部分，各部分授课时长分别占总时长的20%、70%、10%，即6分钟、21分钟、3分钟（图1-1）。

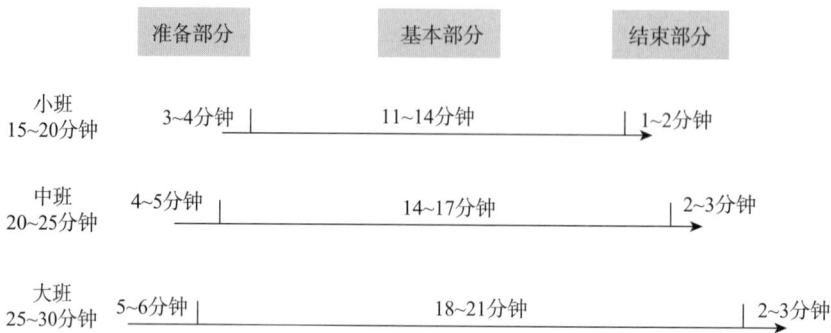

	准备部分	基本部分	结束部分
小班 15~20分钟	3~4分钟	11~14分钟	1~2分钟
中班 20~25分钟	4~5分钟	14~17分钟	2~3分钟
大班 25~30分钟	5~6分钟	18~21分钟	2~3分钟

图1-1 集体教学活动结构与时间分配

2.准备部分

准备部分主要目的是让幼儿充分做好心理、身体的双重准备。准备部分通常包括师幼互动和热身活动。

（1）师幼互动：教师可以根据情况进行自我介绍或与幼儿游戏互动，要求用童趣的语言和行为，以猜谜、魔术、自我介绍、悄悄话及有趣的情景设计等方式进行。

（2）热身活动：教师要结合本节课的内容和主要锻炼目标进行设计，主要形式包括律动热身、小游戏热身、基本操节热身、跑步热身4类。

3.基本部分

基本部分是一节课的主体部分，是幼儿进行锻炼的主要环节。该环节通常以情景故事引入，以游戏方式层层推进，由易到难，中间要适当融入幼儿自主探索环节、分享和交流环节。

4.结束部分

结束部分包括放松和总结。放松旨在调整幼儿身心状态，突出体育活动基本内容中身体重点锻炼部位的放松，让幼儿身心逐渐归于平静。放松的形式主要有律动放松、深呼吸或按摩放松、小游戏放松3种形式。总结是教学活动最后的点评、分享、提炼、总结，帮助幼儿形成核心经验。

三、课程实施原则

体能课在实施过程中，为了使幼儿体育活动开展得更加有效和科学，结合幼儿体育活动的特点及年龄特点，需遵循以下几点原则：

1.运动适量原则

教师在组织幼儿开展体能活动时，要根据运动技能的难易程度、幼儿的年龄特点及当时的身体状态来把控运动量的大小，防止幼儿运动量不足，达不到锻炼身体的目的，或运动量过大，造成身体伤害。体能课程中一节课或一次体育锻炼中的最佳运动强度为：

（1）幼儿的平均心率应在140~170次/分钟。

（2）最低平均心率不宜低于130次/分钟。

（3）最高平均心率一般不宜超过170次/分钟。

为了让教师更好地把握幼儿的运动量，体能课程为授课教师提供了一套辅助性的参考内容（表1-3），通过观察幼儿的脸色、出汗量、呼吸、动作完成质量、注意力和情绪等方面来判断运动量是否超出正常的标准。

表1-3 观察法判断标准

观察内容	正常状态	轻度疲劳	中度疲劳	高度疲劳
脸色	粉红	稍红	相当红	十分红或苍白
出汗量	微微出汗	不多	较多	大量出汗
呼吸	均匀，通畅	中速，较快	显著加大	呼吸急促，表浅，节律紊乱
动作完成质量	精力充沛，动作准确，面带微笑	动作基本准确，步态轻盈	动作难以掌握	动作失调，步态不稳，反应迟钝
注意力	高度集中	基本集中	难以集中	分散或已经转移
情绪	稳定	基本稳定	激动	非常激动

2.游戏性原则

游戏是幼儿的天性。幼儿阶段的体能活动不同于小学阶段的体能训练，教师在教授知识、动作时，必须用幼儿喜爱的、适合的游戏形式开展，将知识点融入故事或情景中，使幼儿学中玩、玩中学，借此激发幼儿的参与兴趣。

3.教育性原则

教育是幼儿开展活动的目的，对于幼儿体育教学活动来说，不仅可以达到锻炼身体的基本目的，巧妙地融合教育，还可以培养幼儿的意志品质、塑造人格及兴趣爱好。本套体能课程通过体育活动的体验式学习，融合情景游戏式教学，潜移默化地对幼儿进行品格教育，使幼儿在活动中受益。

4.适当保护原则

幼儿的安全始终排在第一位。在必要时，教师应当保护幼儿完成动作，如，在操作体育器械过程中，在利用障碍物进行的体育活动过程中，掌握某种体育技能的过程中等。但切记不要过度保护幼儿，要让幼儿建立自我保护的意识和能力。在体能课程中，安全是第一原则，其中不会出现有损幼儿身心健康的运动和内容；在器械选取上，使用的是安全材料，正确使用也不会对幼儿造成损伤；教师要检查场地和器材的安全，消除安全隐患，并在课程实施过程中为幼儿做好防护措施。在完成以上准备的前提下，有些看似"危险"的行为，可以让幼儿去尝试，只有大胆尝试，幼儿才能掌握自我保护的能力。

5. 最近发展区原则

让幼儿在活动中有进步，是体能课程的重要目的。最近发展区原则是指要尊重幼儿的现有技能和认知水平，根据他们的最近发展区，制定合理的目标，让他们"跳一跳"能够得着，通过一系列活动顺利地达到下一个发展区，实现能力提升的良性循环。

6. 因材施教原则

教学实施过程中，每个幼儿都是一个独立的个体，有自己的发展节奏。这就要求教师在教学过程中要尊重每个幼儿，关注到幼儿的个体差异，在预定目标范围中让幼儿自我成长。

7. 灵活多变原则

教案设计是固定的，幼儿状态、天气、活动场地温度、场地环境是多变的。教师要有随机应变的能力，在实施活动前对活动设计进行分析，在不影响活动目标的前提下灵活调整活动方案，以达到最佳的教学效果。

8. 角色转换原则

教师由传统的管理者、指挥者角色，转换为幼儿的伙伴、朋友角色，和幼儿一起玩、一起游戏、一起分享、一起成长，使教育达到事半功倍的效果。

四、课程分级及目标

按照幼儿身体发育特点及动作发展规律，结合幼儿体育活动的特征及年龄特点，对幼儿体能课程实行分级教学和分级目标设定。小、中、大班的体能课程共分6级（L1~L6），每个学期设置一个级别的教学目标。分级目标大体如下：

1. L1和L2级别：适合小班幼儿

激发幼儿对体育活动的兴趣，养成良好的常规和习惯，初步学习和体验各项基本动作方法，能够适应和参与多种类型的室内、外体育活动。

2. L3和L4级别：适合中班幼儿

大幅提升幼儿体能和运动素养，基本掌握各项基本动作要领与方法，能够达到各项体能测试的基本要求与标准，能够运用常用玩教具创造丰富的玩法。

3. L5和L6级别：适合大班幼儿

能够与同伴合作，共同完成较为复杂的体育活动内容，熟练掌握各项运动技能，敢于挑战，达到幼小衔接要求，并通过融合式体育教育达成科学、社会等多领域教育目标的整合。

第二章 幼儿走步动作发展

第一节 走步动作发展的基础知识

一、走步的概念及意义

走步，是人体位置移动最基本、最自然、最简单、最省力的一种方式，是人类日常生活中最基本的活动技能，也是幼儿需要学习并掌握的基本动作之一。

走步既是人的基本运动方式，也是锻炼身体的常用方法。人在走步时，身体的大肌肉群处于收缩与放松交替运动的过程中，肌肉收缩会消耗能量，放松时又会及时补充能量，消除疲劳，帮助身体恢复活力。通过这种一张一弛的肌肉运动，促进全身的血液循环，维持身体主要肌肉群的持续活力。

幼儿经常参加走步锻炼，既能增强其腿部肌肉力量，又能提高其身体的平衡能力和协调性，形成正确的身体姿态，从而促进幼儿身体健康发育。

幼儿走步动作的发展和能力提高会促使其双手获得更大的"解放"，进一步扩大幼儿的活动范围，为探索和认识周围的事物、更好地适应社会生活、促进身心健康发展奠定坚实的基础。

幼儿经常参加走步锻炼，能发展幼儿的体力和耐力（表2-1）。根据测定，幼儿走步时，身体消耗的能量比平静时增加2.3倍，身体消耗能量的增加可以促进幼儿身体各器官的生长发育和机能的提高。幼儿阶段是走步技能和身体姿态形成的重要时期。教师的正确引导对幼儿走步技能和身体姿态的形成具有重要作用。

表2-1 幼儿体力和耐力发展目标

小班幼儿（3~4岁）	中班幼儿（4~5岁）	大班幼儿（5~6岁）
①能步行约1千米（中途可适当停歇）	①能连续行走约1.5千米（中途可适当停歇）	①能连续走约1.5千米（中途可适当停歇）
②能快跑约15米	②能快跑约20米	②能快跑约25米

（续）

小班幼儿（3~4岁）	中班幼儿（4~5岁）	大班幼儿（5~6岁）
③能单脚连续向前跳约2米	③能单脚连续向前跳约5米	③能单脚连续向前跳约8米
④能单手向前投掷沙包约2米	④能单手向前投掷沙包约4米	④能单手向前投掷沙包约5米
⑤能双手抓杠悬垂约10秒	⑤能双手抓杠悬垂约15秒	⑤能双手抓杠悬垂约20秒

二、正确的走步姿势及动作要领

走步时，上身要保持相对稳定，身体起伏、摇摆过大会加大体力消耗，降低走步的速度和耐力。婴幼儿腿部的支撑力和身体平衡能力较弱，初学走步表现为两脚平行着地，两脚间距较宽，身体往往会左右摇摆。因此，婴幼儿初学走步体力消耗比较大，走步速度较慢，但这样的走法可以增加身体的稳定性。随着婴幼儿年龄的增长及腿部肌肉力量和身体平衡能力的逐渐增强，家长或教师应引导幼儿逐步改变早期的步法。

走步时，身体应自然放松，保持相对稳定的步伐节奏。步幅小、步伐频率快或忽快忽慢，则容易疲劳；步幅较大、节奏均匀的步伐则比较省力，也可以增强耐力。走步时，上身应保持正直，这样既能减少腰、背肌肉的负担，又有益于内脏器官的活动，对幼儿来讲，还有助于脊柱和胸廓的正常发育。两臂摆动主要是为了维持身体的平衡，也有助于加大步幅，调节步伐频率。两臂应该前后摆动，如果两臂左右摆动，不仅不能有效地维持身体平衡，反而会加大身体摇摆的幅度。脚落地时，地面会给身体带来阻力。如果落地重，就会加大这个阻力，降低走步速度，并使身体受到较大的震动，肌肉也容易疲劳。

简而言之，正确的走步动作要领为：上体保持正直，自然挺胸，肩部肌肉放松，两眼注视前方，两臂前后自然摆动，向前迈步方向正，脚尖基本朝前，脚落地动作要轻，步幅大小适宜、均匀，步伐节奏均匀。

第二节　走步教育及游戏策略

一、幼儿走步的特点

幼儿3岁以前，走步时，双腿支撑不稳、肌肉紧张、步幅小且多变，抬不起腿，甚至擦地或抬腿较高，两脚落地间距较宽，脚掌没有弹性，步行速度慢且不均匀，身体摇晃幅度大，摆臂动作不明显，与腿部动作配合不协调。

幼儿3岁以后，早期走步的特点逐渐消失，步伐逐渐趋于稳定、协调、自然、放松。但3~6岁幼儿走步动作尚未定型，容易受外界环境的影响。总的来说，随着幼儿年龄的增长，幼儿走步表现出明显的年龄特点，具体不同年龄班幼儿走步的特点如下：

小班幼儿已能平稳、自然、熟练地走步，也能控制走的方向。但步幅小，不稳定，摆臂幅度小，膝关节灵活性较差，上、下肢配合不够协调，节奏感不强。走步时，爱东张西望，注意力易分散，调节节奏能力较差。排队走步时，保持队形能力差。

中班幼儿走步时步幅较稳定，上、下肢配合也比较协调，个人走步的特点已初步形成。在正确教育影响下，排队走步能保持队形，并且能随着队伍节拍行走，但调节节奏的能力尚差，注意力仍易分散。

大班幼儿走步自然、放松、平稳、协调。在教师的影响下，能较好地调节走步的幅度和节奏，排队走步能较好地保持队形并能掌握多种变换队形的方法，步幅已增至50厘米左右，能掌握多种走步技能。

教师了解幼儿走步的动作特点和年龄特点的一般规律，是做好动作教学的基础。教师只有深入了解了这些基本规律和基础知识，才能自觉地运用恰当的科学方法和手段去解决幼儿动作发展过程中的问题，才能更好地引导幼儿动作技能的发展。

二、走步动作发展的教育策略

幼儿园开展走步教育的主要目的是：提高幼儿走步动作的技能，形成良好的身体姿态；促进幼儿身体的生长发育，提高各器官的机能；培养幼儿遵守纪律、关心集体等优良品质。

1.走步教育的内容和方法

幼儿走步教育的重点是腿部的动作和上体姿势。走步时应做到：脚蹬地有力，向前迈步方向正，步幅适宜，上体要求自然挺胸、直腰，两臂前后自然摆动，有精神地向前走。

幼儿走步教育的基本内容包括：自然走步、齐步走、前脚掌走、静悄悄地走、模仿小动物姿势走等。

（1）自然走：自然走步要求上体正直，自然挺胸，头要正，目视前方。肩、臀放松，两臂前后自然摆动，幅度随步幅而定，自然向前抬腿迈步，方向要正。脚落地要轻而柔，落地的脚尖基本朝向前方，步幅大小适宜、均匀。

幼儿园开展自然走步教育的常用练习方法有如下几种：

①听信号向指定方向或目标走：全班或小组幼儿站成一横排，听教师口令按指定方向或目标走。

这种练习主要用于发展幼儿控制走步方向的能力。给幼儿指定具体的任务，如，走到指定地点摇铃、击鼓、插小旗、拿取物品等。指定目标须明显，距离起点线10米为宜。

②一个跟着一个走：在教师的组织、引领下，幼儿排成一路或几路纵队，一个跟着一个走。

这种练习主要用于培养幼儿排队走步的能力，以适应集体生活。初入园的小班幼儿可以排成一路纵队，拉着一根长绳走，或由教师带领幼儿练习排成一路纵队走，然后由能力较强的幼儿带头走，逐步过渡到让幼儿轮流当排头，带领大家走。"跟着小旗走"是幼儿比较喜欢的排队走步游戏。幼儿排队走步时，要学会保持适宜的间隔距离。建议不要让幼儿手拉前面幼儿的衣襟走，那样间距过小，容易磕碰，影响正常的走步。小班能排成一路纵队、一个跟着一个走即可，行走速度不宜过快，不要求步伐一致、整齐；中、大班要逐步学会排成两路纵队，整齐地走步。本练习时间不宜过长。

③走圆圈：幼儿排成一路纵队，走成圆圈或围成圆圈走步。

幼儿站成圆圈队形做游戏、跳舞的机会较多。教师应从小班幼儿开始，教他们由一路纵队走成圆圈队形，并在走步时能保持圆圈队形。可以由教师带领着小班幼儿走成圆圈或沿着地面上画好的圆圈行走。当队形不圆时，可以让幼儿相互拉手，一边念着儿歌"好朋友，手拉手，拉个圆圈像皮球……"，一边拉成圆圈队形。

④听信号变换速度或方向走：幼儿排成一路纵队，走步，听教师不同的口令或带头走步的节奏等来调节幼儿走步的速度或方向。

这种练习主要用于发展幼儿调节走步速度及反应能力。教师应选好排头的幼儿，让他掌握好走步的速度和方向。这种练习形式比较适合中、大班幼儿。

概括地来讲，幼儿园走步教育的主要内容及要求可简述如下表（表2-2）。

表2-2 幼儿园走步教育的主要内容及要求

班级	内　　容	要　　求
小班	听信号，向指定方向走 一个跟着一个走	上体保持正直，自然地走 一个跟着一个走 听信号，向指定方向走 能行走1千米左右
中班	听信号，有节奏地走 听信号，变速走	上体保持正直，上、下肢协调地走 听信号，有节奏地走 听信号，变速走 能行走1.5千米左右

（续）

班级	内　　容	要　　求
大班	听信号，变换方向走 一对一整齐地走	听信号，变换方向走 步伐均匀、有精神地走 一对一整齐地走 能行走1.5千米以上

（2）齐步走：动作要求与上述"自然走"基本相同，只是要求幼儿左、右脚迈步的次序和步伐整齐一致。小班不建议齐步走，大班可适当练习齐步走，以培养幼儿集体主义观念和遵守纪律的习惯。活动时，可采用变换队形的方法，以提高幼儿兴趣，也可以适当采用比赛的方式练习。

（3）前脚掌走：要求脚跟提起，用前脚掌走，步幅稍小，腿不弯曲，上体保持正直，自然挺胸，两手背后或两臂前后自然摆动。

前脚掌走主要发展幼儿脚掌和小腿肌肉力量，对改进跑、跳动作有帮助，也可用于发展身体的平衡能力。用前脚掌走时，脚掌和小腿肌肉的负担较重，因此，练习时间不宜过长，每次走20~30步之后换成自然走步或稍歇息。练习中，要避免因身体紧张造成上体前倾、耸肩、膝关节弯曲或两腿僵直等毛病。

（4）静悄悄地走：走步步幅较小，先用脚跟轻着地，再迅速滚动到全脚掌，随之把身体重心向前脚掌移动。练习静悄悄地走的游戏玩法可以参见本节后面的走步游戏"老猫睡觉醒不了"。

2.幼儿走步教育建议

（1）走步教育要循序渐进，逐步提高要求。小班幼儿主要要求走得平稳、协调，步子迈得开。排队走步时，后面的幼儿要注意跟上前面的幼儿，保持队形，不掉队，不要求步伐整齐。中、大班幼儿走步时，要做到动作准确、协调、放松、均匀，步幅大，有节奏，步伐整齐。

（2）教师走步的姿势对幼儿的走步动作发展影响很大。因此，教师无论在课堂上，还是在日常生活中，走步时，都要求有正确的走步姿势。同时，还要做好家长的宣传工作，引起家长对幼儿走步的重视。

（3）散步和游览是发展幼儿走步能力的好形式。散步和游览时，允许幼儿比较自由地走，只要队形不散就行，不要求队形整齐。走步速度可以有变化，也可以走走停停，观察附近自然景色、图片展览或成年人的活动。如果在走步的途中，教师能带领幼儿爬个小坡、走过小桥、跨过小"沟"、投投石子等，会让幼儿对走步更感兴趣。途中休息时，还可以做一些活动量小的游戏，以丰富活动内容。教师还要注意走步的安全问题和幼儿的体力负担，不要让幼儿过度劳累。幼儿足弓尚未形成，腿部、脚部肌肉及韧带无力，长时间走步或过度劳累会影响足弓发育。

散步比较适合在阳光充足、空气新鲜、行人和车辆较少、噪音小的地方进行。

（4）在早操和体育课中，练习排队走步，对发展幼儿走步能力和培养幼儿遵守纪律的习惯很有意义。但由于这种走步需要改变自己原有的习惯和节奏，对幼儿注意力要求较高，且排队走步动作单调、乏味，所以练习时间不宜过长。排队走步时，可以用拍手、击鼓点、音乐伴奏等方法来培养幼儿动作的节奏感，可以让走步的动作更整齐，同时提高幼儿走步兴趣。

（5）在走步教育中，要特别注意幼儿上体的姿势。因为幼儿期是幼儿脊柱、胸廓生长发育极其重要的时期，幼儿骨骼还未完全钙化，可塑性较大。一些错误的动作一旦形成习惯，极易造成畸形发展。因此，在走步、跑步等活动中，教师应经常提醒幼儿挺胸、抬头、直腰，把躯干姿势做正确，促进脊柱、胸廓的正常发育，使幼儿将来能有一个健美的体型，也为内脏（尤其是心脏、肺）的发育提供良好的物质条件。

3.幼儿走步常见问题及纠正方法

（1）内、外八字脚。

形成原因：婴儿时期过早直立和走步；模仿成人错误的走法；下肢骨骼畸形等。

纠正方法：

①向家长和托儿所、幼儿园保育人员做宣传工作，早期预防。

②经常提醒有内、外八字脚倾向的幼儿走路时要脚尖朝前。

③采取做专门体操和模仿踢毽子等方法来纠正。纠正外八字，可以让幼儿两脚内向口站立，用脚内侧踢毽子等，也可以沿一条直线行走等。

（2）抬腿过高。

形成原因：幼儿学走步时，动作有一个泛化的过程，动作往往不准确，错误地模仿教师原地踏步走或高抬腿动作；幼儿好奇心强，有时为了让脚步的落地声大而故意高抬腿走步。

纠正方法：

①向幼儿讲清楚高抬腿走步的动作是错误动作，要向前迈步。幼儿在走步时，教师应经常提醒幼儿，及时纠正错误动作。

②排队走步时，幼儿前后距离要稍微拉开一些，以免磕碰，影响向前迈步。

（3）落地重。

形成原因：幼儿在排队走步时，为了使走步"带劲儿""有精神"，常故意使劲儿跺脚，使脚落地有声，造成脚落地重的现象。

纠正方法：

①要求走步时，上体保持正直，脚跟着地后迅速向前滚动。

②幼儿走步时，教师可以提醒幼儿"向前迈步，落地要轻"或提出"看谁走路轻"等。教师呼喊口号时，不要过于用力。

（4）摆臂紧张，幅度过大，身体左右摇摆。

形成原因：受教师摆臂紧张的影响，幼儿模仿错误动作，造成摆臂紧张、幅度过大，身体左右摇摆。有时，幼儿为了使走步"带劲儿"，也容易形成上述问题。

纠正方法：

①向幼儿讲清楚正确的摆臂方法。

②教师示范动作要规范、正确。

③让走姿正确的幼儿做示范或当排头。

④让走姿不正确的幼儿跟在走得正确的幼儿后面行走。

（5）低头、含胸，上体晃动。

形成原因：不懂得正确的姿势，受其他动作干扰（如跳舞时有扭动的动作等）。

纠正方法：

①向幼儿讲清楚正确的走步姿势，教师平时也要注意走步的正确姿势，给幼儿做好示范。

②在排队走步时，经常提醒幼儿抬头、挺胸。

③针对不同情况采取相应措施。

（6）抬小腿，迈不开步。

形成原因：不懂得正确的姿势，模仿错误的动作，感觉"好玩"等。

纠正方法：

①要求向前迈大步走。

②个别幼儿排队走步时动作不协调，多余动作多，这往往是由心理因素造成的。教师应进行个别指导。纠正幼儿动作时，要细心观察，找出原因，有针对性地采取措施，态度要和蔼。幼儿在亲切、轻松、愉快的气氛中，比较容易改正错误。

4.练习走步的体育游戏

训练走步的体育游戏比较多，下面选择部分传统的经典游戏，按班龄、分层次介绍。

★ **游戏1：听口令走步基本功练习。**

适合年龄班：小班。

目标：学习排队及常见的口令动作，练习听口令走步，掌握正确走步的动作要领，激发参与运动的兴趣，体验集体活动的乐趣。

玩法：先练习按先后顺序排队，接着训练排队看齐，再做听口令练习，按如下顺序进行。建议做这些练习时，加入故事情境，增加幼儿练习的趣味性。

①排队散开：幼儿排成一路纵队（根据场地情况也可以排成2~3路），两手前平举（两手五指并拢，大拇指收拢，掌心相对，与肩同宽），不要触及前面的幼儿；两手侧平举（两手五指并拢，掌心相下），不要触及两侧的幼儿。

②稍息：两脚左右开立，重心放在两脚之间，两手可以放在体侧，也可以放在背后。

③立正：脚后跟并拢，两脚脚尖分开成60°角。

④听口令做动作：口令包括预令和动令，两者间要有停顿，如"向前看——齐""向右——看""起步——走"，让幼儿跟着教师口令来控制自己的动作。

⑤原地踏步走：多数口令要喊在左脚上。幼儿走步的节奏比成人快，喊口令时应适当稍快，不然就显得幼儿没有精神。

⑥起步走：教师喊着口令，结合儿歌《走步口令》，引导幼儿进行走步练习。

附儿歌：

走 步 口 令

走走走，小胸挺起来！

走走走，小臂摆起来！

走走走，小脚迈出去！

★ **游戏2：跟着小旗走。**

适合年龄班：小班。

目标：引导幼儿练习一个跟着一个排队走，听信号或听口令走，培养幼儿参与集体活动的兴趣，建立初步的自信心，感受集体活动的乐趣。

玩法：教师举着旗子或其他标志物，带领幼儿排队走步，或选派一名幼儿当小旗手，在前面领队走，或选一名小鼓手，敲着鼓，领队走（注意选派走姿正确、精神的幼儿当小鼓手或小旗手）。教师在一旁提示幼儿的走姿和走步时的精神面貌，也可以创编适当的情境儿歌，增加走步的趣味性。

★ **游戏3：跟着排头走，"开火车"或"开飞机"。**

适合年龄班：小班。

目标：学习跟进步伐、调整步幅，保持前后幼儿的间距，保持走步过程中的基本队形；形成初步的规则意识和集体意识，感受集体活动的乐趣。

玩法：类似"跟着小旗走"的玩法，教师站在队伍最前面当排头，所有幼儿跟着教师排队走，玩游戏"开火车"或"开飞机"。基本玩法也是幼儿排队走，只是教师在排头领队走步时做一些特定的动作，如，两臂侧平举、快步走。

当教师说到"开飞机啦"时，幼儿跟在教师身后，模仿教师两臂侧平举的动作和步伐，快步走。或者两臂抱圆，置于胸前，模仿手握方向盘并转动方向盘的开汽车动作，边念"开火车啦"边做动作。

⭐ 游戏4：吹泡泡。

适合年龄班：小班。

目标：练习走圆圈、变换方向走及不同形式的走，能积极参与集体游戏活动，培养游戏规则意识和集体意识，感受集体游戏活动的乐趣。

玩法：幼儿手拉手，围成一个大圆圈，一边走圆圈，一边听教师说儿歌《吹泡泡》，并根据儿歌的内容提示做出不同的动作反应。

附儿歌：

吹 泡 泡

吹泡泡，吹泡泡，

吹成一个大泡泡。

吹啊吹，泡泡吹高了，

吹啊吹，泡泡吹低了；

吹啊吹，泡泡变小了，

吹啊吹，泡泡吹大了；

吹啊吹，泡泡吹破啦！

当教师说到"吹高了"时，幼儿踮起脚尖走；当说到"吹低了"时，幼儿蹲着走；当说到"变小了"时，幼儿相互靠近，缩小围成的圆圈；当说到"吹大了"时，幼儿相互散开些，使围成的圆圈变大。为了控制好游戏的节奏，教师可以故意拉长"吹高了""吹低了"等歌词发音，让幼儿能在听到歌词后有时间做出反应，变换相应的步伐。教师也可以重复念儿歌相应的歌词，让幼儿重复上述变换走步或多走一会儿。当说到"泡泡吹破啦"时，幼儿松开手，四散走开，游戏结束。

⭐ 游戏5：老猫睡觉醒不了。

适合年龄班：小班。

目标：练习轻轻地走步、模仿走猫步，提高动作的模仿力、语言学习能力，激发幼儿参与集体游戏活动的兴趣，形成初步的游戏规则意识，体验到参与集体游戏活动的乐趣。

玩法：教师扮演老猫，全体幼儿扮演小猫。幼儿围成一个圆圈站好，教师站在圆心位置。教师一边做着动作，一边念着儿歌《老猫睡觉醒不了》。

附儿歌：

老猫睡觉醒不了

老猫睡觉醒不了，小猫时时往外瞧，

因为小猫爱游戏，悄悄走到外面去，

老猫睁眼看一看，不见小猫怎么办？

喵喵宝宝哪去啦？喵喵宝宝快回来。

"我回来啦！""我回来啦！"然后，小猫们纷纷学着小猫叫，走着猫步，学着小猫的样子，轻轻地走回来。

★ **游戏6：模仿各种动物走。**

适合年龄班：小班。

目标：模拟各种动物走步，练习各种变换形式的走步，了解一些常见动物的走路特点，丰富生活经验，提升综合学习能力，激发幼儿参与游戏活动的兴趣，喜欢参与角色游戏，感受到角色游戏运动带来的乐趣。

玩法：将幼儿分为6个小组，每个小组扮演一种动物，按组分别列队站在场地内指定位置。教师有节奏地说唱儿歌《小动物走路》，一边说唱儿歌，一边模仿相应的动物走路。为了提高游戏的趣味性，教师模仿小动物走路的姿势，示范动作可以稍微夸张一些。幼儿一边听教师说唱儿歌，一边开始趣味地模仿各种动物姿势走步。教师可以重复说唱儿歌内容，适当延长幼儿模仿走步练习的时间，待幼儿熟悉动作后，开始让不同的动物进行走秀表演，让幼儿相互评比，看谁的模仿走秀最形象。

教法建议：模仿大象走路时，要求落地较重且行走迟缓，但比乌龟快得多。

附儿歌：

小动物走路

小兔走路蹦蹦蹦蹦跳，

小鸭走路摇呀摇呀摇，

小乌龟走路，慢吞吞，

小花猫走路，静悄悄，

企鹅走路摇啊摇啊摇，

大象走路咚啊咚咚响。

教法建议：教师可以结合游戏播放相应的背景音乐，如能找到这首儿歌的音乐，游戏效果会更好。

★ **游戏7：拉个圆圈走。**

适合年龄班：中班。

目标：练习各种交叉走步（前后交叉、左右交叉）、不同人走步的协调配合，听口令快速做出相应动作，发展身体动作的协调性、灵活性，提升快速反应能力及语言学习能力，体验集体合作游戏的快乐。

玩法：幼儿手拉手，围成一个圆圈，一起走步。幼儿一边走着，教师一边唱念儿歌《拉个圆圈走》。教师可以自己谱曲，在游戏中哼唱。

附儿歌：

拉个圆圈走

小朋友，手拉手，拉个圆圈走一走。

走啊走，乐悠悠，我们都是好朋友。

好朋友，手拉手，走个圆圈圆溜溜。

走走走，走走走，看看谁最先站好。

走走走，走走走，看看谁最先蹲下。

走走走，走走走，看看谁最先摸脚。

幼儿按教师唱念儿歌内容快速做出相应的动作，如站好、蹲下、摸脚等。

变换玩法：拉圈走的时候，可以横向交叉步走步或前后交叉步走步，也可以两人面对面横向左右交叉步走步或横向前后交叉步走步。两人面对面交叉步走步时，需要两人协同、配合，适合中、大班幼儿。小班幼儿只适合单纯的拉手走圈。

⭐ **游戏8：捡豆豆。**

适合年龄班：中班。

目标：练习四散走，变换动作走（如蹲着走），学习给豆子分类、趣味儿歌等多领域知识，提升综合学习能力，激发幼儿参与游戏活动的兴趣，体验游戏活动的乐趣。

玩法：场地内随机撒一些不同颜色的豆豆（如红豆、绿豆、黄豆、黑豆）或其他不同颜色的小珠子。幼儿提着小篮子或小桶，边走边捡豆豆，也可以让幼儿边捡豆豆边将豆豆分类放置（小篮子里分出不同的区域或放置几个瓶子等，用来装不同的豆豆）。教师用儿歌《捡豆豆》引导幼儿玩"捡豆豆"的游戏。

附儿歌：

捡　豆　豆

红豆豆、绿豆豆，黄豆豆、黑豆豆，

小小豆豆营养高，小小豆豆用处大，

各种豆豆撒满地，大家快来捡豆豆，

一边走、一边捡，捡到我的篮里头，

仔细看、仔细瞧，一粒豆豆不能丢。

⭐ **游戏9：熊和石头人。**

适合年龄班：中班。

目标：练习听信号变速走、后退走，结合追逐跑，锻炼综合运动技能，提升快速反应能力，身体动作的协调性、灵活性及游戏规则意识；激发参与运动游戏的兴趣，体验到体育运动游戏的乐趣。

玩法：教师（或选派1名幼儿）扮演熊，走在最前面，后面跟着一群人

（无需排队，自然、随机分散在场地内）。在往前走的过程中，熊随时停步，回头喊"停"。所有人必须马上变成石头人，不能动。凡是被熊发现还在动的人，必须接受某种惩罚，比如，后退3步。当熊走到最前面的墙根（或其他阻挡前进的物体前）能够摸到墙时，马上转身返回追所有的人。大家则四散逃跑。只有跑进场地另一端的安全区域（提前划定），才能不被熊抓到。凡被熊抓到（以手触摸为准）的人，在下一场游戏中将扮演熊。

最开始扮演熊的人可以用"点兵点将"法选出。

选人儿歌一：点兵点将，有模有样，点到哪位，哪位就上。

选人儿歌二：点点摸摸，小朋友们，乐乐呵呵，有只狗熊，请你来做。

教法建议：教师可以改变游戏规则，如熊在往前走的过程中可以突然转身喊"停"，所有人站在原地，做一个舞蹈动作，谁的动作美，可以往前走两步。

★ 游戏10：大风和树叶。

适合年龄班：中班。

目标：练习听语言信号（口令）做出不同的动作及变换走步，锻炼幼儿的倾听能力、语言理解能力及快速反应能力，提升游戏规则意识、逻辑思维能力及想象力，激发幼儿参与游戏的兴趣，体验体育游戏的乐趣。

玩法：幼儿注意听教师的口令，根据口令做出各种变换走，类似于过马路时看交通信号灯再决定行走与停步。教师念着如下表2-3的儿歌，幼儿按相应的动作要求变换步伐走步。

表2-3　游戏"大风和树叶"儿歌和动作说明

儿　　歌	动　作　说　明
秋天到，秋风起， 风吹树叶哗啦啦， 片片树叶像蝴蝶。唉……	幼儿到场地集合排队
秋风吹起小树叶， 片片树叶飘起来， 小朋友、快快来， 外面世界真精彩！	幼儿注意听教师所念儿歌内容
微微秋风刮起来！	幼儿列队，开始沿直线或沿场地四周慢慢走
风来啦，风来啦！	幼儿开始加快速度走
风大啦，暴风来啦！	幼儿更加快速地走起来，几乎跑起来
一阵旋风刮过来！	幼儿快速转着圈走，速度快到跑起来
大风慢慢变小啦！	幼儿由跑变快走，而后走步速度逐渐慢下来
风停了，风停了！	幼儿逐渐停止走步

教法建议：在游戏过程中，教师可以变换不同内容喊口令，如"刮北风了"，幼儿往南行走；"刮南风了"，幼儿往北行走；"刮西北风了"，幼儿往东南方向行走。此游戏还融入了空间方位和认知基本方向的教育内容。

⭐ **游戏11：听鼓声走，听音乐走。**

适合年龄班：中班。

目标：练习听鼓声信号变速走，锻炼倾听能力、快速反应能力及逻辑思维能力，提升游戏规则意识，激发幼儿参与游戏的兴趣，体验体育游戏的乐趣。

玩法：幼儿分组站队，准备沿着场地四周行走。教师敲鼓或选派1名幼儿当小鼓手。当慢慢敲鼓时，要求慢走；当快快敲鼓时，要求快走；当鼓声停止时，则大家止步。鼓声越密集、越急促，则要求走得越快。

教法建议：可以用播放音乐代替敲鼓，给幼儿变速走步发出不同的声音信号。如播放舒缓的音乐时，要求慢走；随着音乐节拍、节奏加快，要求行走的速度也加快；音乐声停止时，则停止走步，或用两种音乐，男孩和女孩用不同的音乐掌控，这样的训练让幼儿学习在不同的音乐中有意识地辨识自己需要的音乐，并按该音乐指令变速走步。还可以利用看图像信号变速走，如，日常生活中，人们通过看交通信号灯决定如何行走。

⭐ **游戏12：信号灯。**

适合年龄班：中班。

目标：练习听信号灯指令决定向前行走或变速走，锻炼幼儿倾听能力、快速反应能力及逻辑思维能力；了解交通常识，丰富生活经验；提升游戏规则意识，激发幼儿参与游戏的兴趣，体验体育游戏的乐趣。

玩法：将幼儿分为若干组，分别列队站在场地两边，准备过马路（场地中间表示马路）。教师说念儿歌《信号灯》，幼儿按儿歌的指令决定行走或变速走或做出其他各种动作。

附儿歌：

信 号 灯

红灯绿灯小黄灯，交通规则要记清。

红灯停，绿灯行，看见黄灯等一等。

红灯亮起大家停，斑马线外来等候。

绿灯亮起可通行，马路中间不能停。

在教师口令的指挥下，全体幼儿在场地内开始列队，来回走步。教师念儿歌《信号灯》，幼儿来回走两圈后，教师再喊信号灯指令。可以重复念上述儿歌，幼儿重复游戏。教师需在游戏前说明，黄灯闪烁时，场地中间的小伙伴应该快步向前走，场地边沿线的幼儿则要停下来、等一等。

★ 游戏13：持物走。

适合年龄班：中班。

目标：练习各种持物走步，锻炼上、下肢动作的协调性，提高身体的平衡能力及相互配合能力，激发幼儿参与运动游戏的兴趣，体验运动游戏的乐趣。

玩法：分单人持物走和两人配合持物走。

①单人持物走。A.头顶易拉罐（或塑料碗、沙包、书本等）走；B.双手或单手端着或托着盘子走（盘上可放置小碗、酒瓶、饮料瓶等）；C.直接用手（双手或单手）端着碗或杯子走（内装一定量的水）；D.用球拍托球走，或用实验托盘托着装水的碗或杯子（1个或几个）行走（这里包含平衡练习）。

游戏可以分步进行，先练习双手托物走，逐步过渡到单手托物走。待动作熟练后，可以增加游戏难度，如单手托物走时，边走边将所托之物换到另一只手上，或在单手托物走的过程中，用另一只手换一下所托物品，如同饭店服务员一手托住托盘，另一只手从托盘上拿走或放置物品，这也是一种持物走的变化形式。动作熟练后，步行速度可以逐渐加快。先托物快步走直线，再过渡到托物快步走曲线或走圆圈。

②两人配合持物或顶着物品走。

两人前后抬着担架走（担架可以用梯子代替），两人互相顶着（可以前后互顶或左右互顶）一个纸盒（或其他物品）走。

其他变化走法，如横着走（包括左右跨步走、左右交叉步走），侧着走，模仿小螃蟹过马路。

★ 游戏14：找朋友。

适合年龄班：大班。

目标：练习放松走步、听口令变换走步（如拉手走），锻炼倾听能力、语言理解能力及反应能力，激发幼儿参与游戏活动的兴趣，感受到体育游戏的快乐。

表2-4 游戏"找朋友"的儿歌

儿歌一	儿歌二
走走走，走走走， 走来走去找朋友。 找找找，找找找， 快快找个好朋友。 好朋友，手拉手， 一二一二向前走。 向前走，向前走， 放下小手点点头。	跟着老师绕圈走， 一二一二向前走。 向前走，绕圈走， 向前走，不回头。 跟着老师这边走， 到终点，排好队。 放下小手不回头， 放下小手点点头。

玩法：幼儿分为两组，人数大体相同，围成里、外两个圆圈，排队走步，

里圈和外圈走步方向相反。教师念着下面的儿歌，幼儿边走边根据儿歌内容做出相应的动作。

变换玩法：如配对找朋友过程中，有未找到朋友的幼儿，则该幼儿需要绕着刚才围成的双层圈圈外跑两圈或到圆圈中间模仿某种动物的叫声（如狗叫、猫叫）。

教法建议：游戏中的儿歌既是教师组织游戏的趣味引导语，又是引导幼儿变换走步的口令，没有严格、固定的歌词，只要念着顺口、有韵味即可。

⭐ 游戏15：学做解放军。

适合年龄班：大班。

目标：练习模仿特殊的走步姿势，激发走步锻炼的热情，巩固和锻炼幼儿的走步动作技能，提升动作模仿能力，激发爱军、拥军的热情和思想感情。

玩法：幼儿按性别分为男、女两组，每组分成两排或三排站立，听教师口令，一起高抬腿向前走步。可以先练习原地踏步，再起步向前走。先一排一排地练，再统一向前走。此处要强调学习解放军走步的整齐和英姿，挺胸、抬头，摆臂幅度较大，也可以配备玩具枪，模仿解放军双手握枪、整齐走步的姿态，激发幼儿爱军、拥军的热情和思想感情。

⭐ 游戏16：大脚掌游戏。

适合年龄班：大班。

目标：练习模仿动物走步，提升走步动作的协调性，激发参与游戏活动的兴趣，感受体育游戏的乐趣。

玩法：采用较大的动物模型脚掌或成人版超级大鞋作为道具（图2-1），用于走步练习，可引入故事情境，增加动作练习的趣味性，还可引入比赛，看谁走得快。

图2-1　大脚掌

还有一种"大鞋板"（与滑雪板相似）道具（图2-2），多人可以将脚伸进去，相互配合走步。游戏前半程需要幼儿配合练习，熟悉了玩法以后，再进行比赛。

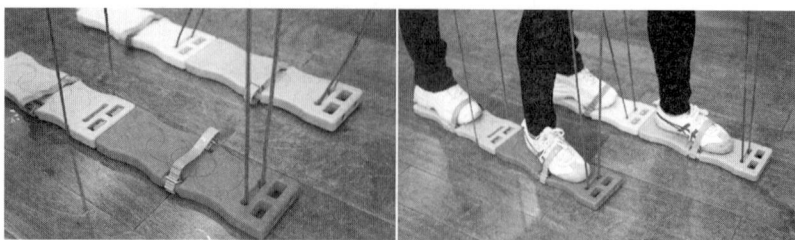

图2-2　大鞋板

★ **游戏17：两人三足，三人四足。**

适合年龄班：大班。

目标：锻炼协调、配合走步的能力；提升语言交流能力及想办法解决问题的能力，增强团队意识、竞争意识；体验合作竞技类游戏的乐趣，感受努力后获胜的成就感和自豪感。

玩法：两人或三人并排站立，相互靠近，将相邻的两只脚捆绑在一起，两人或三人协调、配合着往前行走。注意相邻的两只脚捆得不能太紧，且使用稍宽一些的绳子或布带。也可以在两名幼儿相邻两只脚的脚踝处缠上粘带，两人靠近，使粘带粘在一起。

教法建议：游戏开始前，由两位教师配合着进行动作示范。教师先引导幼儿，如何才能互相配合着走好两人三足的步伐，如，同时先迈出捆在一起的脚，再迈出另一侧的脚，通过喊口令，协调一致地迈步前进。游戏开始后，幼儿可以先尝试学习，多加练习，待基本动作要领掌握后再分组比赛。

★ **游戏18：千足虫。**

适合年龄班：大班。

目标：练习蹲步走，锻炼集体的协调、配合能力，是锻炼团队协调、配合的趣味游戏，但要注意蹲步走的距离，不宜过长，以免引起幼儿过度疲劳。

玩法：5~6名幼儿面朝同一方向，排成纵队，蹲下，后面的幼儿双手搭在前面幼儿的双肩上（图2-3），在双手不脱离前面幼儿肩膀的前提下，一起蹲着往前走。

图2-3　"千足虫"游戏玩法一（双手搭肩，协同蹲步走）

教法建议：①幼儿初次玩这个游戏，为了让他们尽快适应多人协同蹲步走，可以让后面的幼儿拉住前面幼儿的衣襟（图2-4）。这样，能让幼儿间拉开适当间距，从而降低协同走步的难度，等幼儿逐步适应了协同蹲步走，再改为双手搭肩协同蹲步走。②若双手搭肩协同蹲步走比较熟练，也可以进一步提高游戏难度，改为双手分别抓住前面幼儿的双腿（图2-5）。③"千足虫"游戏要求多人排成一路纵队，一起用下蹲步的方式往前走。刚开始练习会有一定的难度，为了降低难度，也可以先练习两人前后配合，下蹲式走步。等熟悉动作后，再增加集体蹲走的人数。大家都熟悉步伐和游戏规则后，再引入比赛。比赛时，限定走步的距离（通常8~10米）和路线，在不犯规的前提下，最先走完全程的团队获胜。

图2-4 "千足虫"游戏玩法二（双手拉衣襟，协同蹲步走）

图2-5 "千足虫"游戏玩法三（双手抓握双腿，协同蹲步走）

★ **游戏19：划龙舟游戏。**

适合年龄班：大班。

目标：练习集体协调、配合走步，提升语言交流能力，相互协商、沟通，培养团队合作的意识和能力，不怕困难、敢于迎接挑战的意志品质，体验到集体合作游戏的乐趣及努力获得成功后的快乐。

玩法：由3~6名幼儿骑着龙舟模型，一起往前走，就像划龙舟一样（图2-6）。游戏开始前，教师应进行游戏说明，建议两位教师互相配合，进行动作演示，并用简单语言引导幼儿。也可以创编一些类似如下的儿歌，用来提示和引导幼儿。

图2-6 "划龙舟"游戏示意图

附儿歌：

划 龙 舟

双手握住龙体把，骑跨龙背不用怕；

左脚右脚交替走，步调一致来加油。

一二一二来喊话，步子不小也不大；

大家一起往前划，团结协作力量大。

教法建议：本游戏的关键在于团队的每个成员需要互相沟通、配合，尤其步调要整齐划一，才能顺利地往前"划"行。游戏开始时，应先让幼儿熟悉如何协调、配合，统一步伐方向和频率，体验如何一起往前走，等沟通好步伐规则并初步体验了协同走之后，再引入比赛的形式进行游戏。

第三章 幼儿跑步动作发展

第一节 跑步动作发展的基础知识

一、跑步的概念及意义

跑步是人体位移速度最快的一种方式，是人们日常生活中必不可少的一种实用性技能。跑步是反复做同样动作的一种周期性运动。左右腿分别向前跑一步为一个周期。每一步都可以分为脚着地的支撑期和两脚腾空期。因此，跑步与走步的关键区别就在于两脚腾空。跑步时，会有两脚腾空（两脚同时离地）期，而走步总会有一只脚与地面接触。

跑步和走步一样，是锻炼身体的重要手段和有效方法。古希腊阿尔菲斯河岸的山崖上刻有这样的一段话："如果你想聪明，跑步吧！如果你想强壮，跑步吧！如果你想健康，跑步吧！"可见，跑步对于促进人体身心健康和智力发展具有重要作用。

跑步对于幼儿的动作发展和运动技能的提高具有不可替代的作用。幼儿经常跑步，不仅能够增强下肢肌肉的力量、提高速度、灵敏度、平衡能力等基本身体素质，还能增强心血管系统和呼吸系统的功能，提高神经系统和运动器官的机能，促进机体发育。同时，还可以培养幼儿良好的意志品质和拼搏向上的精神，为其身心健康、和谐发展奠定良好的基础。幼儿体质监测结果显示，5~6岁幼儿参加30米快跑后，心率由100~110次/分钟增加到150~170次/分钟。心率加快，表示血液循环加快，这将有利于促进全身新陈代谢活动，促进幼儿身体的生长发育和机能的提高。

二、正确的跑步姿势及动作要领

如前所述，跑的每一步都分为脚着地的支撑期和两脚离地的腾空期。脚着地支撑期的后蹬动作获得的前进动力，是决定跑步速度的一个主要因素。

跑步时，要让身体重心沿直线向前移动，避免上下跳动和左右摇晃。要保证这一点，脚后蹬动作用力的方向和角度必须正确。脚后蹬动作的方向必须为正后方。如果偏离正后方，就会使力量分散，造成身体左右晃动幅度增大。八字脚、两脚左右间距过大的人，在跑步后蹬时，方向往往会偏离正后方，造成身体左右摇晃，步幅受限，速度也很难提高。

跑步时，要保持脊柱正直、上体稍前倾。这样的姿势既有利于摆动腿向前上方摆动和髋部往前推送，又有利于呼吸器官和心血管系统的活动，减缓背肌的承载力。跑步时，忌讳斜肩、驼背或上体后仰。

两臂的摆动同样非常重要。正确的摆臂应该是两臂自然屈肘，摆动的幅度要小，这样既省力，摆臂的速度又快，还有利于提高步频和维持身体平衡。有些幼儿会出现直摆臂、左右摆臂或以肘为轴摆动，因而增加了身体的晃动，跑起来费力、速度慢。随着幼儿年龄的增长，教师应逐步按照正确的动作要领要求他们掌握跑的基本动作。

简而言之，正确的跑步动作要领可以简述如下：

上体前倾（短跑）或稍前倾（长跑），两手半握拳，两臂屈肘于体侧，前后自然摆动，一只脚用力后蹬，另一条腿屈膝向前摆。短跑时，要用脚掌先着地；长跑时，要后脚跟先着地，脚掌滚动着地，脚尖基本朝前，眼看前方，用鼻子或口鼻同时呼吸（半张嘴、舌尖顶上颌，保证口腔湿度和温度），呼吸自然而有节奏。围绕圆圈快跑时，整个身体向内倾斜。

第二节　跑步教育及游戏策略

一、幼儿跑步的特点

2~5岁幼儿已初步掌握跑的动作技能，但早期的跑，只有跑的样子，而不是真正意义的跑，因为没有两脚腾空阶段。这个时期，跑的动作特点可以归纳为"小、慢、直、不稳"。即蹬摆力量、步幅小，两脚腾空时间与脚掌支撑时间的比值小；速度慢，反应慢；上体较直（保持3°~5°），直臂摆动；步幅、方向、速度不稳，容易摔倒。然而，幼儿期，跑的动作与能力发展较快，步幅逐渐增大，速度提高得也较快；身体前倾角度加大；两脚腾空时间与脚掌支撑时间的比值接近40%。6岁以后，早期跑的特点基本消失，动作有力、平稳、协调，个人的动作特点初步显示出来。幼儿跑的能力是有差别的，男孩稍高于女孩。

二、跑步动作发展的教育策略

幼儿跑步教育的主要目的是：促使幼儿形成正确的跑步技能，提高跑步的速度，发展身体的协调性和平衡能力；增强主要器官（如心、肺）的机能，促进身体的生长发育；培养幼儿勇敢、顽强的意志品质和乐观、开朗的个性。

1.跑步教育的内容和方法

幼儿跑步教育包括以下内容：

按跑步速度，分为快速跑和自然慢跑。

按跑步路线，分为直线跑、曲线跑、圆圈跑（环形跑）、折返跑、四散跑等。

按参与者之间的关系，分为追逐跑、接力跑、个人赛跑、集体赛跑等。

此外，还包括障碍跑及发展跑步能力的专项练习等内容。

概括来讲，幼儿园跑步教育的主要内容及要求可简述如下表3–1。

表3–1　幼儿园跑步教育的主要内容及要求

班级	内　　容	要　　求
小班	沿着场地周围跑 听口令或信号向指定方向跑 在指定范围内四散跑 走、跑交替	两臂屈肘于体侧
中班	一路纵队跑 在一定范围内四散追逐跑 快跑10~20米 走跑交替100米左右	上、下肢协调、轻松地跑
大班	听口令或信号变速跑或改变方向跑 快跑10~20米 走跑交替100~200米	上体稍前倾，两手半握拳，两臂屈肘于体侧，前后自然摆动，前脚掌着地跑

下面对幼儿园跑步教育的常见内容及方法分述如下。

（1）快速跑。

要求上体正直或稍前倾，目视前方，后蹬腿快速用力向后充分蹬伸，另一条腿向正前上方屈膝摆动，以前脚掌或全脚掌先着地，用鼻或口鼻混合呼吸，自然而有节奏。

快速跑主要用于发展幼儿跑步动作技能和提高跑步速度。快跑的关键和重点是两腿的蹬、摆动作。不同年龄班对快跑的要求与侧重点有所不同。小班能快跑10米即可，要求跑得平稳、协调，且能迈开步子，能初步掌握跑步的正确方法；中、大班能快跑15~30米，要求步幅大、落地轻、动作协调、自然、放松，逐步形成正确的跑步技能。

单纯的练习快跑容易枯燥、乏味，建议多用游戏法练习快速跑。小班常用的游戏如"小孩、小孩真爱玩""找找小动物""捉老鼠"等，中、大班常用的游戏如"看谁先把球举起来""叫号赛跑""看谁风车转得快"等。还可以采用条件练习法，如，设定50厘米宽的跑道，让幼儿在设定的跑道内快速跑。

随着年龄的增长，应逐步增加幼儿快跑练习的形式。除上述提到的设定跑道宽度外，还可以设置连续的格子（如，格子为长50厘米、宽50厘米）跑道，格子宽度大体与幼儿步幅相同，让幼儿一步跑一格。这种方式的练习主要用于提高幼儿跑步时的步幅。为预防因格子宽度过大而出现跨跳的现象，设置几种不同宽度的格子跑道，根据幼儿步幅的不同，引导幼儿分组练习跑格子。也可以采用不同的节奏信号（如，击掌、击鼓或喊"一二"口令等），引导幼儿加快步频或加大步幅的练习，但要注意根据幼儿的实际水平量力而行，如增加步频不能缩小步幅，增加步幅不能降低步频。每次练习的时间不宜过长，中间要适当休息。教师可以根据幼儿的练习情况及时发现问题，做一些有针对性的专项练习。如，摆臂不正确，可以采用原地摆臂练习；摆腿幅度小，可以多做高抬腿走步练习等。

（2）自然慢跑或走、跑交替。

动作要求与快速跑大体相同，只是后蹬角度稍大、频率稍慢。自然慢跑或走、跑交替（走一段距离，再跑一段距离，如此交替）是发展幼儿跑步动作的基本方法和手段。

幼儿跑步的距离应量力而行，不应强迫幼儿过长距离地跑步。随着幼儿年龄的增长，跑步的距离可以适当增加。小班幼儿以走、跑交替为主，每次跑步距离为50~100米，速度约70米/分钟即可，中班幼儿自然慢跑的距离应逐步增加，每次跑步距离为100~150米，速度以70~80米/分钟为宜；大班幼儿自然慢跑的距离为150~300米，速度以100米/分钟为宜。幼儿跑步后，心率不超过150次/分钟为宜。

幼儿身体的主要器官（特别是心血管系统）发育不完善，机能较弱，容易疲劳，且易受损伤。因此，要严格控制跑步距离，逐步增加运动量。对不同体质的幼儿应区别对待。在开展长距离耐久跑活动时，要加强身体监测，由保健医协助监督，注意幼儿身体营养和适当休息。教师可以在跑步后测测幼儿脉搏，了解其跑步后心率和恢复到安静水平所需时长。如果在跑步后10~20分钟，心率逐步恢复到安静水平，即为正常。如发现幼儿跑步后，心率久久不能恢复正常或时高时低，就应及时减少运动量或暂停跑步，以免影响幼儿身心健康。

自然慢跑要注意养成正确的呼吸方法。开始跑时以鼻呼吸为主，随着活动量加大，逐渐用口、鼻混合呼吸，不要张大嘴或紧闭嘴呼吸。张嘴呼吸，空气中的灰尘和细菌，直接进入呼吸道和肺部，易引起呼吸器官的疾病。尤其是冬天，冷空气突然、直接刺激幼儿柔嫩的呼吸道，很容易引起咳嗽、咽喉肿痛。紧闭嘴呼吸，吸入的空气难以满足身体活动的需要。特别是教师强调闭嘴时，有的幼儿不仅闭紧嘴巴，而且面部和颈部肌肉也很紧张，给呼吸活动带来更大的困难。因此，教师应注意教会幼儿有节奏的呼吸。平时做操时，注意提醒幼儿配合进行呼吸训练，也可以专门做有关呼吸的体操。跑步时，教师喊"呼、呼、吸、吸"口令，也可以帮助幼儿学会有节奏的呼吸。自然慢跑时，呼吸的节奏一般为两步一呼，两步一吸。

（3）圆圈跑。

绕着圆圈跑步时，整个身体稍向内侧（转弯方向）倾斜，用外侧脚的内侧用力蹬地，内侧脚着重用外侧脚掌蹬地，外侧臂和摆动腿前摆时稍向内倾斜，幅度也稍大。

圆圈跑在跑的过程中需要不断改变跑的方向。通过日常观察会发现，骑自行车拐弯时，人和车身都会向内倾斜。绕着圆圈跑步时，人的身体也应稍向内倾斜。跑步的速度越快、圆圈半径越小，则身体向内倾斜的角度越大；跑步的速度越慢、圆圈半径越大，则身体向内倾斜的角度越小。跑步时，身体向内倾斜的幅度，可以根据自身的肌肉感觉来调节，当自己感到既不向内倒、又不向外甩时，身体的倾斜度最合适。

小班幼儿可以采用围着圆形目标物跑步，如，沿着圆形花坛或地面上画的圆圈跑，也可以由教师带领幼儿跑圆圈；中、大班幼儿可以采用圆圈跑的练习方式，如，沿着圆圈或圆弧线跑。圆圈或圆弧的半径要由大到小，跑步速度也可以由慢到快。幼儿非常喜欢各种圆圈跑的游戏，如"十字接力跑""叫号赛跑""追球"等。

当幼儿沿着圆圈跑步的速度不快、转弯不急时，他们的身体能做到自然地向内倾斜，也能较好地掌握平衡，但在快跑或转弯太急时，身体往往容易向外甩，也有的幼儿则是歪着头跑，这些都是错误的。教师除了告诉幼儿正确的跑圈方法外，可以强化进行弧线跑的练习，并随着幼儿跑步能力的提高逐渐增加跑步速度和缩小圆圈半径。

跑圆圈时，内侧腿和躯干外侧的肌肉负担重。如果只顺着一个方向跑，时间久了，容易造成脊柱两侧肌肉和下肢发育的不均衡。因此，在跑圆圈时要注意变换方向跑。

（4）四散跑。

四散跑比较受幼儿欢迎，它除了可以锻炼幼儿跑步的能力，也可以培养幼儿身体的灵活性。幼儿园多采用游戏的形式，如"找朋友""看哪圈站得快""找数字"等。跑动的范围不要太小，以免造成幼儿相互碰撞，影响活动量。

（5）追逐跑。

追逐跑时，不论对被追赶的幼儿，还是对追赶的幼儿来说，都能起到锻炼快跑能力的作用。追逐跑是培养幼儿身体灵活性的好方法，对发展幼儿的观察力和判断力、培养幼儿机敏、果断等品质也有较明显的效果。幼儿喜欢玩追逐跑的游戏。

追逐跑分为直线追逐跑和四散追逐跑，都可以用游戏的形式进行练习。如，小班追逐跑的游戏有"看谁能追上我""大皮球""捉星星"等，中、大班的游戏有"捕鱼""小朋友，你在哪里""老狼、老狼几点了""人枪虎"等。

在幼儿体力允许的情况下，教师应尽量加入游戏，在游戏中引导幼儿。做四散跑与四散追逐跑的游戏要注意掌握活动时长。每次游戏时间，小班时长为20~30秒，中、大班时长为40秒~1分钟。中间应保留不少于1分钟的休息时间。

（6）接力跑。

接力跑分为迎面接力跑和圆圈接力跑两种。迎面接力跑传接接力棒时，两人要错开身体，避免碰撞。传接接力棒均用右手握住接力棒的下端，递出接力棒时，应把接力棒竖起来，以免戳伤人。也可以用沙包、小皮球等物品代替接力棒。圆圈同方向接力跑传递接力棒时，两人要用异侧的手接传。如递出接力棒的幼儿用右手递出，则接棒的幼儿要用左手接。

小班幼儿一般对集体竞赛结果不太关注，而对有情节的游戏更感兴趣。因此，不推荐小班开展接力跑。中、大班幼儿比较喜欢接力跑，它能激发幼儿跑步的兴趣，提高跑步的能力，还可以培养幼儿集体责任感、荣誉感和合作精神。

接力跑的距离可以根据快速跑的距离来定。

除了用手帕、红旗、接力棒当传递物外，也可以用拍手的办法进行接力跑。

（7）障碍跑。

障碍跑是一项综合性练习，可以包括跑、跳、钻爬、平衡、投掷等内容，对发展幼儿基本动作能力，提高身体的灵活性，培养勇敢、机敏的品质都有好处。障碍的设置应根据幼儿活动技能的水平来定，所包括的动作应是幼儿已学会的动作。所设障碍物应是易于越过的，数量不宜多，障碍物之间的距离要稍大一些。

运动过程中要注意安全。器械要牢固，场地要平整，障碍物附近的地面上不要有碎砖等杂物，以免幼儿摔倒时磕伤。障碍跑的安排要合理，如"过独木桥"一类的障碍物不要设计在快跑之后。

（8）发展跑步能力的专项练习。

①跳跃练习：包括发展腿部肌肉力量和运动速度的各种跳跃练习，如，纵跳摸高、"踏石过河""兔跳"、跳绳、跨步跳等。

②原地高抬腿：动作要领为站在原地，双手叉腰，身体保持正直。一条腿

支撑身体，另一条腿屈膝、高抬，两腿交替进行抬腿、落下动作。

建议：此练习的主要目的是发展大腿肌肉的力量，以提高摆腿能力。要求大腿抬高（与躯干成直角），方向要正，落地时要求腿部伸直。为了使幼儿腿抬高、方向正，可以让幼儿两手放在腹前，手心向下，要求抬腿时大腿触碰手心。

③弓箭步下振：动作要领为两脚前后分开站立，前腿弯曲，大腿约与地面平行，后腿向后伸直，后脚跟离地，上体正直，腰稍前挺，两手叉腰，身体用力向下做振动动作。

建议：此练习主要是发展大腿肌肉群的力量、柔韧性及髋关节的灵活性。要求上体正直，挺胸、直腰、送髋，两脚脚尖均应向前，不应外撇。如果幼儿腿部力量不够，向下振动的幅度可以小一些。

④原地摆臂：动作要领为两脚前后或左右自然开立，上体稍前倾，两臂弯曲，小臂与大臂约成90°角，肩部放松，两手半握拳，两臂以肩关节为轴前后自然摆动。

建议：此练习主要培养幼儿正确的摆臂动作，发展摆臂速度和肩关节的灵活性。要求两肩放松，两臂前后摆动，有节奏。进行动作练习时，可以采用发信号的方法，如拍掌、喊数等，引导幼儿进行匀速或变速的摆臂练习。幼儿容易出现的问题是肩部紧张，摆臂方向不正确，容易左右摆动。教师应随时提醒幼儿，也可以要求幼儿摆臂时将双臂靠近身体、前后摆动，以纠正左右摆臂的错误动作。

2.幼儿跑步教育建议

（1）把跑步列为体育课主要的教学内容。

跑是人的一项基本活动能力。幼儿期是跑的动作形成的重要时期。因此，跑的教学应以形成正确姿势为主，不要过于追求数量和速度方面的发展目标。建议定期检查动作质量和数量的发展，以检查教学效果、了解幼儿动作发展水平，为以后教学工作提供客观依据，但不宜制订指标、搞评分等。

（2）要特别重视对中、大班幼儿跑的动作指导。

这个年龄阶段的幼儿动作发展快，接受能力较强，好奇，爱模仿，但缺乏鉴别正误的能力，如不加强指导，容易形成一些错误动作，会给动作的发展带来不利影响。

（3）跑与跳的教学内容要合理搭配。

跑与跳都是以下肢活动为主的练习，动作结构有很多相近之处，参加活动的肌肉群大都相同，又都需要提升速度和力量。因此，在设计教学活动中，跑和跳的练习搭配得要合理，以便互相促进、互为补充。

（4）跑的教学活动内容必须从幼儿生理特点出发。

跑的教学活动内容在设计上要考虑幼儿的心血管系统和呼吸系统的特点。

幼儿的心肌柔嫩，心壁薄，收缩力弱，容易疲劳，心腔容积小，每次跳动压出的血量少，心率快而不稳定。身体活动量增加后，主要依靠加快心率来保证对身体的血液供应。实践测试表明，激烈的追逐游戏持续40~60秒，很多幼儿的心率常常会达到每分钟200次以上。显然，这种依靠加快心跳来增加供血量的活动方式效率低、容易使心脏疲劳。幼儿呼吸系统也正处于发育阶段，他们的呼吸道和胸腔狭窄，肺组织弹性差，容量小，呼吸表浅，呼吸肌弱，容易疲劳。主要以加快呼吸频率增加通气量来保证身体需要。幼儿每分钟从空气中吸收氧气容量按平均每千克体重计算，比成年人低，吸氧气能力差，呼吸节律也不稳定。由上述特点可知，当幼儿参加激烈活动时，呼吸系统向身体供应氧气的能力是不大的，这就限制了幼儿跑的能力。根据这两个主要系统特点，幼儿跑步的距离不应太长，强度也不应太大，以免损害幼儿心脏。幼儿教师在开展跑步活动时，要从本园幼儿身体健康状况、活动能力的实际情况出发来设计和安排相应的活动。

3. 幼儿跑步常见的问题及纠正方法

（1）"坐着"跑。

形成原因：由于幼儿腿部肌肉蹬摆力量不足、髋关节柔韧性差或方法不对等原因，造成后蹬腿蹬伸不充分，前摆送髋不够，而形成"坐着"跑。

纠正方法：多做发展腿部肌肉的速度力量和髋关节灵活性练习，如纵跳、跨跳、跨步跑、弓箭步下振等，多做放松大步跑。纠正错误时，多做正确跑的示范动作，少组织快跑竞赛等。

（2）蹦跳式跑步。

形成原因：幼儿后蹬角度大，向前摆腿带髋不够。

纠正方法：告诉幼儿要向前摆腿，多做跨步跑、跨跳的练习。

（3）摆腿和脚落地方向不对，向前摆时两膝外撇或内拐，小腿向外撇，脚落地成八字脚或步幅过大。

形成原因：对正确摆腿和脚落地的方法还不理解，多数是在活动中自发形成的错误动作。个别幼儿是由于下肢骨骼畸形的原因，如"O"形或"X"形腿，也有的是受其他动作的干扰。

纠正方法：让幼儿了解摆腿的正确方向和脚落地的方法。在幼儿跑步时，经常提醒幼儿，如"膝盖朝前""脚尖朝前"等。做高抬腿走步练习时，引导幼儿注意抬腿方向。可以在地面上撒些黄土或白灰，让幼儿观察自己的脚印，或提出比比谁的脚尖朝前、谁能走直线等要求。

（4）落地缓冲时，膝盖弯曲太大。

形成原因：膝关节无力。

纠正方法：要求大腿积极下落着地（特别是大班幼儿），加强膝关节力量练习。

（5）跑步时过于紧张，耸肩、摆臂僵直、握拳紧、落地重，两臂左右摆动，上体晃动大。

形成原因：没有掌握跑步的正确用力方法，乱使劲儿。一般在初学跑步动作阶段容易发生这些错误动作，这是由大脑皮质兴奋泛化造成的。

纠正方法：多做自然、放松的大步跑；加快跑步速度时，如果发现幼儿有过分紧张的状态，可以适当放慢跑步速度。在赛跑时，注意提醒幼儿放松身体。在纠正幼儿错误动作的过程中，少做接力跑或其他形式的赛跑。

（6）上体过于前倾或后仰。

形成原因：不懂得跑时躯干的正确姿势；腰、腹肌力量差；有的幼儿错误地认为弓腰跑才能跑得快等。

纠正方法：做原地摆臂或弓步下振练习时，强调躯干的正确姿势；练习时，应经常提醒幼儿注意向前看。

（7）在规定的路线上跑步时，容易跑偏。

形成原因：跑步时，身体控制方向的能力差，脚落地时有八字脚倾向。

纠正方法：采用"踏石过河"的游戏引导练习，或采用窄道跑（跑道宽40~50厘米）、朝指定目标跑、一个接着一个快跑等方式多加练习。

4.练习跑步的体育游戏

以游戏的形式发展幼儿跑步动作和能力，使幼儿在跑步的游戏中体验参加体育活动的乐趣，不仅使幼儿身体得到锻炼和发展，而且也能满足幼儿心理需求，符合幼儿年龄特点。有关跑步的游戏有很多，下面选择部分有代表性的跑步游戏供教师参考。

★ 游戏1：小小运动员。

适合年龄班：小班。

目标：锻炼听口令做出走、跑动作反应，提升跑步动作技能，培养游戏规则意识，能积极参与游戏，体验到体育游戏活动的乐趣。

玩法：①教师先念儿歌一，同时，幼儿按儿歌的提示互相手拉手围圈，在步伐变换中进行分组，分为3个小组（组号分别为"1、2、3"），每组人数大体相当，按组号顺序排3路纵队，站在起跑线后。②教师再念儿歌二，幼儿按儿歌的提示内容分别在不同的时间点绕圆圈跑步。

附儿歌一：

拉圈做游戏

一二三、三二一，拉个圆圈做游戏。

说变小，就变小；说变大，就变大；

说变小，就变小；说变圆，就变圆。

一二三，请报数，一二三，手放下。

当说到"变小"时，幼儿互相靠拢，围圈变小；当说到"变大"时，幼儿互相分散开，围圈变大。当说到"变圆"时，幼儿互相拉手形成圆圈。当说到"请报数"时，幼儿按顺序依次报数，按所报数字，分成队列1、2、3。比一比，赛一赛，看看哪队站得快。

附儿歌二：

小小运动员

我是小小运动员，身背号码一二三。

听清裁判口令后，叫谁谁就跑圈圈。

三号，所有三号跑。

二号，所有二号跑。

一号，所有一号跑。

组织游戏时，可以让幼儿分组跑圈，不同组别进行圆圈跑的位置可以有所不同，如里外圈跑、交叉曲线跑。每组参与跑步的人越多，越容易增加幼儿跑步的趣味性，可以有更多跑步的节奏变换。

变换玩法1：上述游戏名称叫"小小运动员"，如果改名为"叫号赛跑"，其中对角色的变化就更清楚了。所有的幼儿围成一个圆圈，教师随机叫号，叫到几号，几号幼儿就绕圆圈跑。跑完后回到自己原来的位置站好，再叫另一组号的幼儿来跑。

变换玩法2：如果用不同的动物身份代替"1、2、3"数字进行游戏，则游戏"小小运动员"就变成了"小动物来赛跑"。玩游戏"小动物赛跑"时，分组后，不同组别分别取名叫小猴组、小兔组、狐狸组、小熊组等（可以佩戴不同动物形象的头饰或在胸前贴相应小动物的贴纸）。教师念儿歌三，幼儿根据儿歌内容进行游戏。

附儿歌三：

小动物来赛跑

森林里，真热闹，小动物，来赛跑。

大象公公当裁判，现在轮到谁来跑？

小动物们准备好，现在轮到狐狸跑。

当教师说到"狐狸跑"时，戴着狐狸头饰或贴有狐狸贴纸的幼儿组成员一起向前跑。教师可以提前画出不同的跑道线路。幼儿跑至终点后，教师可以记录每组幼儿的跑步成绩，如最快及后续排名的成绩顺序。

★游戏2：小马跑，马缰绳。

适合年龄班：小班。

目标：练习两人协同跑步，听口令变换跑步速度和方向，锻炼跑步动作技能和协调、配合能力，能有规则意识和互相配合的意识；体验到体育游戏的快乐。

玩法：两人为一组，前后站立。站位在前的幼儿用一根弹力绳从后往前套在自己的胸前，双手抓住弹力绳，让绳子从腋下绕到后面，后面的幼儿两手拉着弹力绳的两端。听到口令后，按顺序站好的几组幼儿同时按规定路线（可以是直线、曲线、圆圈等），从起点跑向终点。站位在后的幼儿可以适当抖动弹力绳，以示勒住马缰绳。

教法建议：为了增加游戏的趣味性，教师可以自己创编一些童趣化的儿歌引导幼儿驾驶小马车，前后协调、配合地跑，这样有意识地提高跑步过程中前后两人的协调与配合能力。

⭐ 游戏3：小孩、小孩真爱玩。

适合年龄班：小班。

目标：练习快速奔跑，锻炼下肢肌肉力量和跑步动作技能；发展物品属性（如颜色、大小、高低、软硬、粗糙与光滑）认知能力，激发运动兴趣，体验体育游戏活动的乐趣。

玩法：场地四周不同位置摆放不同的物品，教师带领幼儿在场地中央随机站队，教师随机念儿歌《小孩、小孩真爱玩》。幼儿按儿歌内容做出不同的动作反应。

附儿歌：

小孩、小孩真爱玩

小孩小孩真爱玩，跑到东来跑到西。

摸摸这儿摸摸那，五彩世界真美丽。

请摸摸蓝色物品。请摸摸黄色物品。

请摸摸红色物品。请摸摸绿色物品。

请摸摸粗糙物品。请摸摸光滑物品。

教法建议：教师根据场地内现有的物品随机编词，让幼儿按儿歌提示在场地内跑来跑去、摸摸相应的物品。在运动的同时，进行科学辨识和物品属性的认知，如颜色、大小、高低、粗糙与光滑、软硬等。

⭐ 游戏4：喂小动物。

适合年龄班：小班。

目标：练习走、跑交替和快速跑，发展下肢肌肉力量和跑步动作技能；了解身边的动物，丰富生活经验和科学知识；激发运动兴趣，体验体育活动的快乐。

玩法：场地四周或不同角落设置一定的情境道具，如小鸡模型、小鸭模型、小猫窝、小狗模型等。教师念儿歌《喂小动物》。幼儿根据儿歌内容提示，拿着装有各种食物的道具，如簸箕、瓢、小桶，跑到不同地点，喂相应的小动物，如鸡、鸭、猫、狗等。

附儿歌：

喂 小 动 物

小鸡小鸡叽叽叽，大家快来喂喂米。

小鸭小鸭嘎嘎嘎，小鸭最爱吃小虾，我们快去喂小鸭。

小猫小猫喵喵喵，请到那边喂小猫。

小狗小狗汪汪汪，小狗爱吃肉骨头，请到前面喂小狗。

教法建议：为了喂不同的小动物，幼儿在场地不同的地方来回跑动，在这个过程中，幼儿自然练习了跑步，也可以走、跑结合或快跑。

为了增加游戏的情境性，除了必要的道具，教师还可以用简单的提问方式，引导幼儿对小动物进行一些必要的科学认知，如小动物的家，这些小动物爱吃什么。

⭐ 游戏5：捉星星。

适合年龄班：中班。

目标：练习追逐跑、四散跑，听口令做相应动作，发展下肢肌肉力量和跑步动作技能，提升语言学习能力、反应能力，激发参与体育运动的兴趣，体验体育游戏的乐趣。

玩法：一名幼儿扮演阿童木（可以戴头饰）站在场地中央，其他幼儿扮演小星星（也可以戴星星头饰），围成圆圈，站在阿童木四周，走圆圈，一边走，一边举着双手，冲着阿童木，做手势动作并眨眼睛，教师念着儿歌《摘星星》。

附儿歌：

摘 星 星

小星星，在空中，一闪一闪眨眼睛。

我要学习好本领，长大上天摘星星。

小星星，在空中，一闪一闪亮晶晶。

好好学习长本领，长大上天摘星星。

阿童木，已长大，坐上飞船摘星星。

我们一起摘星星喽！

当教师念儿歌时，阿童木四处寻找，看哪颗星星最亮。当教师说到"摘星星喽"，所有幼儿停止走圈，站在原地不动，注视着阿童木的行动。如果阿童木手指其中一名幼儿，大声说"我要摘那颗星星"。被指幼儿应马上绕圈跑，阿童木在后面追赶他。如果被指幼儿绕圈跑完1圈，仍未被阿童木追到，则被追幼儿回到自己的原位站好，阿童木需要重新听教师念儿歌，重复刚才的"点名追星"游戏。当阿童木没有指点哪位幼儿，而是重复教师最后的话"摘星星喽"

时，所有幼儿四散跑，阿童木追赶，如果追上一名幼儿（以手触摸到为准），则被追上的幼儿与阿童木互换角色，重复上述游戏。

★ 游戏6：花和小蜜蜂。

适合年龄班：中班。

目标：练习听信号快速跑，发展下肢肌肉力量和跑步动作技能，丰富生活经验，增长知识科学，提升语言学习能力、快速反应能力、动作的协调性；激发运动兴趣，体验体育游戏的乐趣。

玩法：①幼儿分为人数大体相同的两组：小蜜蜂组和花儿组，排成两路纵队，面朝同一方向站好，花儿组站在前排，小蜜蜂组站在后排，两队间隔约3~4米。②花儿组提前秘密商议好本组代表哪种花（桃花、荷花、菊花、梅花4种花任选一种）。③教师与蜜蜂组配合着说出如下儿歌《开什么花》。④小蜜蜂组一起对着前面的花儿组问话："现在开的是什么花？是荷花吗？"花儿组一起回答："不是。"小蜜蜂组继续问花儿组："是桃花吗？"当问对了时，花儿组成员马上向前方终点线跑去（终点线距离起点线约10米），小蜜蜂组追赶。如果在到达终点线之前花儿被小蜜蜂追上（以手触摸到为准），在下一轮游戏中，两人互换角色。花儿组成员全部跑至终点线后，结束一轮游戏。⑤两组互换角色和位置，重启下一轮花儿和小蜜蜂的对话及追逐跑游戏。

附儿歌：

开什么花

春风吹，天气暖。春天会开什么花？（答：桃花）

夏天热，知了叫。夏天会开什么花？（答：荷花）

秋天到，秋风凉。秋天会开什么花？（答：菊花）

冬天冷，雪花飘。冬天会开什么花？（答：梅花）

变换玩法1：分组排队和场地站位同上述游戏，将花儿换成蔬菜，蔬菜组提前商定好本组所代表的一种蔬菜。小蜜蜂组和教师先按如下儿歌进行问答。小蜜蜂组一起对着前面的蔬菜组依次问话："什么蔬菜像朵花？是菜花吗？"蔬菜组一起回答："不是。"小蜜蜂等蔬菜组回答后，再问下一个问题："是西蓝花吗？""是黄花菜吗？"当问对了时，蔬菜组成员马上向前方终点线跑去，小蜜蜂组追赶。游戏可以进行两次。

附儿歌：

蔬菜开花

春天里，百花香，菜农伯伯种菜忙。

勤浇水，多施肥，蔬菜果实长又长。

蔬菜园里开满花，什么蔬菜像朵花？（答：菜花）

蔬菜开花香满园，什么蔬菜开白花？（答：菜花）

什么蔬菜开绿花？（答：西蓝花）

什么蔬菜开黄花？（答：油菜/黄花菜）

变换玩法2：分组、场地排队不变，将花儿换为水果，让小蜜蜂组猜水果。水果组提前商定好本组所代表的一种水果。水果组（或教师）提问："什么水果大又甜？""什么水果长在地里边？"小蜜蜂组依次问前面的水果组："是甜瓜吗？"等水果组回答后，再问下一个问题"是哈密瓜吗？""是香瓜吗？""是西瓜吗？"当问对了时，水果组成员马上向前方终点线跑去，小蜜蜂组追赶。游戏可以进行两次。

教法建议：你来说，我来猜，猜对了，你就跑。这种游戏规则简单，幼儿容易理解。因此，教师也可以创编一个日常用品类的或者工具类的，也可以结合动物园里有什么动物等问题，引导幼儿猜猜是什么，这些都包含着幼儿智力开发，体现了幼儿教育多领域的融合，目的是让幼儿在体育锻炼的同时多学知识。

⭐ 游戏7：长江、黄河。

适合年龄班：中班。

目标：练习追逐跑、折返跑，锻炼跑步速度，发展身体的灵敏度和快速反应能力。

玩法：幼儿分为两组排，成两路纵队，间隔3~5米，面对面站立。教师指定一队为长江队，另一队为黄河队，两队各自身后距离5~10米处为自家区域。本队成员相互间隔约1米（图3-1）。两组幼儿随时做好准备，听教师发出的口令，可能要追，可能要转身快速逃跑。当教师喊"长江"时，则黄河队追赶长江队；反之，长江队追赶黄河队。当到达自家区域时，追赶者就不能再追赶了。在到达自家区域前被追上（以触摸到为准），追赶者赢；否则，被追者赢。

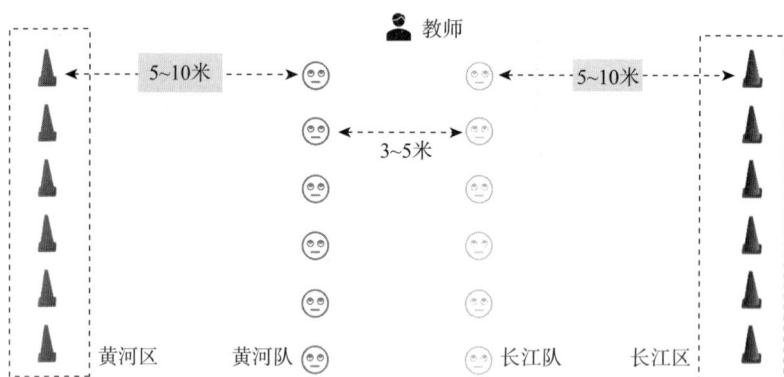

图3-1　游戏"长江、黄河"场地示意图

变换玩法1：①在各队自家区的对应位置放置一排锥形筒。当教师喊"长江探桩"时，长江队成员同时向长江区跑去，用手触摸自己正对着的锥形筒后返回原队列所在位置；同样的，教师喊"黄河探桩"时，黄河队成员跑到黄河区触摸锥形筒后返回原位。②两队成员相对站立，教师喊："长江、黄河同时探桩。"两队成员各自转身跑去摸锥形筒后迅速折返归位，面向对方站好。

变换玩法2：①教师扮演大鲨鱼，向两队中间区域走去并大喊："大鲨鱼来啦！"两队成员听到后，分别跑向自家区域，绕过自己所对的锥形筒后，返回原队列位置站好。②第二轮游戏，教师边喊"大鲨鱼来啦"边追赶两队的成员，如有人被追上（以触摸到为准），则由其接替教师扮演大鲨鱼角色，继续游戏。

★ 游戏8：插红旗。

适合年龄班：中班。

目标：练习折返跑，发展跑步速度和身体动作的灵敏性、协调性，培养团队竞争意识和集体荣誉感，体验集体比赛类游戏获胜后的快乐及成就感。

玩法：幼儿分为两组，排成两路纵队，站在同一起跑线后，前方约10米的终点处设置插旗台。教师发出口令或口哨声后，各队排头幼儿手拿一面小红旗，跑至插旗台前，插上红旗后，立刻返回起跑线，与下一名幼儿击掌，然后返回队尾，下一名幼儿也拿一面小红旗，跑至对面，插上红旗返回，如此循环。直到各队每人完成一次插旗任务，游戏结束。最先完成插旗任务的组队获胜。

教法建议：同组成员可以多次循环接力，在规定的时间内结束插旗任务。最后，看哪组成员在预定时间内插旗最多。或者每组内的红旗数量相同，看哪组最先插完。如果红旗没插好，自己倒下了，不计入成功插旗的数量。

★ 游戏9：移物接力。

适合年龄班：中班。

目标：练习折返跑，提升跑步速度和身体动作的灵敏性、协调性，培养团队竞争意识和集体荣誉感，体验到集体比赛类游戏获胜后的快乐及成就感。

玩法：幼儿等分为两组，排成两路纵队，站在同一起始线后，每队前方摆设左右两排椅子（间隔约3米），左边每个椅子上放一个沙包。教师发出"开始"的口令后，幼儿依次快速地将左边每个椅子上的沙包送到右边对应的椅子上，然后返回起点与本组下一位幼儿击掌，走到队尾排队。下一位幼儿也沿"Z"字形路线依次将沙包从右边的椅子上转移到左边对应的椅子上，完成后，返回起点。以此类推，直到所有幼儿都完成一轮沙包转运任务。先完成转运任务的组获胜。本游戏除了组别比赛，也可以进行个人PK赛。

★ 游戏10：老狼、老狼几点了。

适合年龄班：中班。

目标：练习四散跑、追逐跑，提高跑步速度及快速反应能力，激发参与角色游戏的兴趣，体验角色游戏的乐趣。

玩法：选派一人扮演老狼，其他人扮演小羊站在老狼周围，小羊们问："老狼、老狼几点啦？"老狼随便回答1~12点，当说道"12点了"（也可以商定其他时间点），或者说"天黑了"时，小羊们马上就从老狼周围四散跑开。老狼开始追逐跑开的小羊。

⭐ **游戏11：狡猾的狐狸在哪里。**

适合年龄班：中班。

目标：练习四散跑、追逐跑，锻炼跑步动作技能，提升跑步速度及语言学习能力，激发参与游戏的兴趣，体验到运动游戏的快乐。

玩法：幼儿围圈站立，背对圈里，闭眼。教师秘密选出一名幼儿，扮演狐狸。所有人转身，睁眼。然后，教师说儿歌《狡猾的狐狸》，说完儿歌，扮演狐狸的幼儿就走到圈中间，并对大家说："我在这儿呢！"说完后，大家开始四散逃跑，狐狸开始追逐目标。

附儿歌：

狡猾的狐狸

花狐狸，真狡猾，偷偷躲在人群里。
低着头，不说话，悄悄藏起大尾巴。
圆眼睛，大长牙，身披黄毛尖嘴巴。
大家快快找出它，狡猾狐狸出来吧！

⭐ **游戏12：贴人。**

适合年龄班：大班。

目标：练习追逐跑、躲闪跑，发展跑步动作技能、快速反应及躲闪能力，提升游戏规则意识，体验体育游戏的乐趣。

玩法：全班幼儿手拉手，围成一个圆圈，面朝圈内站立，相邻两人为一组，前后紧贴站立。教师随机选派两人，规定甲为追捕者，乙为逃跑者，甲可以绕圆圈内、外追捕乙。如果乙在被甲追到之前突然贴到某两人组合的后面（图3-2），则该组前面的人必须快速逃离甲，此时甲要追捕的是被贴组前面的人。因此，在两人追捕与逃跑的过程中，所有围圈组合人员必须随时注视被追者和追捕者，一旦自己组被贴，前面的人要立即逃跑。如果被追到（以触摸到为准），则两人交换角色，被追者反过来追捕刚才追捕自己的人。如此循环进行3~5分钟，游戏结束。也可以变换规则，被追者乙用后背紧贴一组幼儿前面的人，则该组后面的人成为新的被追对象。

教法建议：教师应提前向幼儿讲清游戏规则，可以边讲解边进行示范，这样便于幼儿理解规则。里边、外边不能随便乱贴；必须半圈或一圈之内贴人；贴里边和贴外边的差异规则明确了，玩起来才有趣。

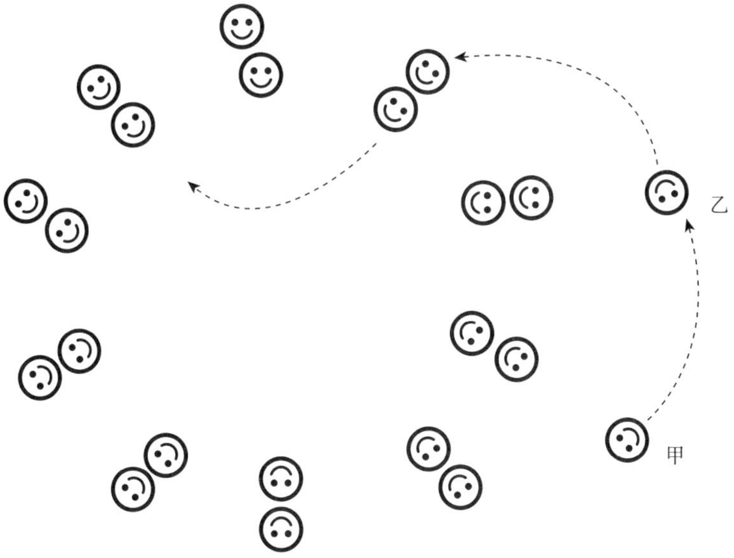

图3-2 "贴人"游戏场地示意图

★ 游戏13：折返接力，移物接力。

适合年龄班：大班。

目标：练习折返跑、转身跑、接力跑，发展跑步速度和身体动作的灵敏性、协调性，提升团队意识、竞争意识，激发参与团队竞争类游戏的兴趣，感受集体比赛游戏获胜后的快乐与成就感。

玩法：将幼儿等分为两组，排成两路纵队，站在同一起始线后，每队前方依次往前摆放一排锥形筒，每个锥形筒上套一个敏捷圈（队前第一个锥形筒除外），两个锥形筒前后间距2~3米。教师发出统一口令后，各队从排头幼儿开始，依次将前面一个锥形筒上的套圈取下放到紧邻没有套圈的锥形筒上，直到完成所有套圈的前后转移，然后返回始发地，与下一位幼儿击掌，而后排到队尾。第二位幼儿接续前面的套圈转移，从倒数第二个锥形筒开始，将套圈依次从后往前转移，完成所有套圈转移后，返回起始线击掌，排至队尾。以此类推，直到所有小组成员都完成了一轮套圈转运任务，游戏结束。先完成套圈转移任务的组获胜。本游戏也可以进行个人PK赛。

教法建议：游戏比赛任务为套圈转运，也可以变换为其他物品的转运，比如，将锥形筒换成小凳子，将敏捷圈换成沙包，每个小凳上放一个沙包（队前第一个小凳子除外）。

★ 游戏14：捉尾巴。

适合年龄班：大班。

目标：练习四散跑、追逐跑、躲闪跑，锻炼奔跑速度和躲闪能力，体验体育游戏的乐趣。

玩法：幼儿裤腰带上捆系一条尾巴（可以用迷你绳、丝巾、毛巾、布条、彩带当作尾巴）。一般是两人之间互捉尾巴，或两组之间（红队和绿队）互捉尾巴，也可以一人（充当猎手）捉多人（充当各种小动物），多人捉一人。

教法建议：游戏前需要讲清游戏规则，比如划定区域范围，超出范围无效。

★ **游戏15：人枪虎。**

适合年龄班：大班。

目标：练习追逐跑，能听口令快速做出动作反应，锻炼跑步速度和快速反应能力，提升语言理解能力和逻辑思维能力。

玩法：①教师先给幼儿讲清游戏规则，人握枪，枪打虎，虎吃人。②游戏开始前，两人为一组面对面（间距约2米）站好，进行对决，也可以将所有幼儿等分为两组，面对面（间距约2米）站好，进行团队比赛。③教师一边念儿歌《人枪虎》，一边做不同角色的动作示范。教师念完儿歌后，高喊"人——枪——虎"。每个幼儿必须在教师喊完后快速做出自己的角色动作来（类似于"石头剪刀布"的猜拳游戏），赢者追，输者转身逃跑，跑至身后约15米外的安全区，结束一轮游戏。逃跑者若能顺利跑至安全区，则逃跑者获胜。若在跑至安全区之前被追上（以触摸到为准）则追者获胜。获胜者获得奖章（可以用纽扣或玻璃球代替）一枚。5轮游戏结束后，获奖章数量最多的人或团队为最终胜利者。

附儿歌：

人 枪 虎

做个游戏人枪虎，角色关系搞清楚。

人举枪、枪打虎、虎吃人，要看清。

输者跑、赢者追，看谁反应最迅速。

教法建议：第一步介绍游戏名称"人枪虎"。第二步介绍角色和对应的动作：人，双手胸前交叉，放在肩膀上；枪，双手一前一后放在胸前，做打枪动作；虎，举起双手，放在头顶两侧。第三步判断不同角色的关系。第四步说明游戏规则和玩法，输者必须快速转身逃跑，跑至身后15米外的安全区域，才算安全，顺利获胜。如果幼儿体力较好，可以按"5局3胜制"开展5轮游戏，也可以按"3局2胜制"开展3轮游戏。

★ **游戏16：大渔网。**

适合年龄班：大班。

目标：主要练习追逐跑、四散跑、躲闪跑，锻炼跑步动作技能和快速躲闪能力，提升跑步速度和综合运动技能，能积极地投入游戏角色，体验角色游戏的乐趣。

玩法：教师扮演渔夫，站在场地中间。所有幼儿扮演小鱼，围圈，站在四周。渔夫一边念着儿歌《大渔网》，一边在场内自由走动，模拟在湖面划小船、撒网捕鱼的动作。当念到儿歌的最后"把网收"时，所有幼儿马上四散跑开，渔夫则张开双臂，做收渔网、捞鱼的动作，朝着四散跑开的鱼儿（幼儿）进行抓捕。被抓捕的幼儿与渔夫拉手，充当渔网，一起捕捞其他鱼儿，直到捞到的鱼儿越来越多，渔网也越变越大，最后将小鱼一网打尽。

附儿歌：

大 渔 网

小鱼小鱼水里游，摇摇尾巴点点头，

不怕风吹浪头大，就怕渔夫把网收。

教法建议：幼儿四散跑，需要划定跑动的范围，代表湖水，不能跑到区域之外。也可以用绳网代替徒手网（避免多人拉手躲闪跑，造成相互碰撞而摔倒），被绳网捕捞到的幼儿要站到区域范围外，双脚蹦跳，表示鱼儿被捞上岸，在岸边弹跳。

⭐ **游戏17："8"字接力赛，穿过小树林。**

适合年龄班：大班。

目标：练习曲线跑、绕障碍跑、折返跑、接力跑，发展跑步动作技能，提升跑步速度和综合体能；提高规则意识和团队意识，感受游戏比赛的乐趣、为团队争得荣誉的使命感和比赛获胜的成功与快乐。

玩法：全体幼儿分为两队，进行接力赛跑。在起点线前方，按一定间距设置3~4个障碍物（如小凳子、标志杆等），障碍物前后间距至少2~3米，且左右两列之间不少于2米（避免左右干扰）。在接力赛跑过程中，幼儿需绕障碍物"S"形路线往前跑，到达终点后，再绕障碍返回，形成"8"字形跑步路线。

穿过小树林的玩法类似"8"字接力，沿"S"形路线绕障碍跑，其变化在于前方障碍物比较多，貌似小树林，故而得名。其规则也可以比"8"字接力赛多些变化，比如，穿插路线、绕障碍的同时，在某些特定地点取放物品等。

教法建议：在练习曲线跑、绕障碍跑、折返跑时，要注意控制好障碍物的间距，使幼儿能够跑起来（至少跑3~4步），要在跑动中（有一定的速度要求）学习体验变速跑、变换方向跑、转身折返跑等，学习并体验如何通过变换身体方位、移动重心来变速、变方向及转身等。这是上述几种跑步练习的基本目标。

跑步的综合变换练习还包括：窄线跑、曲线跑、螺旋跑等。窄线跑是沿着一条比较窄的直线跑；螺旋跑是沿着螺旋线的路线跑，跑着、跑着就转圈，圈越转越小，形成一个自转圈。变换跑法时，要求脚尖基本朝前，这对纠正八字脚、重心不稳、身体平衡不够协调等都有帮助，是幼儿动作发展、综合能力提升的有效方法。

⭐ 游戏18：单数、双数。

适合年龄班：大班。

目标：练习追逐跑、折返跑，10以内的单数、双数的识别，锻炼听口令快速反应能力，提升跑步速度和动作技能，体验体育游戏的乐趣。

玩法：全体幼儿围圈，面向圈内站立。随机从某幼儿开始，按从1到10的顺序报数，当报到"10"之后，再从"1"开始，以此类推，直到所有的幼儿都得到一个数字为止。第1轮"1~10"报数的10个幼儿算红色组（或取一种动物名，如鸡组、鸭组、猫组、狗组），第2轮报数的10个幼儿算绿色组或某种动物组，以此类推。请幼儿记住自己的组别和数字，仔细听教师口令，按口令要求进行追逐跑的游戏。追逐跑的规则，单数逃跑，双数追捕，绕圈跑和追都不限方向，但不能进入圈内。逃跑者在跑回原位前，仍未被追赶上，则追赶者要站到圈内，为大家表演节目，或学猫、狗叫。如果被追上，被追者要给大家表演节目。表演后，教师重新喊数字，如教师随机喊"红5、绿8"时，红色组5号马上逃跑，绿色组8号立即追赶。

第四章 幼儿跳跃动作发展

第一节 跳跃动作发展基础知识

一、跳跃的概念、类型及意义

跳跃是双脚（或单脚）用力蹬地，使身体腾起一定高度或远度，轻轻落地的一种非周期型动作。

从跳跃动作的内容看，跳跃又有不同的类型。以跳跃路线及方位的不同，可分为：原地纵跳、向前跳、向后跳、向上跳、向下跳、变向跳等；以跳跃次数的不同，可分为：一次性跳跃、多次连续跳跃；以蹬地支撑点不同，可分为：单脚跳跃、双脚跳跃、单双脚交替跳跃、跨跳；按跳跃时有无器材和障碍，可分为无器材或无障碍跳、有器材或有障碍跳；以人数多少可分为：单人跳、双人跳及多人跳。

跳跃是生活中重要的活动技能，也是幼儿喜爱的一项体育活动，跳跃的内容丰富多彩，它能使身体锻炼收到良好的效果。幼儿也常用跳跃来表达自己欢乐、高兴的情感。

幼儿跳跃动作的发展和能力提高，既能增强腿部肌肉力量，发展弹跳力和动作的灵活性，又能提高身体动作的协调性、稳定性和平衡能力，而且对幼儿综合运动能力的发展，也具有重要的、积极的促进作用。

以游戏形式发展幼儿跳跃动作和能力，使幼儿在各种跳跃游戏中体验体育活动的乐趣，这不仅能使幼儿身体得到锻炼和发展，而且也能满足他们的心理需求，丰富多彩的跳跃游戏活动，还有利于培养幼儿勇敢、果断、顽强的意志、品质和活泼、开朗的性格。

二、跳跃动作分解及要点

虽然跳跃的种类和形式多样，但无论哪种跳跃动作都可以分解为4个阶段：预备、起跳、腾空、落地（图4-1）。

① ② ③ ④

图4-1　跳跃动作的4个阶段

1.预备

预备是为起跳做好准备的阶段，分为原地预备和助跑预备。

（1）原地预备：要求屈腿，身体前屈，两臂后摆（像游泳比赛预备出发的动作）。

（2）助跑预备：要求身体轻松、自然、有节奏、不倒步，最后一步节奏要加快。

2.起跳

起跳的任务是使身体获得较快的起跳初速度和合适的起跳角度，分为双脚起跳和单脚起跳。

（1）双脚起跳：双脚同时蹬地，同时两臂摆动协调、有力。

（2）单脚起跳：单脚用力蹬地，另一条腿屈膝，两臂快速前摆。

3.腾空

这个阶段主要是维持身体平衡，为落地创造有利条件。因此，腾空阶段要求身体保持平衡。

4.落地

这一阶段有两个要点，其一是缓冲身体落地时所引起的震动，其二是维持身体平衡，不要跌倒。落地可分为双脚落地和单脚落地两种情况。

（1）双脚落地：要求屈膝缓冲，身体保持平衡，落地要轻、平稳。

（2）单脚落地：自然地继续向前跑几步，起到缓冲作用，以维持身体平衡。

第二节　跳跃技能的教育及游戏策略

一、幼儿跳跃动作发展的特点与规律

幼儿早期跳跃的特点：腿蹬地的力量小，起跳速度慢，摆臂不明显、不充分，摆臂和蹬地配合不协调，落地较重，不会屈膝缓冲，身体易失去平衡。

　　3~6岁幼儿跳跃能力发展得很快，随着年龄的增长、身体发育和体能的增强，幼儿跳跃能力提高得较快，起跳蹬地的力量快速变强，且能掌握双脚向不同方向跳。学习新动作也比较快，如，双脚起跳时，双臂能有意识地摆动，与蹬腿动作配合得较协调。平衡能力不断改善，落地能主动屈腿缓冲，能较熟练地进行单脚连续跳、助跑跨跳、跳绳等。

　　到6岁前后能初步掌握日常生活中基本的跳跃动作，部分幼儿能掌握诸如跳绳、跳皮筋、跳远等协调性要求相对较高的跳跃技能。但多数幼儿的弹跳力相对较弱，落地动作也较差，动作还没有完全定型。在跳跃动作的发展中，总体来说，女孩比男孩的协调性好，而弹跳力比男孩稍差。

　　总结幼儿期跳跃动作发展的特点及规律可以概括为以下几点。

　　（1）由主到次：起跳先于落地，由下肢肌肉用力向全身协调用力发展。

　　（2）由无意识向有意识：双臂由不摆动向有意识的合理摆动，落地动作由无意识被动屈腿向有意识的屈腿缓冲发展。

　　（3）由不关心到关心跳跃距离。

二、幼儿跳跃动作发展的教育策略

　　跳跃是幼儿园体育教育的主要内容之一。幼儿园跳跃动作技能教育的主要任务是使幼儿逐渐掌握跳跃动作的正确蹬地和轻巧落地动作，发展跳跃能力。幼儿跳跃动作技能教育的要求和内容都是根据年龄的不同逐步提高。跳跃练习要寓于游戏之中，引导幼儿学习简单的跳跃方法，发展下肢、腰腹力量和身体的协调性，让幼儿感受跳跃活动的乐趣，培养幼儿勇敢、果断、顽强的意志、品质和活泼、乐观的性格。

1.跳跃动作技能教育的内容和方法

　　概括地说，幼儿园跳跃动作技能教育的主要内容及要求可以简述如表4-1。

表4-1　幼儿园跳跃动作技能教育的主要内容及要求

班级	内　　容	要　　求
小班	双脚原地往上跳 双脚高跳下（高15~25厘米） 双脚向前行进跳	自然跳起，轻轻落地
中班	原地纵跳触物 双脚高跳下（高20~30厘米） 双脚沿直线两侧行进跳 助跑跨跳远度不少于40厘米 立定跳远	屈膝，前脚掌蹬地跳起，轻轻落地，保持身体平衡

（续）

班级	内　　　　容	要　　　求
大班	原地纵跳触物（高于指尖20~25厘米） 双脚高跳下（高30~35厘米） 助跑跨跳远度不少于50厘米 助跑屈膝跳过30~40厘米的高度 立定跳远 跳绳或跳皮筋	屈膝摆臂，四肢协调，用力蹬地跳起，轻轻落地，保持身体平衡

下面对幼儿园跳跃动作技能教育的常见内容及方法分述如下。

（1）双脚原地向上跳（纵跳）。动作要求：两腿弯曲，上体稍前倾，重心落在两个脚的前脚掌上，两臂自然垂于体侧或稍向后斜，起跳时，两臂向上摆动，提腰，两腿用力、快速蹬伸，向上跳起，两脚前脚掌着地，落地时，两腿弯曲缓冲（图4-2）。

图4-2　双脚原地往上跳

落地时一定要强调两腿弯曲缓冲，避免腿部受伤。配合"一曲、二跳、三落"进行分步教学。可以结合"拍皮球"的游戏进行教学，"皮球低，我跳低；皮球高，我跳高"，提高纵跳的趣味性。

（2）双脚高跳下。动作要求：站在20~50厘米高处，两膝微屈，上体略前倾，两臂稍后举；摆臂提腰，两腿蹬伸，跳下；前脚掌先着地，落地的同时屈腿缓冲，上体稍直，两臂前伸，维持身体平衡（图4-3）。

图4-3　高跳下

高跳下的动作练习是改进跳跃落地动作、发展平衡能力、培养勇敢精神的较好练习方法，幼儿喜欢做这个动作练习。

教师要严格掌握循序渐进的原则，跳下的高度要先低后高，落地点由近到远，由不限制落地点到要求落入指定的圆圈内，腾空时由不做动作到做动作。器械高度以20~40厘米为宜。

要注意落地时的安全。落地点应选择在松软的土地上或垫子上。教师要在落地点的一侧保护。强调落地要屈腿缓冲，举臂保持平衡。

幼儿落地摔倒的主要原因是向前冲力大，落地时低头，上体前倾幅度大。教师提示幼儿不要太往前跳；落地时上体要直，眼向前看。

在初步掌握落地动作后，可用下面两种方法来增加难度。

①跳到指定的圆圈里或落地后继续向前跳几个圆圈。圆圈直径以30厘米为宜（图4-4）。②跳起摸悬在空中的物体（如小球或画片等）（图4-5）。

高台要稍大、稳固，使幼儿感到安全。

图4-4　从跳台上往圈里跳

图4-5　原地纵跳触物

（3）双脚向前行进跳（双脚连续跳）。动作要求：两脚并拢，两腿略微弯曲，两臂自然置于体侧，随着手臂自然摆动、有节奏地连续向前跳跃。能够屈膝缓冲，落地准确，保持平衡。双脚连续跳需要强调几个动作要点：两脚同时起跳、同时落地；前脚掌起跳，前脚掌着地（脚跟基本不沾地）；身体稍前倾（有利于往前跳，但不宜前倾太多，过度前倾会导致往前跳得太远）；要求动作连贯、协调，跳跃距离适当。

双脚连续跳以高度5厘米、远度50厘米为宜，不要跳得太高、太远。

双脚连续跳主要锻炼身体的协调性、下肢的力量、动作的连贯性。因此，应强调跳跃动作的连贯性。练习时，教师可以在地面上画出10个连续方格（长50厘米×宽50厘米），引导幼儿在听到口令后，连续跳过每一个格子。双脚落地点最好在方格的中间。太靠前，可能触碰方格线；太靠后，可能影响下一次跳跃的落地点。需要幼儿提前目测，控制好跳跃的距离。落地比较准，难度不是很大，主要难点是动作的连贯性、协调性和灵活性。

（4）立定跳远（双脚原地向前跳）。动作要求：两脚自然开立，两膝弯曲，身体重心落在前脚掌上，上体稍前倾，两臂斜后举；起跳时，两臂向前摆动，提腰，两腿用力蹬伸，向前跳起；以全脚掌或脚跟先着地，两腿弯曲缓冲，保持身体平衡（图4-6）。

图4-6 立定跳远动作示意

教学重点和要求基本同双脚原地向上跳，教学难点是起跳。要在掌握双脚向上跳的基础上学习向前跳。学立定跳远时应先要求向上、向前跳，不要求跳得远，重点是把起跳动作做得充分。如果教师强调跳得远，则幼儿往往不能充分蹬伸，就匆忙向前跳，影响起跳效果。应当在幼儿初步掌握了起跳的基本动作要领后，再要求向远处跳。

（5）助跑跨跳。动作要求：助跑时，应自然、放松、不倒步。起跳时，要求只能用一只脚起跳，起跳脚用力蹬地且腿要伸直，另一条腿（摆动腿）屈膝抬起并快速向前摆动，且幅度要大，有腾空过程，上体正直，可以稍向前倾，两臂自然摆动，跨过一定距离的水平障碍后，前腿（摆动腿）落地后，继续往前跑几步，起到缓冲作用。需要强调：助跑跨跳要求必须是单脚起跳，单脚落地，且起跳脚和落地脚不是同一只脚。

（6）单脚连续跳。预备时，单腿站立，摆动腿（非支撑腿）屈膝抬起，靠近支撑腿。起跳时，支撑腿屈膝，前脚掌蹬地起跳，身体稍微前倾，摆动腿向前摆动，双臂自然、协调、配合摆动。落地屈膝缓冲，保持身体平衡。跳跃过程中，要求动作连贯、有节奏。单脚连续跳也强调单脚起跳，单脚落地，但与跨跳不同的是，起跳脚和落地脚是同一只脚。

（7）跳绳：跳绳就是一种很好的发展跳跃能力的趣味运动形式。跳绳也是一种非常重要的运动项目。跳绳运动具有游戏化的形式，简单易掌握，是幼儿园常用的体育游戏项目之一。因此，建议教师积极引导幼儿参与跳绳运动。

跳绳的基本姿势要求：上体正直、微挺胸、头要正、眼向前看。跳绳时，两膝和踝关节充分伸直，肩、肘放松，主要用小臂和手腕摇绳。落地时，前脚掌先着地。

①向前摇绳单脚交替跳（加垫和不加垫）。动作要求：由后向前摇绳，左（右）脚跨跳，使绳子从脚下轮转过去。加垫就是摇一圈、跳一次，再垫跳一次（图4-7A）。第二次摇绳时，另一脚跳过绳。

②向前摇绳双脚跳（分加垫和不加垫）。动作要求：并脚跳过由后向前摇转的绳子（图4-7B），落地时，双膝稍屈，以减轻冲击力，并同时准备起跳。

③后摆腿跳（加垫）。动作要求：一般跳过由后向前摇的绳子，另一条腿向后自然摆起（图4-7C）。

图4-7　3种跳绳动作示意

④体侧摇绳跑跳。动作要求：每摇一次，跳一次，并向前跑一步，两脚交

替向前跑跳。

可以从中班开始，逐步学习跳绳。先看教师或能力强的幼儿跳绳，可以两手模仿摇绳，原地双脚跳和单脚交替跳，然后再两手持短绳，在体侧摇绳，原地跳。

从别人摇动的绳子上跳过（图4-8）。向前摇绳，当绳触地后，停在身前，从绳子上走过或跳过（图4-9）。也可以两人摇动一条长绳，一名幼儿在中间连续跳（图4-10）。

图4-8　两人合作跳绳动作示意　　　图4-9　初学跳绳动作示意

图4-10　三人合作跳绳动作示意

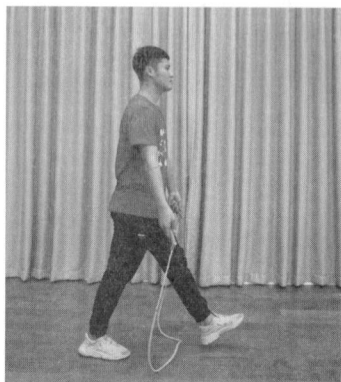

2.幼儿跳跃动作发展的教育建议

由于幼儿的跳跃能力差，教学中应多采用辅助练习的方法，如教师拉着幼儿的手或幼儿扶着固定的栏杆、桌椅等物体，练习向上跳跃和落地动作。这样，既可以帮助幼儿克服害怕心理，又能防止摔倒。对于能力较强的幼儿，可以让他们独自练习，但要注意加强保护。

在对幼儿进行跳跃教学时，应先教双脚跳和原地向上跳，待幼儿跳跃能力有所提高后，再逐步过渡到单脚跳、往远处跳和由高往下跳。做单脚练习时，要注意两脚交换，不可单一地进行。跳跃的距离、高度、时间、次数应由近到远、由低到高、由少到多，逐步提高要求。通过游戏或确定落地点等方法进行跳跃练习，可以引起幼儿的兴趣，也容易收到较好的效果，但游戏方式和动作要求要符合幼儿的心理特点和实际能力。

（1）跳跃动作的练习应坚持循序渐进的基本原则，由易到难，由简到繁，按照幼儿的掌握情况逐步提高跳跃的动作要求。比如，在练习单脚跳时应注意左、右脚交换练习，不宜只用一侧的脚进行练习。跳跃距离由近到远，跳跃高度由低到高，跳跃时间由少到多，跳跃次数逐步增加。

（2）充分利用各种场地和各种器材，采用不同的形式和方式来发展幼儿的跳跃能力。努力创设良好的运动环境，跳跃练习场地可以选用土坑、沙坑、塑胶地等，避免在较硬的地上练习。跳跃练习中要注意安全，控制好每次练习的运动量。

（3）要解决跳跃动作的难点，教师一方面要善于观察幼儿跳跃动作的问题所在，另一方面要非常熟悉动作怎么做，然后再研究怎么教。

（4）积极采用灵活、多样的跳跃运动方式，挖掘形式多样的趣味游戏运动。如，跳绳、跳皮筋、跳房子、跳蹦床等。

3.幼儿跳跃常见的问题及纠正方法

双脚连续跳，双脚不能同时落地，脚跟先落地，落地比较重，不会连续屈膝缓冲，身体僵直，跳得比较高，落地点控制不好（跳得过远或过近）。教师应注意观察幼儿，发现问题出在哪里，然后根据上述总结的动作要领，有针对性地引导幼儿多加练习。

起跳时，向上屈大腿或向后屈小腿；不会摆臂；上肢摆臂不能配合下肢的跳跃；上、下肢动作不协调；不能屈膝缓冲，造成落地过重；落地时，不能保持身体平衡。

4.练习跳跃的体育游戏

★ **游戏1：小兔蹦蹦跳。**

适合年龄班：小班。

目标：练习原地纵跳、单脚跳、双脚连续跳，锻炼下肢肌肉力量和弹跳力、发展语言能力；激发运动兴趣；体会集体运动游戏的乐趣。

玩法：幼儿在场地内分组、分队列自然散开，为了避免相互干扰，所有幼儿以两臂侧平举左右够不着旁边的幼儿为宜，前后间隔距离不少于1米。教师领着幼儿，一起念着儿歌《小兔蹦蹦跳》，一起有节奏地跳跃。先练习原地纵跳，然后小步往前跳，模仿小兔子蹦蹦跳的姿态。教师也可以提前将儿歌录制成歌谣，录制时配上欢快的动感音乐，或在活动开始前讲一个有关小兔子的故事，以激发幼儿参与活动的兴趣和愿望。也可以结合简单的体操动作，使幼儿上肢、头部都能参与运动，让游戏活动更有趣。

附儿歌：

小兔蹦蹦跳

小白兔，真可爱！

蹦蹦跳，动起来。

一二一，真有趣！

大家来，排好队。

跟我来，一起学，

双脚跳，单脚跳，

连续跳，来比赛。

蹦起来，笑开怀。

⭐ **游戏2：小兔拔萝卜，小兔采蘑菇。**

适合年龄班：小班。

目标：练习双脚连续行进跳，发展下肢肌肉力量和跳跃动作技能；提升语言能力及认知萝卜、蘑菇等特点；激发运动兴趣；体验体育游戏的快乐。

玩法：在场地内自然分散放置若干个萝卜（可以是真实的萝卜，也可以是萝卜模型或图片）。通过简单的几句故事语言引入"小兔拔萝卜"的情境。所有的幼儿扮演小兔（如果有小兔头饰，可以让幼儿佩戴小兔头饰），模仿小兔双脚连续向前跳，拎着小篮子，跳到不同的区域拔萝卜（捡萝卜），有白萝卜、卜萝卜、胡萝卜、青萝卜等，引导幼儿学会给不同的萝卜分类。

"小兔采蘑菇"则是设置小兔采蘑菇的情境，场地内分散放置着各种不同的蘑菇（可以是蘑菇模型或图片，也可以是真实的蘑菇）。幼儿拎着小篮子，双脚连续行进跳，去采蘑菇。幼儿从中学习分类辨识蘑菇，包括对蘑菇的颜色、大小、形状等属性的认知。

教法建议：小班幼儿的年龄特点决定其动作练习比较适合模仿各种动物，如模仿小兔跳、模仿袋鼠跳、模仿徒手跳绳或模仿其他小动物跳，将动作练习融入多领域的整合教育中。其中，情境引入和情节的变化是小班体育教学成功的关键。

⭐ **游戏3：小花猫学本领。**

适合年龄班：小班。

目标：模仿小猫走步，练习高跳下，发展腿部肌肉力量、身体动作的协调性及灵活性，锻炼身体的平衡能力；提升语言学习能力及综合运动能力，激发运动兴趣，体验运动的快乐。

玩法：所有的幼儿扮演小花猫（如果有小猫头饰，可以佩戴小猫头饰），教师扮演猫妈妈，带领全体小花猫一起念儿歌《小花猫学本领》。通过念儿歌，引导幼儿学习高跳下的动作要领。再分组排队，在场地内先模仿小花猫走步，从场地的一端走到另一端（设置一个或几个台阶，台阶高度15~25厘米），从台阶上轻轻跳下（练习高跳下），然后，继续走猫步，返回起点处排队，继续练习高跳下。

附儿歌：

小花猫学本领

小花猫，本领高，

从高处，往下跳。

落地轻，声音小，

抓住老鼠不轻饶。

教法建议：教师应充分利用儿歌进行引导。这首儿歌朗朗上口、有韵味，通俗易懂，好学、好记，儿歌内容突出强调了高跳下动作要领。小班要求从高处往下跳，高度为15~25厘米。如果幼儿对动作要领掌握得较好，也可以适当增加往下跳的高度。但小班幼儿属于初学阶段，高度不宜超过30厘米。

★ **游戏4：大皮球。**

适合年龄班：小班。

目标：练习纵跳、四散跑，锻炼下肢力量及弹跳力，激发运动兴趣，提升语言学习能力、身体动作的协调性及平衡能力，体验运动的快乐。

玩法：幼儿围圈站立。教师站在圈内，边拍皮球边念儿歌《大皮球》。念完儿歌，引导幼儿手拉手围个圆圈。接着，教师给幼儿讲解游戏规则：大皮球、圆又圆，拍一拍、跳一跳，我拍得轻一点儿，你们轻轻地往上跳；我使劲儿拍，你们就使劲儿往高处跳；我不拍了，你们就四散跑开；然后，我就开始追你们了，你们就往四周跑。

附儿歌：

大 皮 球

大皮球，圆又圆，拍一拍，跳一跳。

拍得轻，跳得低，拍得重，跳得高。

不拍它，随便跑，现在我要追上了。

教法建议：此处利用大皮球设置情境，引导幼儿练习向上跳（纵跳）和四散跑。

★ **游戏5：小鲤鱼跳龙门。**

适合年龄班：小班。

目标：练习纵跳，发展下肢力量和弹跳力；提升跳跃动作技能；能积极地参与游戏活动，体验运动游戏的乐趣。

玩法：设置一条彩带或光滑的布条，横着悬挂在幼儿头顶，高于头顶15~20厘米。引导幼儿站在彩带或光滑的布条下，往上跳，用头顶触碰彩带或光滑的布条。教师用语言引导："小鲤鱼要跳龙门啦！""看看谁能跳过龙门呢？""大家快来跟着跳啊！"

教法建议：此游戏重点引导幼儿练习往高跳（纵跳）。教师需要用形象化的儿童语言引导幼儿勇于尝试，也可以以奖励幼儿小贴画或小卡片的形式鼓励幼儿纵跳。可以逐步提高彩带或光滑布条的高度，增加游戏的难度；也可以降低彩带或光滑布条的高度，让幼儿练习从彩带或光滑布条的下面钻过，灵活运用多种玩法。或用彩色气球代替彩带，变换游戏玩法和触碰物，也是为了调动幼儿参与游戏的积极性。

⭐ **游戏6：放鞭炮。**

适合年龄班：小班。

目标：练习纵跳，锻炼下肢力量和弹跳力，提升跳跃动作技能，锻炼幼儿玩游戏时注意听口令的意识，激发运动兴趣，体验运动游戏带来的快乐。

玩法：幼儿排成一路纵队，围成一个圆圈。领队的幼儿往圈里走，让圈越来越小。教师引导幼儿排队转圈走，边走边念："放鞭炮喽，先把炮竹卷起来。卷、卷、卷、卷、卷，卷完了。"当转圈走到圈比较小时，教师说："要开始点啦！"教师手拿一支香，伸手模仿点燃鞭炮的动作并口念台词："点着啦！""刺、刺、刺，炮竹要响啦，大家注意啦！""啪！"教师说完"啪"，围成小圈的幼儿一起往上跳。教师接着念："啪，啪，啪……"幼儿接着往上跳。

教法建议：采用童趣化的游戏形式引导幼儿积极参与活动，是提高游戏效能的基本方法。小班很多动作练习都适宜采用这种情境化的趣味方式引导幼儿积极练习，既避免了枯燥、乏味的单纯动作练习，又充分融合了语言、科学认知等多领域的教育，使体育动作练习变得生动、有趣。比如，这里将纵跳练习寓于放鞭炮的情境之中，类似前面提到的将双脚连续跳寓于小兔拔萝卜、采蘑菇或模仿袋鼠跳的情境中，高跳下寓于小花猫捉老鼠的情境中，双脚往前跳（立定跳远的预备动作练习）寓于小青蛙跳荷叶之中等，游戏设计上有异曲同工之处。

⭐ **游戏7：小猴摘桃。**

适合年龄班：中班。

目标：练习纵跳触物，发展弹跳力，引起幼儿运动兴趣，体验运动游戏的乐趣。

玩法：利用单杠、门框、两树之间的晾衣绳或树枝等，在高处悬挂若干个小皮球或网球当作树上的桃子，也可以直接悬挂真实的桃子或桃子模型。适当间隔开小皮球之间的距离，不同皮球悬挂的高度稍有差异，设置适宜的游戏情境。幼儿扮演小猴子，站在"桃树"下（挂球的地方），向上纵跳的同时，伸手触摸"桃子"。为了让游戏有序进行，且能提高练习的密度，可以将幼儿分为若干个小组，不同的组同时进行"摘桃"练习。同组幼儿先在"桃树"旁列队绕圈跑步，当跑到"桃树"下的时候，就纵跳"摘桃"。

教法建议：在小班纵跳触物的基础上，中班可以适当提高难度，如纵跳伸手抓物且能摘或扯下物品来。幼儿触碰的物品高度应有差异，让幼儿由低到高进行阶梯式练习。

★ **游戏8：编花篮。**

适合年龄班：中班。

目标：练习单腿站立、单脚连续跳，发展下肢肌肉力量、身体平衡能力、动作的协调性，培养幼儿合作游戏的能力及团结、友爱的精神。

玩法1：幼儿3~4人为一组，手拉手，围圈站好。其中一名幼儿侧身抬起右腿（如抬左腿，则所有幼儿都要抬左腿），放在身旁两名幼儿拉起的手上，单腿站立，从其左侧幼儿开始依次侧身向后抬右腿，将腿勾搭在身旁幼儿向后抬起的右腿上，最先那名幼儿的腿放在最后一名幼儿的腿上，所有幼儿的腿都搭好后，"花篮"就编好了（图4-11）。大家齐声喊"预备——起"，开始用左脚单脚跳的方式往圆圈的顺时针方向绕圈跳，注意跳的节奏和幅度尽量协调、一致。也可以一边跳，一边跟着教师念儿歌《编花篮（一）》。

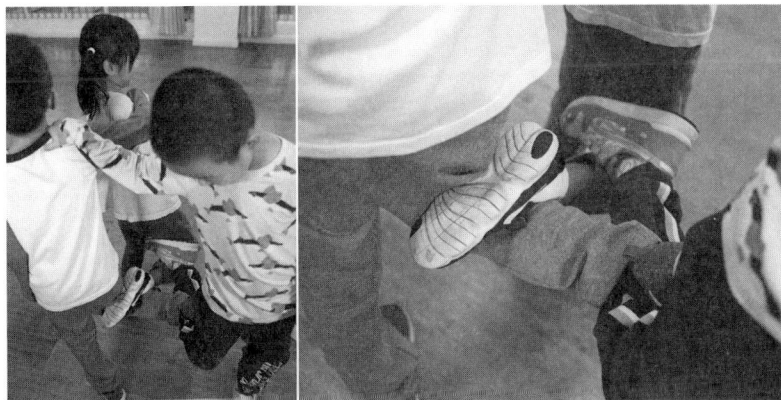

图4-11　"编花篮"游戏示意图

附儿歌：

编花篮（一）

编、编、编花篮，花篮里面有小孩儿。

小孩儿他叫什么名儿？他的名字叫"花篮"！

小花篮，转转转，蹲下去，起不来！

一五六、一五七，一八一九二十一，

二五六、二五七，二八二九三十一，

三五六、三五七，三八三九四十一，

四五六、四五七，四八四九五十一，

五五六、五五七，五八五九六十一，

六五六、六五七，六八六九七十一，

七五六、七五七，七八七九八十一，

八五六、八五七，八八八九九十一，

九五六、九五七，九八九九一百零一。

当念到"蹲下去，起不来"时，所有幼儿一起做下蹲的动作。当所有幼儿顺利完成下蹲并站起来后，教师补充说："哟，起来了！"然后，继续念儿歌，幼儿继续协调地单腿绕圈跳。当儿歌念完后，本轮游戏结束。如中途有人出现勾搭腿掉落的现象，则需要重新勾搭好，再开始游戏。

教法建议："编花篮"游戏要求所有参与者动作协调、一致，才能顺利完成后续动作。因此，对于中班幼儿来说，动作要求难度较大。幼儿初次玩时，参加人数不宜过多，可以从3人组合开始，等每个人都掌握好动作要领后，再逐渐增加参与的幼儿。

此游戏也可以在大班开展。在动作熟练的基础上，可以按照如下玩法，进一步拓展"编花篮"游戏的内容。

玩法2：准备若干毛绒玩具（枕头大小），按适当间距放在场地的一端，排成一横排。幼儿站在场地的另一端（作为起始处），每4名幼儿为一组，相互背对背，围圈站立，向后伸出小腿，相互勾搭在一起，形成一个"口"字结，即编成一个"花篮"。大家编好"花篮"后，跟随教师一起哼唱儿歌《编花篮（二）》或播放此儿歌音乐。

附儿歌：

编花篮（二）

编、编、编花篮，编个花篮上南山，

南山开满红牡丹，朵朵花儿开得艳，

银个丹丹银牡丹，银牡丹那个哪哈依呀嗨。

摘、摘、摘牡丹，三朵两朵摘一篮，

牡丹花儿多娇艳，姑娘见了好喜欢，哎嗨、哎嗨、好喜欢，

五彩缤纷齐争艳，齐争艳那个哪哈依呀嗨。

大家一边唱着歌（或在儿歌音乐的伴奏下），一边互相协调地跳到毛绒玩具处，其中一人用手捡起一个毛绒玩具，放在四人编织的"花篮"中（"口"字结处），再跳回起始处。若中途有人将勾搭的腿掉落或玩具掉落，则需要暂

停跳跃，重新勾搭好或捡起玩具放回"花篮"，再继续往前跳。最先完成任务的组获胜。提示：参与编"花篮"的小组人数可以是3人、5人、6人或更多人。

⭐ **游戏9：找鞋子。**

适合年龄班：中班。

目标：练习单腿站立、单脚连续跳，发展身体的平衡能力及弹跳力，锻炼辨识物品并配对的能力，激发运动兴趣，感受集体游戏的乐趣。

玩法：幼儿在起点处每人脱下一只鞋，用另一脚单脚站立。由教师将这些鞋子放在终点处（距离起点处大约10米）。教师发出"出发"的指令后，全体幼儿一起单脚跳到终点处，找到自己的鞋子，穿好，再跑回起点处站好。

也可以将此游戏当作比赛，幼儿分为几个小组，要求每组幼儿同时从起点处出发，在找到鞋子前，不能光脚踩地，踩地一次扣1分，直到扣完所有的10分。最先找到鞋子、穿好并跑回原位的幼儿得10分，后面名次的幼儿，依次得9分、8分、7分，以此类推，直到得到0分，再往后完成规定动作的幼儿依然得0分。始终保持单腿站立的幼儿得10分，将这一分值和单腿连续跳的名次得分相加，得出每组幼儿的总成绩。最后，计算出各组得分，得分最多的获胜。

变换玩法：分组单脚跳接力比赛（适合大班）。所有参与者分为人数相当的两组，站在同一起点处，每人脱下一只鞋，由教师放在距离较远的终点处。教师发出指令后，每组派一人单脚跳到终点处，找到自己的鞋子，穿上后跑回本组，与下一位出发的队员击掌，下一位队员出发。全组幼儿依次完成找回鞋子的任务。最终，比比看哪组最先完成任务即获胜。

教法建议：活动要求脱鞋，要选择合适的季节和时间点，以免幼儿着凉。

⭐ **游戏10：山沟里的狼。**

适合年龄班：中班。

目标：练习躲闪跑、跨跳，锻炼跳跃及灵活躲闪的能力，提升综合运动技能，在运动中能灵活运用跑、跳等动作。

玩法：在场地中间划出一条距离40厘米的"山沟"，两边当作"青草坡"，分别是"东山坡"和"西山坡"。主班教师扮作老狼，藏在山沟里，等待时机，准备抓捕跨越山沟的小羊。老狼只能在山沟里跑动，不能离开山沟。配班教师扮作羊妈妈，带领幼儿扮演的小羊们在东、西两座山坡之间跳来跳去（图4-12），去不同的山坡吃青草。小羊们在跳越山沟的时候，需要躲避山沟里老狼的抓捕。

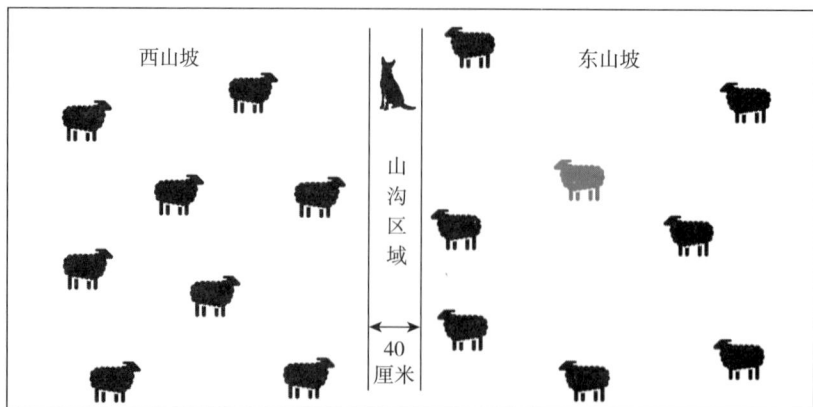

图4-12 "山沟里的狼"游戏场地示意图

附儿歌：

小羊吃青草

东山坡、西山坡，山坡上面青草多。

小羊来问羊妈妈，我们要去哪山坡？

小羊们一起念儿歌《小羊吃青草》，念到"我们要去哪山坡"时，羊妈妈回答："到东山坡去吧！"小羊们跟着羊妈妈通过跨步跳的方式跳到山沟对面的东山坡。注意：在跨跳的过程中，不能被山沟里的老狼抓到（小羊被触摸到即代表被老狼抓到），凡被老狼抓到的小羊，要与老狼交换角色，重新开始下一轮游戏。

⭐ 游戏11：跳格子、跳房子。

适合年龄班：中班。

目标：练习多种跳跃动作技能，如单脚跳、双脚跳、单双脚交替变化跳、往不同方向跳、听信号变换方向跳；同时，练习投掷动作技能，发展动作的灵活性、协调性，提升综合运动技能。

玩法：跳格子又叫"跳房子"，其玩法、规则和跳法多样。最常见、最基本的玩法是，从起点开始，往前画一系列的方格，有单格，也有双格。游戏时，遇到单格，要求单脚跳入方格内，遇到双格，要求双脚分别跳入两个方格内。幼儿先从起点开始，依次跳过所有的格子后，转身，再沿原路线返回，跳回起点。在有些玩法中，要求幼儿在画好的方格里用粉笔依次标好数字顺序，每次跳跃前，先往方格里投掷一块小瓦片或一个沙包，投掷顺序先从序号"1"开始，如果瓦片或沙包投入写有数字"1"的方格里时，跳格子时，需要跳过这个方格，脚不能落入此方格，跳完所有方格返回，跳到有瓦片或沙包的方格前，弯腰捡起瓦片或沙包，再跳回起点。以此类推，在第二轮跳格子游戏时，将瓦片或沙包投入写有数字"2"的方格，直到所有写有数字的方格都完成一轮游戏为止。在投掷瓦片或沙包时，如果瓦片或沙包触压方格线或投到方格外，则应中止游戏。如果跳跃过程中，脚踩在方格线上时，也应中止游戏。由下一名幼儿按上述规则跳格子。此游戏一般两人轮流玩，最先完成所有方格投掷瓦片或沙包者获胜。此游戏也可以多人轮流玩，但消极等待的时间较长，如果用于集体教学活动时，可以根据需要修改游戏规则，缩短消极等待的时间。可以多组同时进行此游戏，也可以统一按照教师的口令或信号或方格内的数字序号进行游戏。

⭐ **游戏12：小马过河。**

适合年龄班：中班。

目标：中班幼儿通过此游戏主要练习助跑跨跳（小班幼儿也可以开展此游戏，可以将助跑跨跳改为双脚连续跳）；发展下肢肌肉力量及跳跃动作技能，提升身体动作的协调性，激发运动兴趣，体验角色游戏的乐趣。

玩法：在场地中央画两条平行线，间距40~50厘米，两线间的区域代表"河流"。幼儿扮演小马，分为两队，分别站在河流两岸呈斜对角的位置，与河岸线相距5~6米。在听到教师发出的"开始"口令后，两队幼儿依次从站立处出发，通过助跑跨跳跳到河流的对岸。凡通过跨步跳跃过河流且不踩线的幼儿表示其已成功跳过河流，可以为团队赢得1分。幼儿完成跨跳动作后，可以继续向前跑两步，减少缓冲，缓冲停止后，返回河流对岸本队队尾。所有幼儿完成一次跨跳动作后表示本轮游戏结束，得分多的团队获胜。幼儿可以连续进行多轮游戏，分别记录每轮游戏的获胜方。如果玩5轮，获胜等于或大于3轮的团队为最终获胜方。

小班也可以开展"小马过河"的游戏，但条件和规则不同于中班。代表"小河"的两条平行线相距15~20厘米，在距离"小河"3~5米处再画一条起始线，幼儿一字排开，站在起始线后，做好准备。教师通过儿歌引导幼儿采用双脚连续向前跳的方式，跳到"小河"边，然后继续用双脚起跳的方式跳过"小河"。

⭐ **游戏13：小青蛙捉害虫。**

适合年龄班：中班。

目标：练习深蹲纵跳、双脚连续向前跳、手脚爬动作，发展下肢力量及四肢动作的协调性；了解青蛙的习性，懂得保护青蛙的道理；提升语言学习能力和模仿动作的能力，体验运动游戏的乐趣。

玩法：幼儿分组排队散开，前后保持1.5米的距离。教师带领幼儿热身活动后，引导幼儿依次练习深蹲突然站起、深蹲突然往上纵跳。深蹲纵跳的同时，向上抬头、伸出双臂、模仿青蛙纵跳捕获害虫的动作，以及深蹲突然连续向前跳。

幼儿熟悉上述动作后，教师念儿歌《小青蛙》，同时模仿青蛙的各种跳跃动作。幼儿跟着模仿教师的示范动作，如深蹲纵跳、连续往前跳、手脚爬等。可以重复上述动作，多加练习。

附儿歌：

小　青　蛙

小青蛙，呱呱呱，圆眼睛，大嘴巴。

田里住，水里划，捉害虫，是行家。

小青蛙，呱呱呱，既能跳，又会爬。

风雨来，它不怕，捉害虫，保庄稼。

教法建议：游戏中，教师通过边念儿歌边模仿青蛙跳跃的各种动作，既提高了游戏的趣味性，又让幼儿通过念儿歌强化了语言学习，且儿歌内容也是开始运动的口令。教师边说边做，幼儿跟着模仿相应的语言和动作。实际上，有些游戏动作看似简单，在现实教学中，还需要教师根据实际情况创编一些情境儿歌，以便更好地引导幼儿学习和记忆游戏动作。

⭐ **游戏14：小伞兵跳伞。**

适合年龄班：中班。

目标：练习高跳下，发展腿部力量和弹跳力，体验学做小伞兵的自豪感和愉快的心情，学习小伞兵勇敢、顽强、勇于挑战的意志、品质。

玩法：准备高度不同（30~50厘米）的小椅子、大椅子（或凳子）若干、海绵垫若干。所有幼儿扮演小伞兵。教师扮演指挥员，将幼儿分为3~4组。教师指挥幼儿列队后做热身运动，重点活动膝关节、踝关节、髋关节等部位。进行跳伞练习前，教师做高跳下的动作示范。动作要领：双脚起跳，摆臂，用力蹬地，跳起，轻轻落地；前脚掌先着地，落地时，屈膝、缓冲。注意：起跳前，稍屈膝下蹲。跳伞前，先按组别顺次绕场地跑圈，进行伞兵训练。然后，按组排队，依次"登机"，即站在椅子上（椅子代表飞机），往下跳。若椅子较高，椅子下面要摆放海绵垫。教师为幼儿创设宽松、有序、和谐、互动的氛围，按难易程度递进式游戏。从地面练习——椅子练习——多次体验——挑战高度练习（椅子叠高或垫高）。练习时跳下高度从低到高，可以多次进行。活动中，跑跳结合，动静结合，控制好幼儿的活动量及练习密度。在跑圈和跳伞过程中，教师可以用儿歌《小伞兵》引导幼儿练习，提高幼儿游戏兴趣。

附儿歌：

小　伞　兵

小伞兵，真勇敢，坐上飞机上蓝天。

打开舱门往下看，美丽祖国像花园。

往下跳，张开伞，落地要把双腿弯。

⭐ **游戏15：跳水运动员。**

适合年龄班：中班。

目标：主要练习高跳下，结合其他各种肢体动作的灵活运用，发展身体平衡能力及动作协调性，提高综合运动能力，体验运动游戏的乐趣。

玩法：通过游戏情境导入，幼儿分组扮演跳水运动员，练习高跳下动作。游戏过程中，也可以通过改变游戏情境，在高跳下的动作练习中加入一些变化动作，如跳下过程中转体、侧身跳下。游戏情境变化：如跳之前编入不同的团队，各团队排队按顺序进入"跳台"。进入"跳台"前，幼儿需要活动上、下肢，做出拍双腿、活动脚踝、扩胸、活动手腕等动作。跳之前，可以模仿跳水运动员做短暂的屏息凝神，在跳水前，做出两臂侧平举等动作。

教法建议：单纯的高跳下动作练习太枯燥，如何改编游戏情节，加入一些其他动作使游戏生动、有趣，是教师需要深入思考的问题。比如，此游戏高跳下的过程中做一个侧身转体，侧身跳下，上肢也可以加一些花样动作，如侧平举、两臂向前伸展、双手背后等，或在跳之前摸一个物品，或两人牵着手同时高跳下，或一个接一个地跳下，或几个人同时跳下……动作变化可以结合游戏情节变化。通过这些变化，让幼儿觉得更有趣，乐此不疲。再比如，教师在做高跳下的游戏动作演示时说："这回，老师有一个特别的花样动作。老师做完了，还想看看你们还有没有其他花样动作？"通过这样的动作演示及语言提示，不仅能启发幼儿的思维和想象，还能培养他们的想象力和创造力。当然，加入动作和变换花样的动作要注意安全，切忌为了花样动作做无谓的冒险，要抓住主要动作要领和关键动作的重点和难点。高跳下动作并非追求跳多高、跳多远，主要目的是引导幼儿学会屈膝缓冲、轻轻落地，在此基础上，可以适当增加游戏难度和花样。类似的游戏，还有跳伞运动员，同样是置入跳伞运动的情境，教师可以引导幼儿模仿跳伞的系列花样动作。

⭐ **游戏16：小青蛙跳荷叶。**

适合年龄班：大班。

目标：练习立定跳远，发展幼儿下肢肌肉力量、身体的弹跳力、爆发力及协调、平衡能力，激发跳跃运动的潜能和兴趣。

玩法：准备特质荷叶纸（直径40~50厘米，可以用绿色皱纹纸代替）10张。在平整的地面上，将荷叶纸按一定的间距依次摆放成平行的两列，在第一张和最后一张荷叶纸旁画出两条河岸线（图4–13）。荷叶的间距可以根据幼儿的跳跃能力灵活调节。所有幼儿扮演青蛙，分为两组（也可以按男、女生分组）进行游戏。要求幼儿模仿青蛙跳跃，做立定跳远动作，从河岸一边出发，依次跳过不同的荷叶，最后跳到河对岸。开始练习时，幼儿每跳上一片"荷叶"，可以适当停顿并调整，站在新的起跳点起跳，待动作掌握得熟练后，可以快速、不停歇地跳过所有的荷叶，到达对岸。也可以两组幼儿进行比赛，最先完成跳荷叶过河任务的团队获胜。

图4-13 "小青蛙跳荷叶"游戏场地示意图

教法建议：此游戏与"小青蛙捉害虫"游戏的不同之处在于，小青蛙跳荷叶的动作目标是练习立定跳远，因为小青蛙要跳到荷叶上，而每一片荷叶之间有距离，所以需要往远处跳。捉害虫这一动作强调的是跳起来的高度，而不是远度，因为害虫在高处飞，所以小青蛙需要跳得很高，才能捉住害虫。

⭐ 游戏17：跳竹竿。

适合年龄班：大班。

目标：锻炼各种有节奏的跳跃和竹竿敲击的动作技能，发展下肢力量、手臂力量，增强弹跳能力和手眼协调、眼脚协调的能力。了解地方乡土文化习俗和民间传统体育游戏，丰富生活经验，启发思维；强化集体合作完成游戏的意识，感受创新游戏带来的乐趣。

玩法：两根等长的长竹竿平行摆放，两人分立竹竿两端，相对而蹲，两手分别握住一根竹竿的一端。随着音乐鼓点的节奏（也可以由教师拍手喊出节奏口令），两人操作竹竿，使其一开一合。参与者分站竹竿两侧，选择时机跳进两根竹竿中间的区域，然后再跳出来。可以双脚跳进跳出，也可以单脚跨入，再单脚跨出，注意不要让开合的竹竿夹到。注意竹竿离地不要太高，开始时，设置20~30厘米的高度即可。随着幼儿技能的提高，可以适当抬高竹竿（但不宜高于35厘米），或随着音乐节奏适当加快竹竿开合速度，也可以两人或多人同时跳竹竿，增加跳竹竿的花样组合，如同跳绳一样。

教法建议：跳竹竿源于我国民族传统体育运动项目，流传于南方少数民族地区。可以单人跳，也可以多人组合跳。游戏参与者伴随着音乐和鼓点节奏，在成排竹竿一开一合的节奏变换中，穿梭跳跃并做着优美的舞蹈动作，边舞蹈边念着歌谣，带给人们一种欢快、愉悦的气氛。教师可以大胆借鉴民间跳竹竿舞的动作，引入和改编动作，将部分动作引入大班幼儿体育游戏之中，使游戏动作更加丰富、优美，富有节奏感和韵律感。引入动作时，注意循序渐进，由简单到复杂，逐渐加大动作难度，不能一蹴而就、一步到位。

⭐ **游戏18：跨战壕。**

适合年龄班：大班。

目标：练习跨跳（包括原地跨跳、慢跑几步跨跳、快跑几步跨跳），发展下肢肌肉力量、弹跳力及身体协调、平衡能力，培养团队合作精神。

玩法：①准备方砖若干、长绳若干、沙包若干、长木板（1×2米）2块，选择平坦、宽敞的场地，利用方砖和长绳在场地上搭建一个方形"岛屿"（2×2米）和"护岛河"，"护岛河"两侧各设两条"战壕"（图4-14）。②将幼儿分为人数相同的两个小组，分别列队站在"岛屿"左右两侧的外围。"岛屿"上设有地雷（可用沙包代替）。幼儿扮演小战士，从各自的阵地出发，分别跨越"战壕"，到达"护岛河"边，利用长木板进入"岛屿"，找到地雷，将地雷带回自己的阵地，存放在收纳盒中，然后再继续前往"岛屿"搬运地雷。要求每人、每次只能运带一个地雷。凡掉入"战壕"（内有隐形炸弹）或"护岛河"（内有鳄鱼吃人）的幼儿将暂停游戏。直到将"岛屿"内的地雷搬运完，游戏才能结束。以成功地搬运地雷最多的团队获胜。

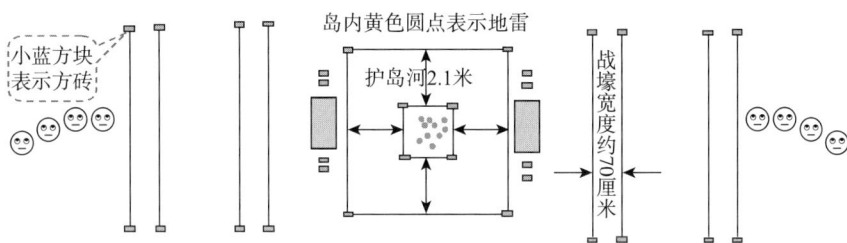

图4-14 "跨战壕"游戏场地示意图

教法建议：如果长木板的长度不及"护岛河"的宽度，不能顺利完成搭桥任务时，教师可以引导幼儿想办法，发挥集体的智慧和合作精神，比如，一部分幼儿踩住长木板的一端，另一端伸向河中央。这样，可以缩短跨越河流的宽度，便于幼儿用跨跳的方式跳过"护岛河"。教师可以根据场地条件，增设"护岛河"两侧需要跨越的"战壕"数量，也可以根据幼儿的跨跳能力，适当加宽"战壕"使游戏更具挑战性。

第五章 幼儿投掷动作发展

第一节 投掷动作发展基础知识

一、投掷的概念、类型及意义

投掷是将物体投出一定距离的动作。它既是人们日常生活中必不可少的一种实用技能，又是宣泄情绪的一种特殊动作方式（如生气时扔东西），也是锻炼身体的重要手段之一。

投掷是一项很受幼儿喜欢的体育活动，也是幼儿日常生活、未来工作所必需具备的一项基本活动技能。

通过投掷动作练习，不仅能增强幼儿上肢、腰部、背部、胸部等部位的肌肉力量，提高上肢各关节的柔韧性、灵活性，发展动作的准确性、协调性，而且还能发展幼儿的目测力、判断力，提高空间方位知觉及视觉运动能力。

二、幼儿投掷的内容及动作类型

1.幼儿投掷的内容

在幼儿园，按照投掷目标区分，幼儿投掷的内容包括投远和投准两个维度。主要训练内容包括：投掷、抛接、拍击等。由于投掷这一动作的完成需要借助手腕、手臂、腰部、背部、腿部等部位的力量，因此，投掷动作的前准备练习也包括这些部位的力量练习，如推轮胎，练习手腕的力量；推独轮车运物，练习上肢的力量等。

2.幼儿投掷动作的主要类型

（1）双手腹前抛投：双手持物于腹前，将物体向前上方抛出。

（2）双手胸前投掷：双手持物于胸前，将物体向前（上）方投（或推、抛）出，以屈臂向前投掷为主。

（3）双手肩下投掷：双手持物从肩部以下的位置（除腹前、胸前之外）将物体抛掷出去，包括向上抛掷、向前、向后抛滚。

（4）双手肩上投掷：双手持物从高于双肩（包括左右肩上方、前上方，面部前方，脑后，头顶）的位置投（或抛）出去，包括正面向前投、背向向后投。

（5）单手肩下投掷：单手持物于肩部以下的位置，将物体投（或抛、推滚）出去，包括向前上、向后、向前滚抛。

（6）单手肩上投掷：单手持物于肩部以上的位置，将物体投出去，包括正面向前投、向后投、侧向（侧身）向前投。

三、影响幼儿投掷动作的3个因素

为了使幼儿投掷动作做得更加准确、到位，达到投远和投准的目的，下面，从3个方面分析一下影响幼儿投掷动作的因素。

1.出手的速度

幼儿要想把投掷物投得远，投掷物出手的速度就要快。如何提高投掷物的出手速度？首先，需要借助幼儿身体的力量，准确地说，是身体的爆发力。爆发力从何而来？爆发力来自幼儿手臂肌肉的收缩力量。手臂肌肉的力量是决定投掷过程中挥臂和甩腕速度的第一关键因素。除此之外，还需要腰部、腹部和腿部的力量配合，将所有的力量汇集到手臂，一起带动完成摆臂动作，从而提高摆臂和甩腕的速度。

观察发现，拳击运动员全身肌肉发达，尤其是臂部肌肉更为强壮，这从根本上保证了其出拳力量大。同时，拳击运动员的出拳速度也特别快。如何做到速度快？除了肌肉发达，还有一点非常重要，就是出拳动作自然、放松。因此，对于初学投掷的幼儿来说，做投掷动作时，一定要自然、放松，切忌动作僵硬。人体肌肉有收缩肌和伸展肌两种，这两种肌肉是相互对抗的。当需要做出伸展的动作时，伸展肌用力；当需要做出收缩的动作时，收缩肌用力。当身体动作僵硬时，这两种肌肉会同时用力，这样就容易抵抗正向用力，使本应使出的力量不足。因此，一定要学会动作自然、放松、有弹性。

比如，打篮球时，利用手臂的力量就能完成近距离的投篮动作。但离篮筐稍远时，需要借助腿部和腰部的力量。腿稍屈膝，利用双腿蹬地或纵身一跳，再借助腰部的力量，完成投高和投远的动作，将球投入篮筐。

比如，打乒乓球、羽毛球的过程中，遇到抽球时，动作一定要放松，不能僵硬。手臂向后微摆，动作放松，然后再用力向前一甩，这样打出的球速度更快。必要时，抽球者会有意侧身，将身体重心下移，双腿快速蹬地、向右转体，利用腿部的力量顶髋，结合腰、腹部肌肉的爆发力带动全身的力量将球打出去，这样打出去的球速度会更快。其实，这里不仅充分发挥了手臂的挥动力量，而且还调动了全身的力量，共同、协调发力。投掷和投篮、打乒乓球、羽毛球一样，要想出手速度快，挥臂、甩腕的动作必须要快，而且动作必须自然、放松。

以单手肩上侧身投沙包为例，总结投掷的合理用力顺序是，后脚蹬地→转体→挺胸→转肩→挥臂→甩腕，最后沙包出手。这样的用力顺序使身体各部位的力量依次发挥出来，如同甩鞭子一样，最后把"力量"都集中到鞭梢上。在右侧臂用力的同时，身体左侧要撑住，不必有意屈膝；如果肩不后撤，上体不侧斜，全身的整体力量就不能充分地发挥出来。

为了把沙包投得更远，投掷时，要求幼儿将投掷手臂伸直后，引上体侧转，右肩部向后倾斜的目的就是为了加大投掷用力的距离，如同抡起大锤一样，举得越高，砸下去的力量才会越大。在用力距离和用力大小相同的情况下，用力时间越短，速度则越快。因此，决定出手速度的另一个重要因素就是挥臂甩腕的用力时间，即挥臂、甩腕越快，沙包出手速度越快。

2. 出手的角度

从物理学上的原理来讲，同样的速度，仰角45°（仰角是指视线与水平线的夹角，往上看的角度）的抛物线，距离最远。直接向上（仰角90°）投出物体时，物体会直上、直下。物体落地时，往往会击中自己。水平方向投出物体时，物体受地球引力的作用，很快就会落下来。如果是往下扣打，投掷的距离会更近。

不同的投掷物又稍有差别，比如，铅球、链球，出手角度42°左右，投掷效果更好。

根据斜抛运动公式，出手角度为45°时，投掷物的投掷距离最远。幼儿在投掷练习中，大多使用沙包，考虑到投掷沙包时，出手点和沙包的落地点不在同一个水平面上，因此，出手角度小于45°是比较合理的。幼儿投掷的距离近，出手点又相对比较高，一般仰角在36°左右就可以了（图5-1）。

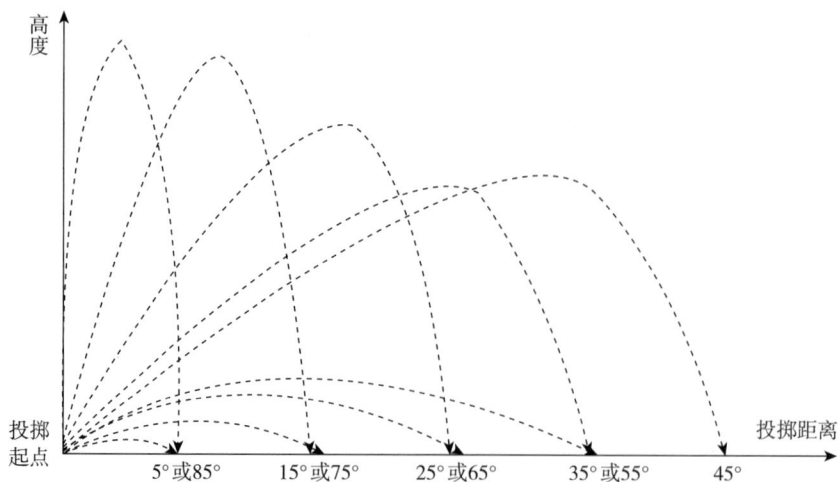

图5-1　投掷角度与投掷距离的关系示意图

如何控制出手角度？主要是掌握好出手时间。出手早，角度较大；出手晚，角度较小。此外，两腿蹬伸、支撑作用和挥臂动作都对出手角度有影响。

3.空气的阻力

投掷物在空中飞行时，空气会对物体产生阻碍力量（阻力）。这种阻力的大小受多方面因素的影响，如投掷物的大小、飞行速度、风向、风力大小、投掷物飞行的方向、路线与风向的角度等。同样的风向和风力对于不同投掷物的阻力作用往往存在较大差异。比如，投掷标枪时，风向和风力的大小会对标枪产生非常大的阻力影响。如果遇到逆风时，标枪出手的仰角角度越大，标枪就越容易被风吹得竖起来，这样产生的阻力就更大，标枪更难往前飞行；如果是顺风，标枪出手时，仰角的角度越大，标枪越容易被顺风吹得产生更大的推动力往前飞行。因此，投掷标枪时，投掷者应根据风向决定标枪出手的角度。逆风时，出手角度要稍小一些；顺风时，出手角度应稍大一些。

再比如，投掷铁饼时，铁饼投出后，在空中旋转着前进，如果铁饼越往上立起，遇到的空气阻力就越大。因此，投掷铁饼时，特别要注意出手角度，以便最大限度地减少空气的阻力作用。总体来说，田径运动场上的投掷、不同器械的投掷，都要考虑最佳出手角度，尤其是空气阻力不可忽视，需要结合多方面因素进行考虑。

幼儿园投掷沙包、网球时，空气阻力可以忽略不计，只要掌握一个大概的角度，往前上方投掷就可以了。但在投掷纸飞机、气球、羽毛球、毽子、海绵球、乒乓球等重量较轻的物体时，就要考虑风力和风向产生的空气阻力了。因此，教师应尽量避免在刮风天开展这些物品的投掷练习。

第二节　投掷的教育及游戏策略

一、幼儿投掷动作发展的特点

在婴儿期和幼儿前期，孩子就已经能做简单的接物和抛投物体的动作。幼儿前期的投掷动作特点是力量小、距离近、不协调、不准确。

进入幼儿期后，幼儿逐步开始掌握抛、接、投、拍、击等多种投掷动作。小、中班幼儿掌握的投掷动作相对较少，投掷动作不够协调、多余的动作多、力量小、投不准是其共同特征。如，小班幼儿（3~4岁）接别人抛过来的球时，不能正确判断来球的速度和力量，掌握不了正确的接球动作，肩部、臂部肌肉紧张，有时怕被球打着，出现接球时眨眼、漏接球、让球打着胸部或身体的其他部位。如果来球偏离其胸、腹部，他们会看着球从身边"飞"过，而不知道主动去接球。做肩投动作时，主要是上肢用力，腰部和腿部不会协调用力，出手角度很小。虽然他们都能学会用左、右手拍球，但拍球动作协调性和节奏感较差。

随着年龄的增长，他们的感知觉和中枢神经系统迅速发展，相关的小肌肉也进入快速发展期，与之相应的投掷能力也逐步提高，其动作发展由上到下，由单纯靠挥臂逐步转变为会使用全身的力量。6岁左右的幼儿投掷能力发展速度最快。这个时期，多数幼儿已能掌握传球、接球、拍球、肩上投掷等动作技能，有的幼儿还能跳起投球。

实践表明：经常练习投掷的幼儿，动作比较协调、有力。做单手肩上投掷时，能较好地掌握蹬腿、转体、挥臂动作，且能做到全身用力，投掷远度和准确性也明显提高，动作的连贯性、协调性也较小。中班幼儿有明显的提升，但出手角度仍普遍偏小，投掷方向不稳定。在整个幼儿期，男孩投掷能力明显优于女孩，个体差异较大。

一般来讲，幼儿投掷动作发展过程可以简单地描述如图5-2所示，大体可以概括为A→B→C→D→E→F，其中C和D有反复的过程，有的幼儿表现为A→B→D→C→E→F。

二、幼儿投掷的基本要求

按照投掷目标区分，幼儿投掷动作分为投远和投准两大类。按照动作发生的部位及动作姿势，投掷动作类型较多，如前所述，有双手投掷、单手肩上投掷等。本书只重点介绍双手抛投和单手肩上投掷的基本要求。

1.双手抛投动作要求

双手在体前（腹前或胸前）托住投掷物，用摆臂、抖腕的力量，将物体向前上方抛出，两臂用力要均匀。

图5-2 幼儿投掷动作的发展过程

2.单手肩上投掷动作要求

正面投掷时，两脚前后分开站立（如用右手投掷则左脚在前，反之则右脚在前），重心在后脚上，上体稍后仰，肩上屈肘，高举臂，眼看前方，利用后脚蹬地、快速挥臂、甩腕等协调、用力动作，将物体向前上方投出（图5-2C）。

侧面投掷时，身体侧对投掷方向，两脚左右分开站立，重心在一侧脚上（如用右手投掷，重心应在右脚上；反之，则在左脚上），上体侧转，投掷臂向脑后远伸，投掷时，用力顺序通常是由下而上，通过重心脚蹬地、转体、挥臂、甩腕等一系列动作，迅速将物体向前上方投出（图5-2F）。

对于幼儿投掷动作的要求，不同年龄班有不同的要求。

小班：能投3米远。会双手正面向上抛接球。投掷时，身体自然放松，有挥臂、挥手动作；不论是挥大臂、挥小臂，还是用腕，能有挥臂动作即可，其他不过多要求动作要点，但要避免投掷时用直臂或横着向外扔出。

中班：能投4~5米远。要求学会正面投动作。如用右手投，左脚在前、右脚在后，身体重心在后脚。投掷时，要求手臂自然抬起、肘关节略高于肩、手略高于头，利用后脚蹬地、收腹、挥臂、甩腕的力量，将投掷物迅速向前上方投出。在投掷物出手前，后脚蹬地，身体重心迅速转移到前脚，随着重心的快速转移，后脚往前迈一步，重心也随之快速前移。

大班：能投5~6米远。要求学会侧面投。投掷前，身体侧对投掷方向，投掷手臂自然后伸，略低于肩，另一只手臂自然放松，屈肘于胸前，上体放松，稍微转向右下方，略微后倾，由下往上用力，后脚蹬地、转体、转肩，支撑好以后挥臂、甩腕，将投掷物迅速向前上方投掷出去。此外，大班还要求投准练习。

投掷动作是幼儿基本动作中最难掌握的一个动作。投掷动作包括几个关键的动作环节，如，挥臂、甩腕、重心移动、蹬地、转体、全身协调用力等。不同年龄班有不同层次的要求，简单示意如图5-3。

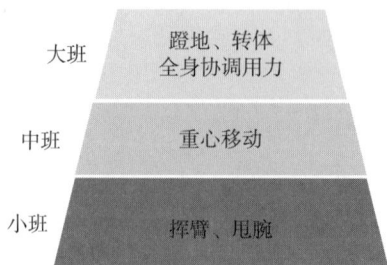

图5-3 不同年龄班对投掷动作的要求

三、幼儿投掷动作发展的教育策略

幼儿园开展投掷动作技能的教育，旨在教会幼儿投、抛、传、接和肩上投击等简单的投掷动作，通过投掷动作练习促进上肢、胸腹和腰背等部位的肌肉发育，发展力量和协调性等基本身体素质；锻炼目测力和准确性。此外，通过动作练习及游戏活动培养幼儿听从指挥、遵守纪律的规则意识和集体意识。

1.幼儿投掷动作技能教育的基本内容和方法

幼儿园开展投掷动作技能教育的内容，主要围绕幼儿投掷动作的内容和动作类型展开。根据幼儿投掷动作的发展规律和过程，设计、安排如下投掷动作的教育内容。

（1）滚球。两手持球在侧后方，目视下方，双手握住球。两臂前摆，小臂和手外旋，将球向前滚出，两臂用力要均匀（图5-4）。

此练习适用于小班，主要用于发展臂、手掌、手指等部位的肌肉力量和手腕灵活性、动作准确性，提高幼儿两手和小臂外旋的能力，使力量克服球的重心，带动球向前滚出。

（2）传、接球。

①传球动作要求：

A.抛出：双手手心向上，在体前托住球，用摆臂、抖腕的力量将球向前抛出（图5-5）。

B.推出：两手自然分开，持球于身体的侧后方，屈肘，手腕后仰，利用伸臂、抖腕、伸指的力量将球推出（图5-6）。

　　C.传递：两人面对面站立，用抛出或推出的方法，将球传递给对面的人。

图5-4　滚球动作示意　　　　图5-5　抛球动作示意　　　　图5-6　推球动作示意

　　②接球动作要求：

　　A.两手伸出，手指自然分开，掌心向上，接球后，迅速将球收回胸前。

　　B.两手伸出，手腕后仰，手心对准来球，手指自然分开，两手的大拇指伸出，相对呈"八"字形。接球后，尽快将球收回胸前。接球的动作要点，一是向来球方向迎球，二是接球后，屈臂缓冲。

　　此练习主要发展上肢力量和动作的准确性，发展目测力，学习传、接物体的日常生活实用技能。

　　（3）拍皮球。拍皮球的肘自然微屈，双手五指自然分开，掌心向下，用小臂、手腕和手指的力量向下拍球。当球反弹回手里时，手要随球上升缓冲，再向下拍球。

　　此练习主要增强上肢力量，发展肘、腕关节的灵活性和动作的准确性。

　　（4）投飞镖。这是幼儿喜欢的投掷练习，不需要大场地，纸飞镖制作简单，锻炼效果好。练习时，应注意动作要领，强调举臂向前、向上投出纸飞镖（图5-7）。

图5-7　投飞镖动作示意

身体可采取正面→半侧面→侧面高举臂→侧面的步骤进行教学。

（5）投准。

①水平目标投准：在地面上画一个圆圈（直径为60~70厘米）或正方形（边长为60厘米）目标，距离投掷线以1~3米为宜（图5-8）。投掷线可以根据幼儿的年龄及实际发展水平调整。可用各种投掷方法，将球或沙包投向目标（图5-9）。

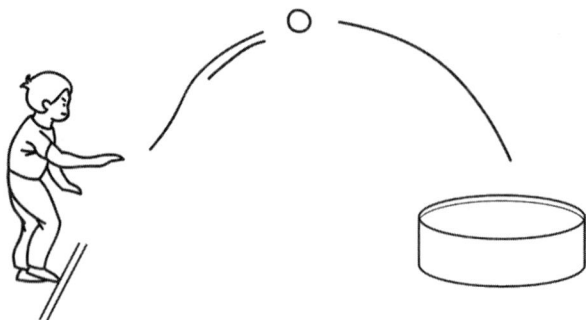

图5-8　水平圆圈目标投准

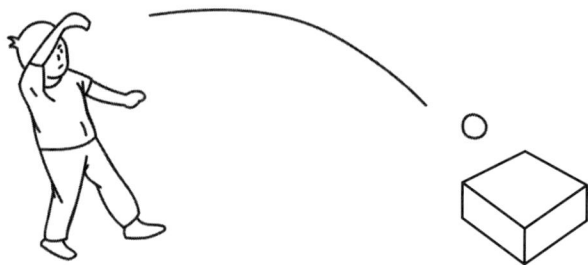

图5-9　水平方形目标投准

（2）高处目标投准，目标是圆形或方形，其高度距地面1~2米，投掷距离以1.5~3米为宜。可用各种方法投掷，要求击中目标（图5-10）。

图5-10　高处目标投准

向高处目标投准的练习，可采用投球进篮筐的方法，为将来学习篮球运动打下基础，也可以用大皮球代替篮球。

幼儿思维形象、具体，大脑皮质分化抑制能力差，小肌肉群发育差，学习精细动作较困难，而投准动作比较复杂，因此，应多采用击吊球、投球等进行教学。教师要帮助幼儿建立正确的动作定型。

幼儿脊柱和肩关节柔韧性、灵活性好，对掌握肩上投掷动作的转肩和拉臂动作是有利的。教师要利用好这个有利条件，教会中、大班幼儿肩上投掷动作。

练习投掷动作前应进行准备活动，注意安全，特别要多活动肩部、腰部。练习肩上投沙包时，幼儿之间的间隔要大，不要面对面投。沙包里不要装石子一类的硬东西。

投掷的内容和形式可以多种多样，表5-1列出了幼儿投掷的常见教育内容。通过不同的投掷物（如沙包、网球、海绵球、皮球、篮球、足球等）运用不同的游戏内容和形式，来发展幼儿的投掷动作技能。

表5-1 幼儿园投掷动作技能教育的主要内容及要求

班级	内　容	要　求
小班	"小猫玩球"、把球滚过门	双手或单手自然向前上方或远处挥臂投掷
中班	自抛接球比赛、相互抛接球、"运西瓜""火箭上天""投过小河""赶小猪"、滚球过门	正面肩上投远、滚球击物、打前上方投掷架上的物体
大班	夺球、抛球、拍球接力、"打雪仗""打狐狸"、投篮比赛、击木柱、"降落伞"、头上传球、套环	侧面肩上投远、将物体投进固定目标（小网兜、篮筐）、投掷活动目标、投圈套物

为了让幼儿更好地、更顺利地掌握不同年龄段的投掷技能，根据幼儿投掷动作发展的过程及规律，对小、中、大班投掷动作的内容安排可采用"阶梯式"分步练习的策略，其内容安排如表5-2。

小班投掷，前期主要安排练习"互相滚大皮球""双手抛大皮球"和"原地拍球"。刚开始，没有安排接球练习，主要考虑小班幼儿还没有建立起自身与物体的时间、空间和距离的联系。这种安排是为了训练幼儿抖腕、甩腕的基础动作意识，加强手腕力量的锻炼，为投掷动作发展做好前期铺垫。小班后期再安排肩投练习。小班幼儿肩投练习不必强调动作要点和要求，幼儿投掷时，身体自然、放松，能自然、放松地挥臂、挥手即可。

中班幼儿依次安排"自抛、自接球"（先抛接低球、再抛接高球）、"两人近距离互相抛接大球""原地左、右手拍球""左、右手拍吊球""肩上挥投纸团"等练习，这样的内容安排既训练了手腕动作力量，又训练了动作的精确度，为后面的投掷动作继续做好铺垫。中班肩投练习要求幼儿学会正面投掷动作。第一步，投掷时，两脚应前后分开。开始练习时，部分幼儿可能会将投掷手与前腿摆放在同一侧（这样投掷，无法发挥身体力量，只能单纯靠手臂、手腕等上肢力量），教师在教学中发现这种情况，不必过多地用语言纠正，而是通过动作示范，让幼儿多次模仿和体验，逐步过渡到投掷手与前腿不在同一侧，从而能体验到后脚蹬地、重心从后腿转移到前腿，发挥腿部力量，使物体投掷得更远。

表5-2 不同年龄班幼儿投掷进阶练习的内容安排

序号	投掷内容		小 班	中 班	大 班
1	滚、接球		相互滚、接球	滚、接球	滚、接球
2	抛接球		练习双手抛大皮球	自抛、自接低球或高球（头以下为低球，头以上为高球） 两人近距离用双手互相抛接大球	两人相距2~4米，抛接大球
3	拍球	原地	学拍皮球	左、右手拍球 左、右手拍吊球	原地变换形式拍球，如转一圈，再拍球
		行进间			边走边拍球 边跑边拍球
4	肩投	投远	练习肩上挥臂投物（投小纸团、小皮球、小沙包，重50~75克）	肩上挥臂投远	
		投准			肩上挥臂投准（距离约3米，标靶直径约60厘米）

大班幼儿投掷练习内容的安排基本遵循：先"抛接球""拍球"，再到"肩投"练习，练习内容逐步增多、增难，如"抛接大球"的距离逐渐加大到2~4米，手腕力度和精准度控制进一步加强；又如，拍球，在中班的基础上增加了"原地变换形式拍球""边走边拍球"和"边跑边拍球"，大班幼儿"肩上挥臂投远"要求学会侧身肩上投，投掷前，身体侧对投掷目标方向，侧身肩投的动作要领和要求不同于中班的正面投，并且在中班所要求的远度基础上，重点加强"投准"练习，练习投掷距离约3米、标靶直径约60厘米。

简单来说，上述投掷动作"阶梯式"分步练习可总结、归纳如下图5-11所示。

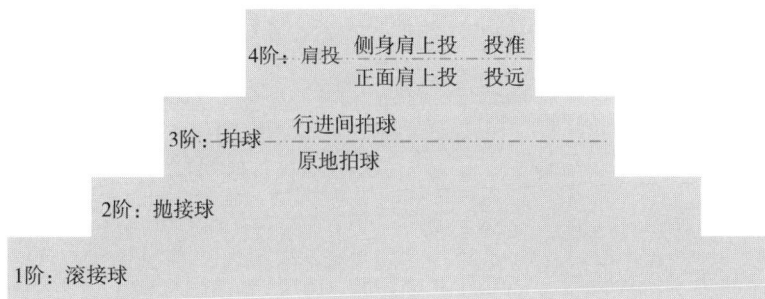

图5-11 投掷动作"阶梯式"分步练习示意

文字简述如下：

滚接球→抛接球（双手抛→双手自抛、自接→两人近距离双手相互抛接→两人互抛接距离加大）→拍球（原地拍→走拍→跑拍）→肩投（双手→单手，腹前、胸前→肩前上、头前上，远度→准度）。

实践证明：在教学及体育游戏活动中，这种"阶梯式"分步投掷动作练习的教学方式，很好地解决了投掷动作的重、难点，能自然而顺利地促进幼儿投掷动作的发展。实际上，这种"阶梯式"动作练习也遵循了教学法的基本原则，即，先易后难、循序渐进的原则，将复杂、难度大的动作内容进行合理地分解，有步骤地安排分步练习或分解练习，逐个解决关键的动作难点。

2. 幼儿投掷动作发展的教育建议

幼儿投掷动作发展的教育要根据幼儿身心发展及投掷动作发展的规律和特点，在各种游戏中发展幼儿投掷动作技能，具体建议以下几点供教师们参考。

（1）教师在教投掷动作时，既要重视动作演示，也要重视语言提示。教师在给幼儿做动作示范时，需要动作清晰、准确且规范，让幼儿看得明白。

（2）对于幼儿来说，单手肩上投掷的难点在于投出投掷物时的出手速度和出手角度。小班重点发展快速挥臂、甩腕等上肢动作；中、大班继续改进上肢动作准确、到位的同时，学习利用后脚蹬地、转体等全身协调用力的能力，不同年龄段的要求见前面的说明及图5-3。在练习投远的过程中，要培养幼儿关注投掷物出手角度的意识。

（3）投掷活动主要用于锻炼幼儿上肢肌肉力量，尤其是发展上肢的爆发力，同时还能发展手指、手腕关节的灵活性、柔韧性，提高动作的准确性和出手速度。在投掷游戏活动中，要注意与跑、跳等运动强度较大的动作练习相结合。这样既能提高幼儿的活动兴趣，又能增加运动负荷，以保证每次活动的负荷，使身体得到全面锻炼。

（4）在投掷游戏活动中，要经常变换投掷物和投掷目标。既要注意投掷物由轻到重，又要注意投掷距离由近到远，投掷目标由大到小，由静到动，逐步提高要求，使幼儿在不断成功的基础上增强练习兴趣，提高投掷能力。

幼儿常用的投掷物包括沙包、网球、垒球、实心球、海绵球、羽毛球、乒乓球、大小皮球、三角球、气球、毽子、飞碟、软飞盘、纸质物品（纸飞机、纸飞镖、纸片、纸团、纸棒等）、木棒、线团以及各种自制器材（袜子团、小饮料瓶等）。

投掷目标可以有"形"或"声"，从而激发和提高幼儿的投掷兴趣。投掷目标的练习要稍有挑战性，让幼儿体验通过努力取得成功的喜悦。

（5）投掷动作的教学要遵循由易到难、循序渐进的基本原则；投掷发展目标，先要求投远，逐步强调投准，再到两者相结合。

（6）充分利用自然环境和条件，将投掷练习与发展幼儿的综合身体素质游戏相结合，让幼儿在自然的投、扔活动中，发展投掷能力，提高练习兴趣，但必须要注意安全。例如，"打水漂""投飞镖"等练习。

（7）从"全脑型的体育教学模式"出发，在投掷游戏活动中，尽可能让幼儿左、右手都有机会参与练习，有利于促进幼儿身体两侧肌肉和左、右脑获得均衡、协调发展。

（8）为了更快、更好地掌握正确的投掷动作技能，针对幼儿投掷的普遍弱项，可以采用条件练习法，如，为了发展幼儿挥臂速度，可以做拍击吊球、快速挥旗等动作练习；为了让幼儿掌握合适的出手角度，可以做"投包过绳""投包击打悬空物"等的练习。

3.幼儿投掷常见的问题及纠正方法

（1）投掷时动作僵硬。

原因：幼儿投掷时过于紧张，教师的叮嘱、同伴的提醒往往会给幼儿造成很多无形的心理压力，有的幼儿急于达成投掷目标，往往会造成投掷时动作不能自然、放松。有的幼儿因为没有掌握投掷挥臂的动作要领和方法，常常抢起笔直而僵硬的长胳膊，直挺挺地将投掷物送出去。这样的僵硬动作，根本谈不上投掷的远度和精度，有时还会将投掷物投到自己的脚下或身后。

纠正方法：一定要让幼儿在一种轻松自如、没有任何压力的环境下，自然、放松地挥动胳膊，体会自然、放松的挥臂动作。

（2）不会挥臂。

原因：挥臂时，手臂是直的（直臂）。对于幼儿来说，学习投掷动作的第一个要领就是挥臂。不会挥臂的幼儿常常也表现为不会放松。有的幼儿投掷时用直臂投掷或横着将投掷物扔出去，多数原因是动作没有放松造成的，挥臂时肌肉紧张，导致动作僵硬。其实，挥臂时，一定要求手臂自然、放松地甩出去。

纠正方法：平时可让幼儿多练习甩牛皮折纸或练习耍陀螺（抽鞭子）；也可

引导幼儿在日常生活中练习甩毛巾、抖毛巾，这些练习不仅可以体会甩臂、抖手腕的动作，而且还能加强手臂和手腕的肌肉力量练习。但这种练习特别要注意安全，幼儿因为动作掌控不好，容易导致毛巾尖儿抽碰到自己或他人。甩动或抖动毛巾时，毛巾末梢的速度非常快，这种快速运动的毛巾末梢触碰到人体，会特别疼痛。

（3）出手角度把控得不好。

原因：投掷时，幼儿出手角度普遍偏低。很多幼儿投掷时，将投掷物直接往下扣。教师在一旁提醒："从头往上、往远处扔，使点劲儿！"结果，幼儿的动作更僵硬，直接往下扣。教师的指导语没有给幼儿指出关键的问题所在，造成幼儿根本无法纠正其错误。其实，这里应该要求幼儿往上投，眼睛往上看，而不是看着前面。

纠正方法：①在幼儿投掷线前约2米处拉一根约2米高的绳子，让幼儿练习将投掷物从绳子上面投过去。引导幼儿反复投掷、体验，并让幼儿思考：挥臂到什么位置出手，能使投掷物越过绳子，通过幼儿探索、体验，了解到要在手刚一过头的位置就出手。②在前方2~3米处的上面（离地1.5~2米）设定投掷目标，如，悬挂一张画或一个呼啦圈，让幼儿朝目标物投掷。开始投掷时，不要强调远度和准确度，而是提醒幼儿往前上方投，当幼儿对投掷方位准确把握后，再逐步提出远度的要求。

（4）投掷时，动作不连贯，各部位协调、配合不好。

原因：出现这种现象，大多是因为幼儿不知道投掷的动作要领，缺乏正确的指导和练习。有的幼儿投掷时前腿和投掷手臂在同侧，如右手投掷时，右腿在前。这样的投掷无法转体，很难发挥腰部和腿部协调、配合的力量，只能依靠手臂和手腕的力量。

纠正方法：虽然这种动作是幼儿投掷动作发展过程中的一个过渡阶段，但还需要教师及时纠正幼儿，给幼儿示范正确的动作，引导幼儿尽快掌握正确的动作要领。

（5）不会蹬地、转体。

原因：很多大班幼儿还未掌握后脚蹬地、转体的动作要领。有的幼儿蹬地后，不会转体；有的幼儿不会蹬地（没做蹬地动作或只做了一个假动作），只做转体；还有的幼儿蹬地和转体两者之间间隔时间过长，造成动作不连贯，没有将蹬地和转体的力量传递给手臂，只是为了完成两个动作而做的动作。这是由于幼儿不理解动作的连贯性及其作用造成的。

纠正方法：先徒手练习左、右转体拿东西，培养转体意识。教师在讲解和示范时，应强调动作的连贯性，尤其需要幼儿多练习、多体会转体动作，逐步掌握动作要领。

（6）不会重心转移或投掷完成后的缓冲动作掌控得不好。

原因：支撑腿和非支撑腿的转换过渡不自如，动作生硬，速度把控不好，缺少身体的综合锻炼。

纠正方法：多参加基本动作练习和综合性体育游戏，提高身体动作的灵活性、协调性。有关投掷动作要通过条件练习法强化分解动作的练习，多观摩、多体验。

教师在教学中要善于细心观察幼儿的动作表现，找出幼儿投掷动作中的关键性问题：是挥臂的问题，是动作放松的问题，是出手角度的问题，是重心转移的问题，是蹬地、转体的问题，还是身体协调、配合的问题……也可能会存在多个问题。要解决问题，首先需要教师细致观察，只有发现关键问题所在，才能有针对性地解决问题。

4.练习投掷的体育游戏

投掷练习贯穿于我们的日常生活及其他各类游戏中，比如，甩纸炮、拍方宝、抽鞭子，都是练习手臂和手腕的力量。自抛、自接球也是练习投掷的最常见方法。

和投掷相关的球类游戏，如抛接球、拍球、滚球、踢球等动作练习，都有利于投掷动作的发展。下面选取部分有代表性的游戏案例，供教师们参考。

★ **游戏1：赶小鸭、赶小猪。**

适合年龄班：小班。

目标：练习挥臂、抖腕动作，为投掷动作发展做前期预备练习，锻炼动作的协调性、灵活性，激发幼儿参与游戏活动的兴趣，体验体育游戏的快乐。

玩法一：赶小鸭，把塑料鸭子模型放入装有水的水盆或蓄好水的水池里，用手推着塑料鸭子走或用筷子拨弄着塑料鸭子往前走，也可以将塑料鸭子放在地面上，用手拨弄着，往前走。

玩法二：赶小猪，用大皮球代表小猪（或用小猪的塑料模型），将其放在地上，用手直接往各个方向拨弄，让小猪（球）向各个方向或指定方向跑（滚）。

★ **游戏2：滚球过门。**

适合年龄班：小班。

目标：练习挥臂、抖腕动作，为投掷动作发展做前期预备练习，锻炼目测力、动作的协调性及控制力，激发幼儿参与集体游戏的兴趣，感受集体游戏的乐趣。

玩法：在场地中央设置间距约1米的3个标志杆，相邻2个标志杆之间的连线当作球门，以球门为中心，在地面画一个椭圆形（图5-12）。幼儿分A、B两组，分别站在正对球门的A、B两处，以此作为起始线（距球门1.5~2米，可根据幼儿滚球动作的发展水平调整起始线到球门之间的距离）。A、B组幼儿分别按顺序依次往球门内滚皮球。

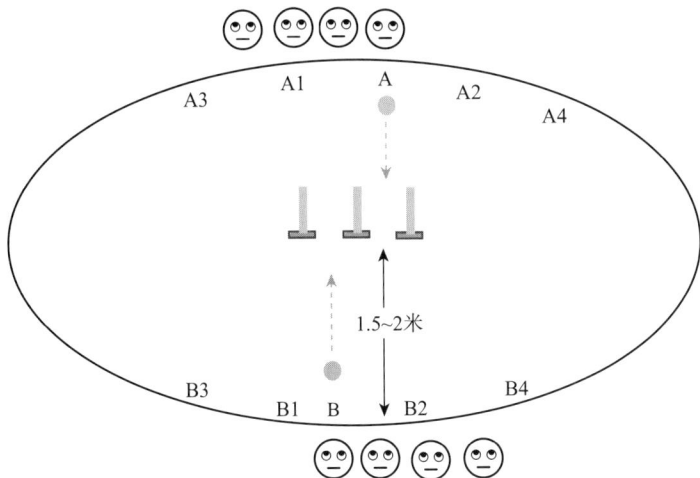

图5-12 "滚球过门"游戏场地示意图

先练习双手滚球过门，再练习单手滚球过门；先练习向正前方滚球，接着练习向侧前方滚球（调整滚球的方位，如，分别站在A1、A2、A3、A4或B1、B2、B3、B4的位置上），再练习向左或右滚球（具体做法是，两组分别站回A、B处，滚球时，身体侧对球门，用单手向左或向右推滚球）。

变换玩法：为了避免搬运标志杆等器材，可选派两名幼儿分开站立，中间留出空间当作球门；或者让一名幼儿（或教师自己）分开两腿站立，两腿间当作球门。或让幼儿弯腰，双手撑地当作球门，也可以让幼儿用俯撑、侧撑、仰撑、蝎子撑等多种撑地方法当作球门（应结合幼儿能力水平发展安排）。这些灵活的游戏设计思路既能增加游戏的趣味性，又能让幼儿得到多方面的锻炼，如，让幼儿做支撑动作练习。

⭐ **游戏3：抛气球。**

适合年龄班：小班。

目标：练习挥臂、抖手腕的动作，通过控制抛接球的方向和高度，锻炼目测力和动作协调配合能力，激发幼儿参与体育活动的兴趣，体验体育游戏的快乐。

玩法：每名幼儿准备一个气球。幼儿自己双手往上抛接气球，也可以两名幼儿互抛互接气球，不断地抛接气球，不让气球落地，也可以抛高、抛低、向前抛、向后抛等。

教法建议：抛气球练习时，可以增加多种花样，激发幼儿参与活动的兴趣，比如，双手抛，单手抛，左右手交替抛，双手向上抛、向前抛、向后抛。重点让幼儿体会抛高、抛低的动作技能，比如，想抛得低一些，胳膊可以试着放低一些，轻轻抖手腕，不用动胳膊。想抛得高高的，不仅需要手腕、胳膊用力，还需要双腿稍弯曲，双脚用力蹬地，然后往上纵身一跳。这样做，还能增强身体的协调性练习。

★ 游戏4：投飞镖。

适合年龄班：小班。

目标：主要练习挥臂、甩腕动作，为学习投掷动作技能进行预热练习，锻炼目测能力、手眼协调能力、上肢肌肉力量及动作的灵活性、协调性，激发幼儿参与体育活动的兴趣，感受投掷成功的快乐。

玩法：幼儿站在离水池2米远处，往水池投掷塑料小碗或碗盖或筷子，也可用塑料飞碟或报纸揉成纸团，当作飞镖，往指定区域投掷。也可以灵活利用身边的物品，开展投掷练习。

★ 游戏5：袜子回家。

适合年龄班：小班。

目标：练习往前上方投掷，巩固挥臂、甩腕动作，发展投掷动作技能，注意培养投掷动作中的出手角度意识，能积极参与体育游戏活动，体验体育游戏活动的快乐。

玩法：雨伞撑开、倒挂，伞面距地面1.2~1.5米。将若干废旧袜子卷成团或用帽子卷成团（改为游戏"帽子回家"）。幼儿站在雨伞四周1.2~1.5米处，拿起袜子团，往雨伞里扔。如果袜子团掉下来，可以再捡起来，继续往里扔。也可以用纸团代替袜子团，让幼儿反复练习往前上方投掷物品。

★ 游戏6：投过小河。

适合年龄班：中班。

目标：练习投远（设定目标距离），发展投掷动作技能，培养团队合作精神，激发幼儿集体竞赛游戏活动的兴趣，体验集体共同努力获胜后的快乐。

玩法：在场地中央画2条间隔4~5米的平行线（或拉2条长绳），两条线之间的区域当做河面。幼儿分为两组，分别站在河的两岸，往对面扔沙包。注意，不要打到对面的幼儿。也可以两组进行比赛，在限定的时间内（或限定沙包数量），向对岸投沙包。以投过小河沙包数量多者为胜。或限定时间和双方的沙包数量，同时向对岸投掷沙包，将对方投过来的沙包捡起来，继续扔回对岸，当时间结束时，自己所在区域沙包数量少者为胜。

★ 游戏7：赶小猪。

适合年龄班：中班。

目标：玩法一，练习各种与投掷动作紧密相关的动作，如摆臂，手腕的各种摆、抖、甩等精细动作，发展投掷动作技能，提升手、眼、脑协调能力及动作的协调性、灵活性。玩法二，练习手脚爬、挥臂动作，向活动目标投掷、提升投掷动作技能，锻炼综合运动技能，激发幼儿参与游戏活动的积极性，体验参与体育活动的乐趣。

玩法一：将大皮球（或用塑料小猪模型代表小猪）分散放在地面上。幼儿使用自制的鞭子（在小木棍的一端绑上一根小短绳）或羽毛球拍或小木棍儿拨弄"小猪"，使其滚动到指定的区域，可以在地面上画出方格，代表猪圈。也可以设置一条起始线，几名幼儿同时赶"小猪"，看谁赶"小猪"走得又快又好（不越过指定的路径）。还可以设置一些其他道具和情境，如设置一个相互交叉的路径，让幼儿各自赶着自己的"小猪"或沿规定的路线赶"小猪"等。

玩法二：将幼儿分为两组，小猪组，手脚着地爬行，代表小猪；赶猪组，用自己制作的鞭子赶着"小猪"，向指定的区域（可以在地上画出方格，代表猪圈）走；也可以用纸团或沙包投掷随意乱跑的"小猪"，驱赶"小猪"到预定的"猪圈"。幼儿完成赶猪任务后，两组幼儿可以互换角色，继续游戏。

教法建议：玩法一中，中班的"赶小猪"游戏应该比小班的"赶小猪"游戏在内容和难度上有所不同。小班"赶小猪"是让幼儿用手直接拨弄球或模型，中班"赶小猪"是让幼儿使用道具拨弄球或小猪模型，这比直接用手拨弄、控制更难。这是对锻炼手腕力量控制的精细动作，同时，挥鞭赶"小猪"包含了挥臂动作的练习。中班"赶小猪"游戏还可以引入比赛环节，采用分组比赛的形式，培养幼儿的竞争意识，提高游戏的趣味性。而玩法二则结合手脚爬练习，让幼儿直接扮演小猪，使游戏的趣味性更强，得到的动作锻炼更多。

⭐**游戏8：火箭上天、嫦娥奔月。**

适合年龄班：中班。

目标：练习向高处静止目标投掷，既锻炼投掷高度、远度，又锻炼投掷准确度，发展上肢肌肉力量，提升单手肩上投掷的动作技能。

玩法：把手工折纸课折好的纸火箭或纸飞机当作投掷道具。先设定投掷目标高度，让幼儿往设定的目标平台上投掷纸火箭或纸飞机。可以将两张桌子叠放，搭成投掷目标高台，或用较高的窗台作为目标平台，或拉一条高1.5米的横线，让幼儿投掷纸火箭或纸飞机越过横线。

如果将悬挂的呼啦圈（距地面高度1.5~2米）作为投掷目标，让幼儿往呼啦圈内投掷纸火箭。这样"火箭上天"就成了"嫦娥奔月"。为了适应不同幼儿投掷水平不同的需求，呼啦圈悬挂的高度可以不同。投掷能力弱的幼儿先投掷较低的呼啦圈，然后逐步提高投掷高度。

⭐**游戏9：小猎人。**

适合年龄班：中班。

目标：练习静止大目标的投准，锻炼上肢肌肉及动作协调性，发展单手肩上投掷动作技能，激发幼儿参与投掷游戏的兴趣，体验投中目标后的快乐。

玩法：幼儿扮演小猎人。场地内划定投掷起始线，起始线前方2~3米处设置"动物活动区域"，分散放置若干动物模型玩具，如兔子、小鹿、熊等毛绒玩具。幼儿站在起始线内，用沙包向动物投掷。凡击中动物1次，即可获得1张动物图案的精美卡片（或其他小奖励）。限定每人投掷的次数（指投掷沙包的数量），获得卡片最多的人将获得"神枪手猎人"称号。也可以分组比赛。

教法建议：按《指南》要求，中班投准练习的大目标直径约60厘米，距离地面约2米高，距离起始线2~3米远。因此，"动物活动区"的动物模型应稍大一些，以提高幼儿的命中率，激发幼儿获得成功的积极性和成就感。如果没有合适大小的动物模型，可以用KT板上的动物形象或墙面上较大的动物贴画（贴画直径约60厘米）作为投掷目标。

★ 游戏10：看谁投得远。

适合年龄班：大班。

目标：练习侧向肩上投远，学会运用全身各部位协调用力，实现投远的投掷目标，能参与投掷游戏，具有竞争意识和规则意识，体验通过努力获胜后的快乐。

玩法：划定4、5、6、7、8米等不同距离的区域，让幼儿站在起始线后向远处投掷沙包，或用皮球（代表飞碟）向指定方向的远处投掷。每位幼儿有3次投掷机会，以最好的成绩作为最终成绩。

★ 游戏11：看谁投得准。

适合年龄班：大班。

目标：练习投远和投准，发展侧身肩上投掷动作技能，提高投远、投准的能力及动作的协调性，能积极地参与竞赛类体育游戏，培养竞争意识、规则意识和团队意识，感受通过努力获胜后的成功和快乐。

玩法一：幼儿分组排队，站在起始线后，依次向5米远处的大盆或大脸盆内投掷沙包，投中1次得1分。经过若干轮投掷，记录每人得分。随着整体投掷成绩的提高，逐步增加投掷目标的距离或缩小投掷目标（如大盆换成小盆）。

玩法二：以场地中央某点为圆心划定不同半径的系列同心小圆圈（半径分别为10厘米、20厘米、30厘米、40厘米、50厘米），幼儿分散站在距圆心5~6米的圈外，向中央小圆圈处投掷沙包。投中最外层的圆圈（半径50厘米）得1分，越往内层的小圈得分越高，依次是2分（半径40厘米）、3分（半径30厘米）、4分（半径20厘米）、5分（半径10厘米）。限定每人投掷的次数，记录每人的投掷成绩，看谁得分最高。

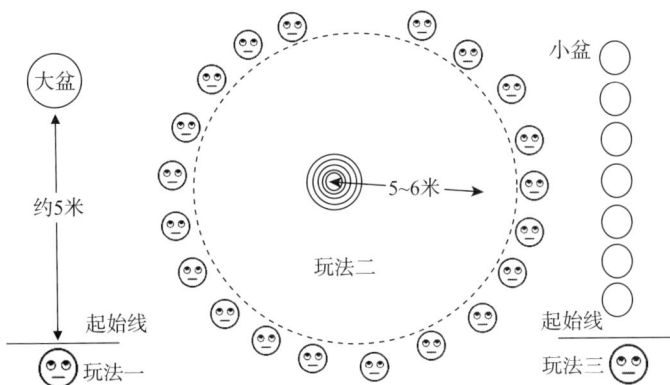

图5-13 "看谁投得准"游戏场地示意图

玩法三：每组队前方放置若干脸盆，脸盆距离起始线分别是1米、1.5米、2米、2.5米、3米、3.5米、4米。每组队成员按顺序依次往不同距离的脸盆内投硬币或小纸团。投掷远近自由选择，凡投中1米处脸盆得1分，投中1.5米处脸盆得2分，依次类推，投中越远，得分越高，没有投中任何脸盆则不得分。每人投掷3次，记录每组队各成员的得分之和，总成绩最高的团队获胜。

★ **游戏12：打怪兽。**

适合年龄班：大班。

目标：练习活动目标的投准，追逐跑，锻炼在运动中进行投掷的能力，培养勇敢的精神品质，能积极投入游戏角色，体验角色游戏的乐趣和努力获胜后的快乐。

玩法：幼儿分为两组，勇士组、怪兽组。怪兽组在前排，勇士组在相隔5米的后排。教师发出口令后，勇士组追赶怪兽组，边追边向怪兽投掷沙包，打中怪兽1次的勇士嘉奖1分，打中2次奖2分，以此类推。怪兽到达终点处，勇士停止击打怪兽。两组互换角色，进入下一轮游戏，规则同前。两轮游戏结束。嘉奖得分最多者为最勇敢的勇士。

★ **游戏13：奔向月球。**

适合年龄班：大班。

目标：通过投飞碟练习挥臂、甩腕，锻炼不同物品的投掷技巧；体验多种投掷物的不同投掷方法，积累投掷经验，提高综合身体素质。

玩法：悬挂一个呼啦圈代表月亮，高度2~2.5米，幼儿站在3~4米远处往呼啦圈内投飞碟。为减少消极等待的时间，可以悬挂多个呼啦圈，幼儿分组同时投飞碟。利用分组，还可以进行团队PK赛。

教法建议：投飞碟属于挥臂投，主要难点是挥臂、甩腕，虽然这也是单手肩上投沙包的难点，但与单手肩上投沙包还是有所区别。飞碟投准既有不同投掷物的投掷方法差异，也有投掷出手角度的体验式练习。实际上，投掷动作练习的内容较多，除了重点讲的肩上投，还有前面提到的滚、抛球，以及此处的挥臂投等。

★ 游戏14：猎人和鸭子。

适合年龄班：大班。

目标：练习移动目标的投准，锻炼侧向肩上投掷技能，提升投掷的准确度，能积极参与投掷游戏角色，体验到角色游戏的乐趣。

玩法：幼儿分为两组，一组扮演猎人，一组扮演鸭子。猎人组用纸团打鸭子，鸭子在河里自由游动。鸭子组幼儿在指定的区域内自由走动，方向和快慢不限，鸭子见猎人向自己投掷，应有意躲避。在规定的游戏时间结束后，猎人组和鸭子组互换角色，继续游戏。

教法建议：猎人组和鸭子组的人数可以平分，也可以2/3的人扮演猎人，1/3的人扮演鸭子，可以根据参加人数采用不同的分组方法。分两组时，多数情况是两组人数对等，部分情况是2:1。分组方法需要灵活运用，总的原则是，应有利于提高游戏的趣味性和游戏顺利进行，有利于更多人参与动作练习。

★ 游戏15：通过封锁线。

适合年龄班：大班。

目标：练习向移动目标投准、滚球及躲闪跑，锻炼目测能力、快速反应能力及手眼的协调能力，发展投掷动作技能和快速躲闪能力；能积极投入游戏角色，培养竞争意识和团队意识，体验努力获胜后的成就感和快乐。

玩法一：甲乙两队，各占有自己的领地，两队领地间有特定的通道（3×4米），通道也是封锁区，禁止任何成员进入。游戏开始后，甲队成员站在自己的领地边沿通过封锁区向乙队领地投炮弹（海绵球或沙包），乙队成员站在自己领地的边沿用各种办法阻挡炮弹投进自己的领地，阻挡方法包括手接挡、身体阻挡、借助硬纸板或球拍阻挡。甲队投完所有的炮弹后，计数乙队领地内的炮弹数。然后由乙队向甲队领地投炮弹，方法和规则同前。乙队投完所有的炮弹，计数甲队领地内的炮弹数。中弹数量少的团队获胜。

玩法二：甲乙两队排成两横队，相对站立，两队间距8~10米。两队中间特定区域为通道区（宽2~3米），也叫封锁区、危险区。两队成员轮流依次快速穿越封锁区。当有人进入封锁区时，对方组的成员向封锁区内滚皮球（篮球或足球），穿越者要躲避滚动的皮球，凡被皮球触碰到，表示自己被滚石砸中，穿越失败。通过封锁区的人一律回归自己的原位，继续参与向对方穿越者滚球。两队所有成员都完成穿越封锁区，最后计数成功穿越（没被滚球打中）的人数，成功穿越人数多的团队为获胜方。注意：穿越封锁区时，不能超越或踩碰封锁线，否则算作被滚石炮打中。

玩法三：甲乙两队排成两横队，相对站立，两队间距6~8米。两队正中间的狭窄区域为通道（宽约1米），也是封锁区。游戏开始后，两队成员轮流依次快速穿越封锁区。通过封锁区时，对方组的成员向封锁区内正在快速穿越的人投弹（海绵球或沙包）。通过封锁区的人一律迅速回归自己的原位，继续参与向对方穿越者投弹。两队所有成员都完成穿越，最后计数成功穿越（没被炮弹打中）的人数，成功穿越人数多的团队为获胜方。注意：穿越封锁区时，不能超越或踩碰封锁线，否则算作被炮弹打中。

教法建议：为了适当降低突破封锁区的难度，两队成员站立的位置距离封锁区不能过近，否则被打中几率过高；也不能太远，否则大部分幼儿无法将炮弹投到封锁区。也可以变换游戏规则，如，通过封锁区的人可以手拿硬纸板抵挡，炮弹打中纸板不算穿越者中弹。这样能提高穿越封锁区的"幸存者"。投掷物采用柔软、轻便的海绵球、报纸球、软沙包，不宜采用硬球，以免造成伤害。

⭐ **游戏16：套圈比赛。**

适合年龄班：大班。

目标：练习不同距离的静止目标投准，发展投掷动作技能，提高投掷的准确度、动作的协调性；具有规则意识、竞争意识、团队意识；能积极参与比赛类游戏，体验到游戏比赛获胜后的快乐。

玩法：幼儿分为两组，排两路纵队分别站在起始线后，各队前方依次往前摆放若干锥形筒，分别距起始线1米、1.5米、2米、2.5米……从排头幼儿开始依次往锥形筒上套圈。凡套中1米处的锥形筒得1分，套中1.5米处的锥形筒得2分，以此类推。每人有3次套圈机会。可以两个团队比赛，也可以小组比赛，采用积分制。团队赛，每个团队不少于10人；小组赛，每小组成员3~6人。

教法建议：游戏规则可以灵活变换，如，锥形筒与起点线的距离固定（没有不同距离的锥形筒可供选择），每个团队拥有的套圈数量固定，可以派出小组成员，将未套上的套圈捡回来，重新投掷，直到全部套上。用时最少的团队获胜。

第六章 幼儿钻爬动作发展

第一节 钻爬动作发展基础知识

一、钻爬动作的概念及意义

1.钻的概念及意义

钻，是指紧缩身体从较低的障碍物下通过的一种动作。钻，这个动作对于幼儿来说，非常有趣味性和实用性，具有较高的综合锻炼价值。经常练习钻这个动作，能增强幼儿腿部和腰背部的肌肉力量，发展身体动作的灵敏性、柔韧性及平衡能力，同时，还能发展幼儿的空间知觉。

2.爬的概念及意义

爬，是指通过人体上肢（肩、肘、手等）和下肢（膝、脚等）之间各关节的相互协调、配合向前移动的一种动作。爬行动作需要上肢和下肢之间各关节的相互协调、配合，主要涉及的关节有：上肢的肩关节、肘关节、手腕关节，下肢的髋关节、膝关节、脚踝关节等。熟练地完成爬行动作，除了上、下肢的协调与配合，还需要躯干（背部和腹部）的协调与配合。因此，练习爬行动作能有效地锻炼幼儿四肢及腹背肌肉力量，尤其对于力量发展较弱的幼儿，更需要加强这方面的练习。其实，不论是哪个年龄班的幼儿，爬都能促进其身体全面发展，提高其动作的灵敏性和协调能力，提高身体的耐力。

二、钻爬动作的类型及动作要领

1.钻的动作类型及要领

根据身体面对障碍物的不同方位，钻的动作主要分为正面钻和侧面钻。

（1）正面钻。

正面钻时，身体面对障碍物，屈膝、下蹲、弯腰、低头、紧缩身体，两脚交替向前移动，从障碍物下面穿过（图6-1）。

图6-1　正面钻动作示意

正面钻要求：面对障碍物，头先从障碍物下钻过，紧接着，身体和腿从障碍物下钻过。根据障碍物下局域空间大小，选择屈膝弯腰钻或全蹲钻。当障碍物通道较长，一般选择正面钻。如，钻兜网、钻纸箱、钻桌子、钻桥洞、钻山洞。

（2）侧面钻。

侧面钻时，身体侧向障碍物，屈膝、下蹲，一条腿先从障碍物下面伸过，接着，低头、弯腰、紧缩身体，同时蹬地，移动身体重心，从障碍物下方通过（图6-2）。

图6-2　侧面钻动作示意

侧面钻要求：身体侧向通过障碍物，通常是一条腿先从障碍物下通过，再通过头和躯体，最后通过另一条腿。要通过的障碍物局域空间较小且距离较短时，一般选择侧面钻。如，钻网格较小的栅栏门、钻呼啦圈、钻相框、钻梯子等。

2.爬的动作类型及要领

根据身体着地部位不同，将爬分为手膝爬、手脚爬、匍匐爬、侧身爬、仰身爬等5种类型。

（1）手膝爬。

要领：双腿弯曲，双手、双膝、双脚脚趾同时着地，与肩同宽，四肢配合运动，向各个方向爬行。

（2）手脚爬。

要领：双手、双脚前脚掌同时着地，双腿略弯曲，膝盖不着地，四肢配合运动，向各个方向爬行。手脚爬，类似猴子爬，根据身体移动的方向及手脚动作差异，包括向前爬、向后爬、侧向并步爬、侧身交叉爬、原地转圈爬等动作。

（3）匍匐爬。

要领：身体正面紧贴地面，头稍微抬起，屈回右腿，伸出左手，用右脚的蹬力和左手的扒力使身体前行，依次交替动作（图6-3）。

图6-3　匍匐爬　　　　　　　　　　　　图6-4　侧身爬

（4）侧身爬。

要领：身体的一侧着地，头稍抬起，着地一侧的胳膊肘向前屈，没着地一侧的腿屈回蹬地，以着地侧胳膊为支撑点，推动身体向前移动（图6-4）。

（5）仰身爬。

要领：身体仰面朝上，头朝向终点，双手和双脚着地，指尖朝侧前方，双膝弯曲，仰撑于地面，臀部不着地（图6-5）。一般采用同侧手脚同步配合行进，仰身爬也可以采用双肩着地、配合双脚蹬地爬行。

上述讲的是单人爬行动作。除此之外，爬行动作还可以延展出两人或多人协同爬行。如，前面的幼儿手膝爬，紧跟其后的幼儿两手分握前面幼儿的两个踝关节，双膝着地，协同向前爬行（图6-6）；或前面幼儿手脚爬，紧跟后面的

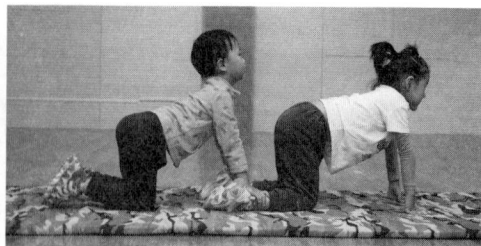

图6-5　仰身爬　　　　　　　　　　　　图6-6　协同爬

幼儿弯腰，两手搭扶前面幼儿的臀部，一起向前爬行；或如前所述，3人或更多人组合，协同向前爬行。

第二节　钻爬动作教育及游戏策略

一、幼儿钻爬动作发展的特点

钻，是幼儿比较喜欢的活动内容。只要看到较低的障碍物或有空隙的地方，幼儿都喜欢想方设法通过。但是，由于幼儿的空间感知能力和判断能力较差，有时还不能较好地运用屈腿、弯腰和紧缩身体的动作，所以往往不能迅速、准确地通过障碍物。随着年龄的增长、经验的丰富、动作能力的发展与提高，大班幼儿已能比较灵活、协调、准确地钻过各种障碍物。

爬，是孩子最早学会的身体移动技能。7~8个月的婴儿便开始用腹部着地爬。乳儿时期，基本上学会了手膝爬的动作。3~6岁幼儿仍喜欢做爬的动作。幼儿时期，幼儿手膝着地爬的动作一般掌握得比较好，他们都能熟练而灵敏地在低的障碍物下面爬来爬去，动作也比较灵活、协调，而手脚着地爬及爬越的动作显得有些笨拙，但经过多次练习后，这类动作也能变得比较灵敏、协调。

在爬的过程中，如果遇到障碍物，就有爬越和钻爬的动作。爬越较小物体或较低障碍物时，则要求身体任何部位都不能碰到障碍物；当越过较大或较高的障碍物时，身体各部位都可以碰到障碍物；当遇到障碍物中间或下方有较大的空隙时，可以用钻爬的动作来完成。无论哪种形式的爬，都要求做到动作灵活、协调。

二、钻爬动作发展的教育策略

幼儿钻爬动作发展的教育旨在教会幼儿正确钻爬的方法，通过钻爬动作练习促进幼儿身体各部位肌肉、韧带和内脏器官的生长发育，提高其机能，发展灵敏、协调和力量等基本身体素质，培养幼儿勇敢、顽强、自信等意志品质。

1.幼儿钻爬动作技能教育的基本内容和方法

幼儿钻爬动作发展教育的基本内容包括前面提到各种钻爬类型及综合运用钻爬的能力。不同年龄班的幼儿练习钻爬动作的侧重点有所不同，练习方法也应根据不同年龄班幼儿的身心发展规律和特点进行选择。主要内容可以简单地概括为表6-1所示。

表6-1　幼儿园钻爬动作技能教育的主要内容及练习方法

班级	主要内容	练习方法
小班	正面钻过障碍物 手膝爬	钻过小山洞 从悬挂的绳子、橡皮筋或搭起的竹竿（约70厘米高）下钻过 手持呼啦圈等轻便物，让幼儿钻 沿着直线向前爬、斜坡爬 手脚着地爬越过离地面约20厘米高的竹竿、橡皮筋或横绳网等 钻爬过低矮的障碍物，倒退爬
中班	侧面钻 手脚爬	连续钻，钻过较长的小山洞 钻过60厘米高的障碍物 两人举手搭门洞（多组合）连续钻 手脚着地协调地快速爬 运用多种形式的爬连续爬约10米
大班	灵活运用各种钻爬技能穿越各类障碍物 匍匐爬	不碰障碍物钻 钻不规则的山洞 在平网下匍匐爬 侧身爬 仰身爬；双手抓绳或杠、双脚着地式仰爬

2.幼儿钻爬动作发展的教育建议

组织幼儿钻爬动作练习，首先应考虑幼儿身心及动作发展的特点和规律，同时注意以下几点。

（1）提高对幼儿钻爬动作练习的认识，在幼儿体育教学及游戏活动中积极创造条件，让幼儿发挥童趣，多做钻爬动作练习，充分享受钻爬的乐趣。

（2）为保证每次活动的运动密度和强度，钻爬练习最好结合跑、跳等动作游戏。这样安排，既能加大全身的运动量，又能提高幼儿参与运动的兴趣。

（3）为了增加运动的趣味性，提高幼儿参与运动的积极性，避免枯燥的单纯动作练习，可将钻与爬的动作相结合，贯穿于情境游戏中。同时，也可以结合其他多种动作练习，如走、跑、跳、投等。

（4）无论正面钻，还是侧面钻，在钻的时候，教师应提醒幼儿，身体尽量不要触碰障碍物。

（5）中班可以在小班的基础上，增加钻爬练习的次数、时间和动作难度。如钻长笼网或攀登架，连续钻多个呼啦圈（拱形门），障碍物的高度降低，连续爬行的距离延长。在此过程中，要求幼儿钻爬动作更熟练、更灵活、协调性更好。

（6）大班钻爬练习应突出综合运用各种钻爬动作的能力训练，不断增加动作难度和复杂程度，设置具有一定挑战性的动作游戏，同时引入团队竞争游戏内容。比如前面提到的匍匐爬（包括正向匍匐爬和侧向匍匐爬），仰爬，两人或多人合作的协同爬行，以及借助悬绳的仰爬（做法：身体仰面朝上，后背接近地面，双手抓握悬绳或绳网，两脚着地，沿绳索或绳网向前行进）。

3.幼儿钻爬动作的问题及纠正方法

实践发现，部分幼儿在做钻这个动作时不会低头，教师要提醒幼儿在钻之前要学会低头、弯腰、双腿弯曲，可以引导幼儿看自己的肚脐，这样就容易让幼儿做好低头的动作了。

4.练习钻爬的体育游戏

★ **游戏1：钻过小山洞。**

适合年龄班：小班。

目标：练习正面钻，发展幼儿钻的能力；锻炼身体的控制能力，提升身体动作的协调性、灵活性、平衡性及准确性，能积极地参与游戏活动，体验情境游戏的乐趣。

玩法：

①准备若干个拱形门和一块长条形滑溜布，拱形门按大约1米的间距摆成"S"形路线，在拱形门上覆盖滑溜布（也可以用其他材料代替），形成一个"山洞"。

②教师创编故事情境，带领幼儿进入情境游戏中，引导幼儿列队，依次钻过"山洞"。可以结合走、跑、双脚连续跳等动作，反复玩"钻过小山洞"的游戏。

★ **游戏2：火车钻山洞。**

适合年龄班：小班。

目标：练习正面钻，发展幼儿钻的能力，提升动作协调能力、身体平衡能力及合作游戏能力，感受集体游戏的快乐。

玩法：两名幼儿面对面，相互搭手站立。若干对幼儿站成两路纵队，形成一条直直的"山洞"。其他幼儿站成一路纵队，后面的幼儿伸出胳膊，将双手搭在前面幼儿的肩上，形成一列"火车"。排头的幼儿双手模拟火车司机开火车的样子，屈膝，身体稍下蹲，带领后面的幼儿钻进"山洞"。钻出山洞后，继续前进，然后转弯，绕场走半圈，再次钻"山洞"。如此循环2~3次后，山洞搭建组与火车组互换角色，继续游戏。为了增强游戏的趣味性，教师可以自编情境儿歌，通过念儿歌引导幼儿正确地钻过"山洞"。本游戏也适用于中班。

★ 游戏3：老鼠钻洞。

适合年龄班：小班。

目标：练习钻的基本动作，发展幼儿听信号、快速做出反应的能力。

玩法：参加游戏的幼儿分成人数相等的3个小组，排成3路纵队。第一组和第二组幼儿每两人手拉手搭成一个"山洞"，两组幼儿形成多个"山洞"。第三组幼儿扮作老鼠。游戏开始，教师扮演老鼠头领，召集小老鼠们唱歌、跳舞，扮演山洞的幼儿也随着哼唱起来。突然，老鼠头领大喊："猫来啦！伙计们，赶快跑吧！"说完，老鼠头领和小老鼠们马上四散奔逃，寻找可以藏身的山洞钻进去。一个山洞只能容纳一个人。最后，会有一个人无洞可钻，这个人必须表演一个节目。然后，由该幼儿当老鼠头领，第一组和第三组的幼儿互换角色，游戏继续进行。

★ 游戏4：钻地道。

适合年龄班：小班。

目标：练习正面钻的动作，发展幼儿钻的动作技能，提升动作协调能力和身体的平衡能力，能积极参与游戏并相互配合，感受集体合作游戏的乐趣。

玩法：将幼儿分为两组。其中一组幼儿排成一横排，每人两手各扶着一个竖起的环（呼啦圈或铁环），等距离地筑起一条"地道"。另一组幼儿排队，按顺序从第一个环钻到最后一个环。然后，两组幼儿互换角色，继续游戏（图6-7）。注意，钻的时候，身体尽量不要触碰到环。

图6-7 "钻地道"游戏示意图

★ 游戏5：蚂蚁搬豆。

适合年龄班：小班。

目标：练习手膝爬，发展平衡能力及身体的灵敏性，能遵守游戏规则，有竞争意识及初步的团队意识，能积极地投入游戏角色，体验集体游戏活动的快乐。

玩法：

①在场地中央画两条平行线（间距约1.5~2米），两条平行线之间的区域当做"产豆区"，将提前准备好的小沙包（代表豆子，其数量应超过幼儿人数的

2~3倍），随机地散放在产豆区。

②幼儿扮作蚂蚁，分成人数相等的两组，分别在产豆区两端的位置（距离平行线5~6米）面对平行线，分散站开。每人在自己站立的地面画一个直径约1米的小圆圈，代表蚂蚁的家（图6-8）。

③教师发出统一口令后，两组幼儿同时手脚着地爬向产豆区。到达产豆区后，小蚂蚁用一只手捡起一个豆子（沙包），放在自己的背上，然后迅速爬回自己的家，将沙包放在家里，再继续爬到产豆区背豆子，直到将所有的豆子全部运完。

为了避免幼儿的双手直接接触地面，可以手拿泡沫砖爬行或戴好手套爬行。

④每个幼儿清点自己运回的豆子数量，合计数量多的团队获胜。

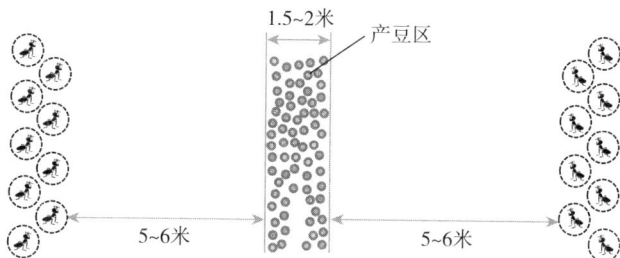

图6-8 "蚂蚁搬豆"游戏场地示意图

规则：

①游戏开始前，所有的幼儿都应站在本组区域内自己的小圆圈里。

②教师发出统一口令后，幼儿从自己所站立的小圆圈开始手脚着地、屈膝爬向产豆区，在搬运豆子的过程中，不能站起来，始终处于爬行状态。

③幼儿必须把沙包放在自己的背上，通过爬行完成搬运，中途不能用手拿回沙包。

④幼儿在搬运沙包的过程中，如果沙包从背部掉下来，需要重新捡起，放到自己的背上，继续搬运爬行。

⭐ 游戏6：好饿的毛毛虫。

适合年龄班：小班。

目标：模仿毛毛虫爬行，练习手膝爬、团身翻，锻炼身体动作的灵活性、协调性，提升动作的模仿能力；了解毛毛虫的爬行特点，丰富生活经验；能积极参与游戏角色，感受体育游戏的乐趣。

玩法：教师创编故事情境，引导幼儿模仿毛毛虫的爬行动作。毛毛虫的身体很柔软，爬行时，身体一弓一伸，模仿其动作时，要引导幼儿采用并手并膝爬的动作方式。模仿毛毛虫时，先手膝着地，练习一下常规的手膝爬，然后双膝并靠、双手并靠（只留很小的间隙），试着双手同时跳跃式向前，接着收腹、收大腿、弓身，双膝同时向前，通过弓身、直身交替向前爬行。爬行中，可以双手离地，将上体稍抬起，模仿毛毛虫抬头寻找食物的样子。爬行过程中，可以穿插做几个团身翻，模仿毛毛虫在树叶上翻滚的动作。

★ **游戏7：开坦克。**

适合年龄班：中班。

目标：练习在限定的空间内进行手膝爬，提升身体动作的协调能力及平衡能力，树立敢于尝试、不怕困难、勇敢、顽强的精神，具有竞争意识，体验到游戏比赛获胜后的快乐。

玩法：

①准备若干个废弃硬纸箱，剪去上、下箱盖，将其制作成纸筒，作为"坦克轮"。

②幼儿钻入"坦克轮"内，蹲下，面向纸筒壁，然后头顶内壁，手膝着地，用力向前爬行，使"坦克"开动起来（让纸筒翻滚）。

③经过开动"坦克"的动作练习之后，可以采用竞赛的形式，从起点开始开动"坦克"，看谁的"坦克"最先到达终点。

规则：

①幼儿必须在纸筒内壁爬行，使纸筒向前滚动。

②教师先指导幼儿熟悉动作，再组织分组比赛。

③游戏比赛需要教师现场指挥，避免幼儿相互碰撞。

★ **游戏8：快钻移动圈。**

适合年龄班：中班。

目标：练习钻的动作，提升钻洞的灵敏性和空间知觉；锻炼目测的能力和身体快速反应的能力，能勇敢地面对失败，敢于尝试和迎接挑战，感受挑战成功后的快乐。

玩法：

①一名幼儿将大圆圈或呼啦圈竖在地面上，向前慢慢推动，使其慢慢地向前滚动。另一名幼儿从侧面跑过来，敏捷地从滚动着的圆圈中钻过去（图6-9）。

②动作熟练后，幼儿分甲、乙两组进行比赛。两个呼啦圈同时从起始线以相同的速度慢慢地滚动到终点线。两组幼儿排队，依次在走或跑的过程中钻过滚动的呼啦圈，凡成功钻过圆圈的队员可获得1个积分。当圆圈到达终点线后，各组队员停止钻圈，统计获得积分多的组为获胜方。

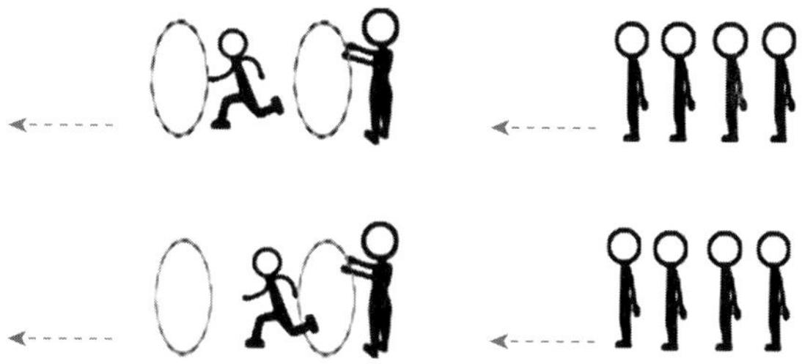

图6-9 "快钻移动圈"游戏示意图

规则：

①钻过圆圈时，身体不能触碰圆圈，触碰圆圈者将不计得分。

②圆圈触碰倒地，需尽快扶起，再从倒地点沿着预定的路线和之前的速度继续往前推进。

③钻过圆圈后，需返回队尾排队，继续跟进游戏。游戏结束前，可以多轮次钻圈。

④必须按队列顺序依次进行钻圈，不得调换顺序，否则所获积分无效。

⑤当有圆圈到达终点线后，表示游戏结束，两队应立即停止钻圈。

⭐ **游戏9：撒网捞鱼。**

适合年龄班：中班。

目标：练习钻的动作，发展幼儿身体动作的灵活性及平衡能力；一起说念信号、听语言信号快速做出反应，锻炼听觉能力、专注力和快速反应能力；体验集体游戏的乐趣。

玩法：

①所有参加游戏的幼儿站成一路纵队，扮作鱼。选出两人，扮作渔网。当渔网的两名幼儿分别起名，一个叫"大海"，一个叫"大河"。

②游戏开始时，当渔网的两名幼儿手拉手、把手架起来当作渔网。其他幼儿（鱼）排成纵队，按顺序从渔网下钻过。同时，全体幼儿一起说："一网不捞鱼，二网不捞鱼，三网捞一条小尾巴、尾巴……鱼。"（"尾巴"二字可以任意重复多次）在说完最后一个"鱼"字时，当渔网的两名幼儿就落下双手，网住一条鱼。然后，悄悄地问小鱼："你是去大海，还是去大河？"如果小鱼回答说"去大海"，就站到叫"大海"的幼儿后面；如果说"去大河"，就站到叫"大河"的幼儿后面，游戏继续进行。最后，当所有的小鱼都捞完了，比比看哪队人数多哪队获胜。

规则：

①当说到"鱼"字时，当渔网的幼儿才能捞"鱼"。

②全体幼儿熟悉游戏后，当渔网的幼儿还可以一网捞到两条鱼。

③注意扮作渔网的幼儿所起的名字，不能让全体幼儿知道。

★ **游戏10：小刺猬摘果子。**

适合年龄班： 大班。

目标： 练习走、跑、手脚爬、攀登、侧身翻滚等多种动作，锻炼身体动作的灵活性、协调性及身体的平衡能力，提升综合运动技能，能积极地投入游戏角色，培养竞争意识和团队意识，感受到经过努力为集体争荣誉的快乐。

玩法： 设置情境，布置好场地（图6-10）。幼儿扮演小刺猬，分为两组。两队小刺猬从场地的一端（起始线）同时出发，先走到草地边缘，爬过草地（2块地垫），钻过山洞（若干呼啦圈用线绳穿连而成，上面可以覆盖滑溜布），然后再爬上山坡（攀登架），从山坡的树上（用若干绑缚在攀登架顶的小棍代替）摘下一个野果子（用带不干胶的野果图片代替，图片可以粘在小棍上），野果子掉在地上（铺好地垫）。小刺猬下来、跑过去，一个侧身翻滚，将果子扎在身上（将野果图片粘在衣服上），然后带着果子，跑回家（起始线），取下果子，继续走刚才的路线、爬上山坡、采摘树上的果子、搬运回家。两队小刺猬按排队顺序有序地采摘和搬运野果，在规定的时间内，带回果子多的小队获胜。

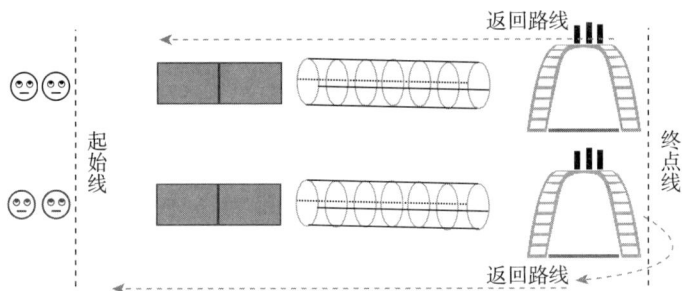

图6-10 "小刺猬摘果子"游戏场地示意图

第七章　幼儿平衡能力发展

第一节　平衡的基础知识

一、平衡的概念及意义

平衡能力是指在人体的状态和位置（局部或全部）发生任何变化的条件下，身体保持相对稳定的能力。平衡能力是人体在多种基本动作发展中所形成的一种身体控制和调节能力，是人体通过各种动作发展练习所形成的一种最基本的活动能力，也是身体素质的一项基本指标。

我们在日常生活和劳动中，需要不断地改变身体姿势和体位，身体的重心也会随之处于不断的变化之中，身体只有处在平衡状态下，才能顺利地完成各种活动。实际上，人体的任何动作和运动几乎都是在维持身体平衡的状态下进行的，尤其是大肌肉的活动，更需要好的平衡能力才能顺利完成。因此，平衡能力的强弱将直接影响人们其他活动能力的发展。

二、维持人体平衡的机制

人体的平衡是通过相关的身体器官活动来维持的。参与维持人体平衡的身体器官分为3个部分，即感受部分、中枢调节部分和效应部分。

1.感受部分

包括位觉感受器、视觉感受器和本体感受器。感受部分用来感受身体（局部和整体）所处的位置和运动状态。

（1）位觉感受器，又称人体位置觉感受器，主要用来感受人体空间体位变化或身体位置和运动速度的变化，位于内耳的前庭和半规管（内耳包括前庭、半规管和耳蜗3个部分，由结构复杂的弯曲管道组成，故又称"迷路"。耳蜗是听觉感受器之一，与听觉有关）。准确地说，位觉感受器是指位于内耳前庭内的球囊斑和椭圆囊，以及位于内耳膜半规管上的壶腹嵴。球囊斑与椭圆囊不仅能感受静止时头部的位置及其变化，还能感受直线变速运动时的位置变化。耳壶腹嵴能感受旋转变速运动时的位置变化。

（2）视觉感受器：是指人视网膜上的视神经细胞。人体视觉的形成始于视觉感受器。通过视觉，我们能直观地感知自己身体与所处环境的位置和状态。

（3）本体感受器：是人体的一种感觉神经末梢装置，位于身体各部位的骨骼肌、肌腱、韧带和关节囊，能感受人体各部位肌肉的张力和压力的变化，能感受关节伸展的程度。

2.中枢调节部分

是指大脑皮质和皮质下中枢神经系统，该系统担负着重要的调节功能。

3.效应部分

主要是指身体各部位的骨骼肌。

当我们身体所处的空间位置和运动状态发生改变时，体内的位觉感受器、视觉感受器及本体感受器能及时地感受这种改变，并将这种感受变化的刺激信号转化为神经兴奋，通过传入神经迅速传入大脑皮质的躯体运动中枢，在大脑皮质神经中枢的调控下，通过传出神经发出的信号来调节身体各部位不同肌肉的收缩，重塑平衡的力学条件，恢复平衡和保持平衡（图7-1）。比如，当公交汽车向右急转弯时，乘客身体会向左侧倾斜，从而导致身体失去平衡，引起体内感受器的神经产生兴奋，并迅速通过传入神经把兴奋传入中枢神经，大脑皮质经过分析、综合后，通过传出神经发出信号来调节肌肉活动，使身体向右倾斜或把两脚分开，或借助扶手来维持身体平衡，使身体不致摔倒。

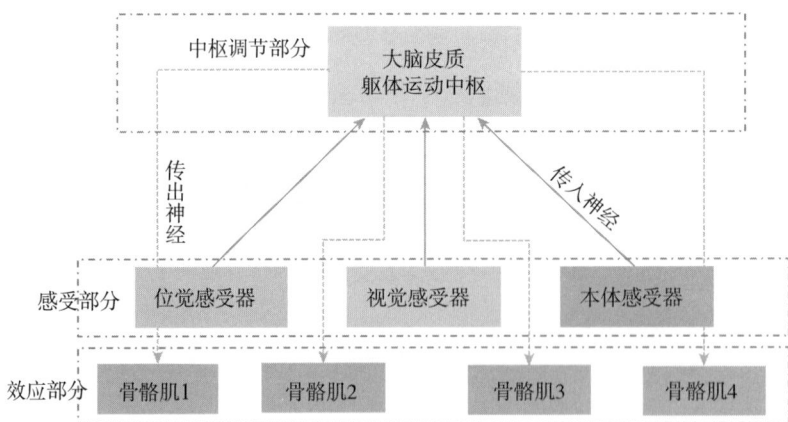

图7-1 维持人体平衡的机制

人体的位觉感受器和本体感受器对维持人体平衡起着非常重要的作用。当我们的身体位置和运动速度有变化或旋转时，位觉感受器神经受到刺激，产生兴奋，传到大脑皮质后，人就会产生位置变化和速度变化的感觉。当这种刺激过于强烈时，就会产生眩晕、呕吐等反应。

人体平衡技能可以通过大量的练习得到加强。事实表明，经常锻炼的人与较少锻炼的人，身体平衡能力的差别往往很大。

幼儿时期，身体平衡能力普遍较差。在进行各种活动时，容易摔倒，直接影响着幼儿的活动。如果能让幼儿有意识地进行平衡训练，提高其平衡能力，可以促进幼儿身体的发展和适应能力的提高。

第二节　幼儿平衡能力发展及游戏策略

一、幼儿平衡能力发展的特点

婴幼儿期，婴幼儿平衡能力较差，走步和跑步时，常常会摔倒；跳跃时，更不容易保持身体平衡。进入幼儿期后，幼儿起初在走、跑时能保持平衡，但当快跑、转弯、突然停止时，容易摔倒。幼儿平衡能力发展很快，随着神经系统和运动器官的发展。6岁幼儿就能掌握像滑冰、骑自行车一类对平衡能力要求较高的运动技能。5~6岁幼儿平衡能力的锻炼收效较显著。女孩比男孩平衡能力强。幼儿抗晕眩的能力比成人高。教育部2012年12月颁布的《3~6岁儿童学习与发展指南》中明确规定了幼儿平衡能力发展目标，见表7-1。

表7-1　3~6岁幼儿平衡能力发展目标

班级	目 标 内 容
小班 3~4岁	能沿地面直线或在较窄的低矮物体上走一段距离 能双脚灵活交替上下楼梯 能身体平稳地双脚连续向前跳 分散跑时，能躲避他人的碰撞 能双手向上抛球
中班 4~5岁	能在较窄的低矮物体上平稳地走一段距离 能以匍匐、膝盖悬空等多种方式钻爬 能助跑跨跳过一定距离或助跑跨跳过一定高度的物体 能与他人玩追逐、躲闪跑的游戏 能连续自抛自接球
大班 5~6岁	能在斜坡、荡桥和有一定间隔的物体上平稳地行走 能以手脚并用的方式安全地爬攀登架、网等 能连续跳绳 能躲避他人滚过来的球或扔过来的沙包 能连续拍球

3~4岁的幼儿在日常活动中，走、跑、跳跃或遇到障碍物躲闪时，一般都能保持平衡，但当他们快跑急停、急转弯或从高处跳下时，往往不能及时调节身体平衡，常常摔倒；在走窄路、走平衡木（板）时，往往出现低头、耸肩、身体左右摇晃等情况，甚至两脚不敢交替向前迈步；提踵站立和单脚站立坚持的时间比较短。

幼儿平衡能力的发展比较快，大班（5~6岁）幼儿的平衡能力已有显著提高。他们走平衡木的姿势基本正确，动作也比较协调、轻松、自然、稳定，而且还能在平衡木上做各种动作练习，如边走边进行上、下肢的各种动作变换或做套圈等动作。在其他动作练习中，幼儿也能及时调整身体姿势，保持身体平衡，以适应运动需要。总之，随着年龄的增长，幼儿的平衡能力也在不断提高，抗眩晕的能力也比成人更强。一般来说，女孩比男孩平衡能力强。

二、幼儿平衡技能发展的教育策略

幼儿平衡技能发展的教育，旨在加强幼儿本体感觉，提高幼儿在各项运动中（如走、跑、跳、钻爬、攀登等）的平衡能力，培养幼儿勇敢、顽强的意志、品质，提高幼儿适应复杂环境的生活能力。

1.幼儿平衡技能发展的教育内容及方法

（1）在平衡木上走或跑。动作要求：走步时，上体保持正直，抬头，眼看前下方，两臂自然摆动或侧平举，两脚交替向前迈步，动作自然、放松。跑步时，身体稍前倾，步幅要比平时小一些，两臂侧平举，两脚交替，快速向前跑动，保持身体平衡。这是发展幼儿平衡能力的基本内容。

不少幼儿在平地窄道上走得很平稳，一旦站在平衡木上等体育器械时就紧张，由于胆怯、内心紧张而无法保持身体平衡。教师应耐心引导、启发幼儿，培养幼儿勇敢、顽强的精神。

在教学过程中，教师首先要把示范动作做得正确、轻松、自然、优美。其次，让胆大、平衡能力强的幼儿先做练习，胆小的幼儿后做练习。开始时，由教师拉着幼儿的手，保护幼儿做平衡练习，多采用鼓励、表扬等方法增强其信心，切不可讥笑、训斥，也不要勉强幼儿。待他们看到别的小朋友做得好且没有危险时，再鼓励他们做平衡练习。一定要遵循循序渐进的原则，逐步提高难度。

在平衡能力训练过程中，要注意强调幼儿的姿势，正确的走、跑姿势对保持身体平衡起到了重要的作用。

（2）跑步急停。动作要求：在跑步或快速走步中，听信号急停，步子要迈得大一些，脚跟先着地。两腿弯曲，降低重心，上体直立，抬头向前看。

跑步急停时，下肢已停止前进，而上体由于惯性，还继续向前运动，这时身体重心容易超出两脚的支撑面，使身体摔倒（图7-2A）。应把最后一步迈大并屈膝，既可以更快地降低速度，又可以加大下肢的支撑面积，降低身体重心，增大身体的稳定性，这样，就不容易摔倒了（图7-2B）。

图7-2 跑步急停的两种姿势

（3）提踵站立。动作要求：两腿直立，两脚跟提起，用脚尖站立，双手叉腰（或两臂侧平举、上举），头和上体保持正直，尽量提踵、立腰、提气。初次提踵练习时，可站立在墙体旁或有围栏扶手的旁边，一手扶物提踵站立，然后脱手做两手叉腰或两臂上举的提踵站立。等基本动作掌握后，再做单足提踵站立练习或提踵行走或向前跑。

（4）单脚站立。动作要求：由直立开始，双手叉腰或两臂侧平举，一脚站立，另一条腿直膝后举，头和上体保持正直、静止不动，两腿伸直，立腰、提气。可先在地面直线上做此动作，等基本动作掌握后，可在低木上做，逐渐过渡到在高木上练习单脚站立。

（5）闭目行走。动作要求：对正目标后，头正，闭目，挺直，步小，脚正，向目标走去。做法：在地上划两条平行线，练习者闭目站在平行线一端，听信号后，沿平行线走到另一端，两臂侧平举，上体正直；闭目直线行进时，两脚不踩线，更不能出线，两条平行线可由宽到窄，逐步提高要求；从可睁眼、不看线行进逐步过渡到闭目行进；可加上闭目直线踢球、摸物等游戏训练，以提高幼儿练习的兴趣。

视觉对感知身体在空间的位置起着重要的作用。闭目后，要保持身体平衡就要靠位觉感受器和本体感受器，让它们承受更多的任务，从而使其得到更大的锻炼。

闭目行走适合4岁以上的幼儿做。幼儿离目标距离应先近后远，但不宜超过5米。

此练习主要以游戏法进行。游戏有"蒙眼摸物""夜袭敌堡""找朋友"等。

（6）翻转练习。动作要求：两人面对面站立，双手互握；翻转时，两人同时向同一方向翻转一圈（图7-3）。也可以改变翻转方向做或连续做，即民间流行的"翻饼、烙饼"游戏。

图7-3　翻转动作示意图

此练习不但能锻炼幼儿的平衡能力，而且能发展肩关节的灵活性和腹背肌肉力量，并培养幼儿的协作精神。

两人可以先并肩站立，彼此的手在头上相握，然后再向后转肩，翻转半周。

此练习适合大班幼儿做。做动作时，速度要先慢后快，注意防止肩部拉伤。

2.幼儿平衡技能发展的教育建议

幼儿平衡技能发展的教育应根据幼儿身心及动作发展的特点，在各项基本动作练习及游戏中，有计划地发展幼儿平衡能力，不能单纯地只强调对幼儿测试平衡动作的练习。虽然这种单项针对性强的平衡动作练习对提高平衡测试成绩有效，但幼儿在实际各种突发情况中所表现出的身体平衡能力仍然较差。实际上，正确、科学的做法应该是：让幼儿在走、跑、跳、投、钻爬等各种基本动作发展练习及游戏中来发展平衡能力，这样的锻炼所获得的平衡能力才更有意义，而不是单纯地练习、测试平衡动作。为此，这里给教师提出以下几点平衡技能发展的教育建议。

（1）在各项动作练习及游戏活动中，教师首先要注意幼儿动作的准确性，注重培养幼儿正确的姿势和体态，在基本动作发展的同时，发展身体的平衡能力，提升幼儿综合身体素质，培养幼儿勇敢、沉着的意志、品质。

（2）动力性平衡动作练习与静力性平衡动作练习交替进行，通常以动态平衡练习为主，静态平衡练习次数不宜过多，避免让幼儿长时间做静止的平衡动作练习。

（3）发展平衡能力的练习活动与其他动作发展及能力培养目标结合起来，强调综合培养幼儿的运动能力。

（4）发展幼儿平衡技能的游戏活动应坚持循序渐进的原则。使用的器械由低到高、由宽到窄；练习动作由易到难，由简到繁，由少到多；选择速度由慢到快，旋转圈数由少到多，逐步提高要求。如，过独木桥活动，由宽桥面逐步过渡到窄桥面；走梅花桩、踩高跷，由低桩逐步过渡到高桩。平衡练习切不可操之过急，否则，不仅会使幼儿产生害怕心理，而且还可能造成意外伤害。

（5）平衡练习的时间必须选在幼儿注意力容易集中、体力比较充沛的时间段进行。因此，平衡练习不宜放在游戏活动的后半程，建议放在活动的前半程。特别强调，不要在激烈的运动后或幼儿身体疲劳时进行平衡练习，以免失控、摔伤。在器械上进行平衡练习时，要注意保护与帮助幼儿，尽量避免意外事故的发生。

（6）平衡练习或游戏不宜采用比赛的形式进行横向评比练习，以规避比赛带来的潜在危险。

（7）充分利用身边现有的自然环境和条件，并不断地调整和改变，让幼儿进行平衡练习。利用自然环境和条件开展的平衡练习活动更有利于激发幼儿的活动兴趣，消除幼儿的紧张情绪，提高练习效果。比如，利用社区周边小溪、河流中的过河石、公园的树桩、花坛边沿、林间窄道等引导幼儿走便道沿、走窄道、走过河石、走田埂等。又如，将生活中收集的易拉罐装满沙子，使之更稳重，再组合、捆绑在一起，当做幼儿平衡练习的道具，既简便又实用。练习时，注意安全，以免幼儿将其踩翻，造成磕碰伤害。

生活中，练习平衡运动技能的活动很多，比如，拓展训练中的"跳过断桥"，要求跳过断桥后，还能保持身体平衡，其实这也是一种很好的动态平衡练习活动。平时，应多带幼儿玩转圈游戏（迷你转、旋转椅或车），对幼儿前庭器官的发育有很好的促进作用。此外，骑滑板车、平衡车或自行车也是一种发展平衡能力的锻炼形式。由儿童三轮车骑行改为两轮儿童自行车骑行，不仅可以锻炼幼儿的平衡能力，而且对幼儿也是一种心理考验和挑战。

3.幼儿平衡技能发展的问题及纠正方法

在部分平衡练习及游戏活动中，比如，初学走梅花桩、过独木桥、骑两轮车等，很多幼儿会产生一种恐惧心理。

通过实践发现很多幼儿在走平衡木时会不由自主地含胸、弯腰、低头，针对这些问题，教师应首先设法帮助幼儿克服胆怯和信心不足等心理障碍，给幼儿充分的安全感和自信心。比如，在走平衡木时，引导幼儿挺胸、抬头，眼睛平视前方；或让幼儿头顶沙包，或用语言提示幼儿"教师在其后肩、后背帮扶"，让幼儿消除内心的紧张感，双眼注视正前方，大胆地抬头往前行走，经过多次练习，教师逐渐放开帮扶，让幼儿独立走平衡木，增强其自信心。特别提醒：在高位平衡练习中，一定要强调眼睛平视正前方，切忌往下看。

4.锻炼平衡技能的体育游戏

准确地说，平衡不是动作，而是指人体的一种能力，人体的任何动作都需要平衡，前面重点讲的跳跃、落地需要平衡，走步、跑步也需要平衡，尤其是走或跑的过程中变方向更需要掌握身体的平衡。其实，走、跑、跳、投等基本动作都需要掌握身体的平衡。因此，这里讲的平衡练习及游戏，重点是教给幼儿怎么做、怎么练。

小班的站立平衡，大多数幼儿做得很好。除了站立平衡（包括单脚站立、提踵站立），小班平衡技能发展的游戏及练习还包括走斜坡、走平衡木、原地转圈、闭目行走等。

⭐ 游戏1：静坐平衡。

适合年龄班：小班。

目标：练习持续静坐，锻炼身体的平衡能力，培养正确的坐姿。

玩法：幼儿坐在靠背椅上，抬头，挺胸，背靠椅背，双手合十放在胸前，也可以将双臂自然地放在前面的桌子上或向前抬起，保持身体的静止与平衡。练好后，再逐渐增加难度，如换成没有靠背的椅子、再换成坐在皮球上保持静止不动。

⭐ 游戏2：金鸡独立。

适合年龄班：小班。

目标：练习单脚站立，锻炼身体的平衡能力；结合手、臂动作变换和头顶置物等变换练习，提升身体动作的协调性、灵活性；能够积极参与有难度的平衡练习，敢于尝试和挑战自我，体验到挑战成功后的快乐。

玩法：幼儿双手叉腰或两臂侧平举，挺胸、抬头，身体保持正直，目视前方站稳，一条腿站立，另一条腿抬起，上身保持不动；间隔一定时间后，换另一条腿站立练习，并逐渐延长站立时间。站立过程中，引导幼儿念儿歌《大公鸡》，以增加练习活动的乐趣。

附儿歌：

大 公 鸡

大公鸡，单腿立，仰起脖子练鸣啼。

小朋友，快快起，来到户外做游戏。

看一看，学一学，展开双臂单腿立。

高抬腿，不落地，金鸡独立真有趣！

变换玩法：双手可前平举或上举或双手半握拳、屈肘、抬腕置于身体两侧；抬起的脚可逐渐增加高度（往前抬或往后抬）；或以头顶物、单脚站立练习，以此增加练习难度和游戏的趣味性，提高幼儿参与练习的积极性。

⭐ **游戏3：奥特曼变身。**

适合年龄班：小班。

目标：练习提踵站立、蹲步站立，模仿各种动作姿势，提高身体的平衡能力和动作模仿能力，锻炼长时间做固定动作的耐心；能积极地投入游戏角色，感受角色游戏的乐趣。

玩法：幼儿分组，分散站立，模仿奥特曼的某个特定动作，抬头、挺胸，踮起脚尖站立，持续10~15秒后，根据教师口令，身体下蹲（全蹲或半蹲）使身高变矮，持续5~10秒后慢慢站起，再慢慢恢复到踮起脚尖站立，如此循环1~2次。

⭐ **游戏4：小哨兵。**

适合年龄班：小班。

目标：练习持续静止站立，锻炼身体的平衡能力，培养正确的站姿；能积极地投入游戏角色，感受角色游戏的快乐。

玩法：在教师的引导下，幼儿分组，在平衡木或平衡板上按一定间距站立，抬头、挺胸，身体正直，保持静止状态15~20秒。在熟练动作的基础上，可以持玩具枪静止站立，模仿解放军站岗的姿势。为了增加练习的趣味性，教师可以创编类似如下《小哨兵》的儿歌，用儿歌引导幼儿掌握其动作要领。

附儿歌：

小 哨 兵

小哨兵，来站岗，抬起头，挺胸膛。

两眼看，正前方，双手握，红缨枪。

头要正，站稳当，雄赳赳，气昂昂。

小哨兵，来站岗，学标兵，好榜样。

⭐ **游戏5：原地转圈（迷你转）。**

适合年龄班：小班。

目标：练习原地转圈，听口令调整转圈的速度和方向，学习如何保持原地转圈、不偏离，发展平衡能力和身体动作的协调性。

玩法：幼儿先分散站开，每名幼儿以两脚所站距离为圆心，画一个直径约50厘米的圆圈。教师充分发挥儿歌、童谣语言的引导作用，通过类似如下的《星球迷你转》儿歌，引导幼儿积极参与平衡练习。

附儿歌：

星球迷你转

红星球、绿星球，圆圆小球转起来。

小朋友们站圈内，原地转圈不离位。

迷你转、随风转，大风来了快快转。

向左转、向右转，晕不晕，睁眼看。

教师一边说着儿歌，一边示范原地转圈。幼儿模仿教师动作。教师提醒幼儿，原地转圈要求双脚不能离开脚下的圆圈，开始慢慢地转，掌握动作要领后，逐渐加快速度。在加快转圈速度的同时，也要注意不能偏离脚下的圆圈。睁开双眼原地转圈熟练后，再练习闭目旋转。

教法建议：初次练习转圈，脚下的圆圈可以画得稍微大一些，等动作熟悉后，再进入小圆圈转圈。如果在转圈的过程中，偏离了圆圈，需要暂停，调整位置，重新站回圆圈内，再继续转圈练习。每次转圈练习的时间不宜过长，转3~4圈后，暂停一下，调整转圈的方向，向左转与向右转交替进行。

⭐ **游戏6：走圆木。**

适合年龄班：小班。

目标：练习走圆木，锻炼身体的平衡能力，提高综合运动技能及在各种环境下的活动能力；能积极参与各种条件下的体育活动，体验体育游戏的乐趣。

玩法：利用环境中已放倒的大树干或圆柱形水泥电线杆，让幼儿在上面行走，也可以让幼儿迈过放在圆木上的障碍物，还可以让幼儿在树干上侧向走（横着走）或向后退步行走。练习时，先练习走粗大的树干，再练习走较细的树干；先练习正向走，接着练习侧向走，最后退步行走。

⭐ **游戏7：风车迎风转。**

适合年龄班：小班。

目标：练习原地转圈和拉伸转圈，发展身体的平衡能力；能注意听口令并按口令信号变换动作，发展倾听能力、语言理解能力及反应能力，具有规则意识，能遵守游戏规则；能积极参与角色游戏，感受角色游戏的乐趣。

玩法：全体幼儿分成3~4组，按组别站成不同的圆圈队形，代表不同的"风车"。游戏前，教师给幼儿讲解语言信号的含义。"风车"根据不同的信号做出不同的转动。如说："风来了，小风车转起来了！"表示每个人原地自转；

"风变大了。"表示每个人张开双臂，原地自转并加快转速。"风好大呀，大风车转起来了！"围成圆圈的幼儿互相手拉手转大圈；"风变小了！大风车停止转动，小风车仍在转。"幼儿停止拉手，变为原地自转；"风停了，小风车也不转了。"所有的幼儿停止自转，蹲下休息……谁做错了，就暂时离开队伍，绕着场地边缘跑圈。游戏2~3分钟后结束，离开队伍人数少的团组为获胜方。与发出的信号转得不一致的幼儿需要绕场地边缘跑圈。自转的速度不要太快，不同信号的变换间隔时间不要太长，避免幼儿旋转时间过长。

★ **游戏8：跳圆圈舞。**

适合年龄班：中班。

目标：练习各种形式的旋转动作，在身体旋转过程中，能协调、配合做一些上、下肢动作练习，锻炼身体的平衡能力，提高身体动作的协调、配合能力；提升综合运动技能及学习能力；感受体育游戏活动的乐趣。

玩法：在小班原地转圈游戏的基础上，先练习单人圆圈舞。幼儿分散站立，相互间保持1.2~1.5米的距离。通过教师示范动作，上臂抬起，保持某个特定的动作姿势，原地转圈。然后，练习双人拉手转圈、三人或多人拉手转圈。在拉手转圈的过程中，可加入适合幼儿的圆舞曲音乐，要求幼儿的动作与音乐契合。同时，加入一些其他的上、下肢动作，如向前或向后踢腿，左右摆手、摆臂、上举臂等动作。

★ **游戏9：小羊过河。**

适合年龄班：中班。

目标：练习走平衡木、走梅花桩，发展身体的平衡能力，锻炼不怕困难、团结协作的合作精神、品质；能积极地投入游戏角色，感受角色游戏的乐趣。

玩法：将幼儿分为甲、乙两队，分别扮演小羊。教师可以创编羊村的故事情境，通过故事情境引出两队小羊要过河。两队小羊列队，比赛过独木桥（走平衡木）、踩石过河（走梅花桩）等。

变换玩法：可以在故事情境中增加"小羊要将部分物品搬到河对岸"的游戏情节，引出幼儿持物（所持之物为小物体）过桥或过河时传物体（如书本、皮球或其他小玩具等）。

★ **游戏10：蚂蚁运输队。**

适合年龄班：中班。

目标：练习列队持物走，发展身体的平衡能力；能遵守游戏规则，积极投入游戏角色，体验集体体育游戏的乐趣。

玩法：所有幼儿扮演蚂蚁，分为甲、乙两队，同时顶物列队绕场地走圈。头顶之物可以是沙包、标志盘（为降低游戏难度，可选用大面积接触头顶的物体）、书本、塑料碗等。

变换玩法：双手端一碗水（初练时，为了降低游戏难度，碗里的水不要装得太满），从甲地走到乙地。列队运水，也可以通过团队运水比较运水量的多少，以洒水多者为输。

⭐ **游戏11：不倒翁。**

适合年龄班：中班。

目标：练习手掌托物保持不倒，发展身体的平衡能力和动作的控制力；提升动作的协调性及灵活性；勇于尝试，敢于挑战自我，感受游戏活动的乐趣。

玩法：伸开手掌，掌心放一玩具娃娃，使其立于掌心不倒，看谁持续的时间长。也可以缓慢向前行走，使玩具娃娃保持直立、不倒。

⭐ **游戏12：转到哪里了。**

适合年龄班：中班。

目标：练习闭目提踵转，锻炼身体平衡系统的生理机能，提高身体的平衡能力，遵守游戏规则，培养诚实的品质；学会辨别空间方位，提高空间想象力及逻辑推理能力。

玩法：幼儿站成4路纵队，辨认东、西、南、北4个方向，找出4个方向对应不同事物的名称，如前边是大树、后边是教室、左边是大门、右边是主席台等。然后，按教师的口令闭目转圈。转若干圈后，教师突然喊"停"，幼儿听口令立正站好。这时，教师任意说出一幼儿姓名，让他说出前面是什么方向。如果他说对了，大家为他鼓掌。注意提醒幼儿原地转圈时，不能睁眼。

变换玩法：4路纵队的幼儿听信号后，闭目、提踵、转圈。教师说："面向北停。"幼儿按自己认定的北方停下来，然后睁眼看看，哪队正对指定方向的人数多，多的为获胜方。

⭐ **游戏13：斗鸡。**

适合年龄班：中班。

目标：练习单脚站立情况下的相互推掌，发展平衡能力；提高身体动作的协调性、灵活性，增强团队意识，体验游戏获胜后的快乐。

玩法：场地中间画直径约1米的圆圈。两名幼儿面对面，单脚站立在圆圈内。教师发出"开始"的口令后，幼儿两臂前平举，做出互相推掌或躲闪的动作，迫使对方失去平衡。如果有一方提起的脚落地了或被推出圈外，则为失败。也可以将圆圈直径扩大，派出两个队参赛，每队2~4人，双方队员互相推掌，失败者及时从圆圈内出来，未失败的人继续游戏。直到其中一个队的所有成员都败下阵来，而另一个队仍有队员留在圈内的为获胜方。

规则：幼儿听到教师发出的口令后，才能推人，不能抢先推人。比赛开始后，不能换腿站立。双方只能在圆圈内推闪，不得踩线或跳出圈外，先踩线或跳出圈外的为失败。

⭐ **游戏14：摸黑练"功"。**

适合年龄班：中班。

目标：练习听信号闭目做各种动作，发展身体的平衡能力和空间感知能力；提升专注力、反应能力及规则意识；能积极地参与游戏，感受平衡类游戏的乐趣。

玩法：

①游戏开始前，每人准备一个能遮住双眼的头饰。

②幼儿在场地的不同位置分散站立，每人在自己所站的地面上画一个直径约60厘米的圆圈。幼儿站在画好的圆圈内。教师宣布"关灯"。幼儿戴好头饰，遮住自己的双眼。

③所有幼儿认真倾听教师的口令，按口令在自己画好的圆圈内做出相应的动作。如，"原地踏步走""转圈""原地跑起来""蹦蹦跳跳地跳起来""向上跳、蹲下，再跳起来、再蹲下""跳个圆圈旋转舞""原地学小熊走步"等。

幼儿做完教师指定的1~2个动作后，教师宣布"开灯"。所有幼儿摘下头饰，检查自己是否踩线或移出圈外。凡踩线或出圈的人需要扣掉1分。记录好每人的扣分情况后，大家在自己的圆圈中间站好，戴上头饰，遮好双眼。教师再次宣布"关灯"，然后继续发出不同的动作指令，幼儿继续按指令完成相应动作。

游戏进行若干轮后，统计每人的扣分情况。以扣分最少的为胜利方。

⭐ **游戏15：积木路行进。**

适合年龄班：中班。

目标：练习走窄道、走间隔方砖路，发展平衡能力；提高身体动作的协调性、灵活性及综合运动技能；能积极地参与游戏，有竞争意识，体验比赛游戏的乐趣。

玩法一：将积木放在平整的地面上，拼接成一行（2~3米）。如果积木数量足够，应尽量增加摆放积木的长度，也可以将积木间隔着摆放，摆成　行。幼儿在积木上练习快速行走或跑。也可以按相同的拼接摆放方法，接成两条平行的路线，两条路线间距不少于1.5米。两人或两个团队进行比赛，在脚不掉下积木的情况下，以最快的速度通过积木路线的人获胜。

玩法二：结伴行进，将若干长方形积木摆成一行。两组幼儿各自从积木的一端迎面在积木上行进，到中间时，两人交错而过。积木路线的摆放方法可以参考图7-4。

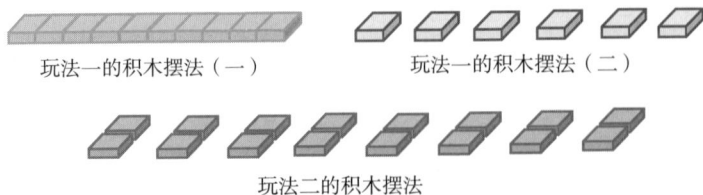

玩法一的积木摆法（一）　　玩法一的积木摆法（二）

玩法二的积木摆法

图7-4　积木路线的摆放方法

★ 游戏16：送小兔回家。

适合年龄班：中班。

目标：练习推着独轮小车走直线窄道，发展幼儿上肢力量、平衡能力及身体动作的协调能力；能遵守游戏规则，积极参与游戏，有集体荣誉感，体验为团队获胜而努力的快乐。

玩法：准备独轮小推车和绒布小兔若干。幼儿分成人数相等的两队或四队，每队分成甲、乙两组，小组成员在距离10米处面对面站好（图7-5）。每队甲组第一名幼儿手推独轮小车，做好准备。

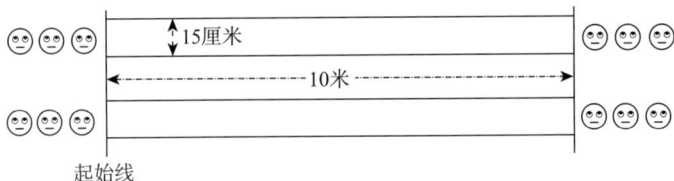

图7-5　"送小兔回家"游戏场地示意图

教师说："小兔要回家，我们去送它。路很窄，地也滑，扶稳把，全不怕。"教师发出信号后，每队甲组第一名幼儿，沿小路推着独轮车（独轮车上放一绒布小兔），走到对面，把小车交给乙组第一名幼儿，自己站到乙组队尾。乙组幼儿以同样的方法进行游戏。当本队所有成员都完成了送小兔的任务后，游戏结束。以最快完成任务的团队为胜利方。

规则：推小车走路要在自己组的行进路线内，不能走入旁边队伍的路线。小车如被推翻，要将"小兔"放回车内，继续推行。小路的长度、宽度可以根据幼儿年龄及动作发展水平而定。

★ 游戏17：摸黑走路。

适合年龄班：大班。

目标：练习闭目行走，发展身体的平衡能力、空间方位感知能力及触觉感知能力；丰富生活经验，能遵守游戏规则，积极参与游戏，感受平衡类游戏的乐趣。

玩法：游戏开始前，每人准备一个能遮住双眼的头饰。在地面上，画出几条直线"道路"，设定起点和终点。幼儿戴好头饰，遮住双眼，在教师统一的口令下，从起点到终点，先练习走直线，看谁走得又直（不踩线、不走出线路之外）又快。接着，练习走曲线，在地面上画出"S"形路线和"C"形路线，幼儿闭目走曲线。最后，练习走圆圈路线，在地面上画出"O"形路线，幼儿沿圆圈路线闭目行走。

变换玩法：蒙眼从甲地到乙地之间运物（球、沙包），所运物品在众多的物品中需要用手触摸、分辨出来。

★ **游戏18：老狼抓羊。**

适合年龄班：大班。

目标：练习闭目行走，辨别声音所在方位，躲闪跑。发展身体的平衡能力、倾听能力、综合判断能力及快速反应能力；能遵守游戏规则，积极投入游戏角色，体验角色游戏的快乐。

玩法：选派一名幼儿扮演"老狼"，其余幼儿扮演"小羊"。蒙住双眼的老狼假装在夜里抓捕小羊。小羊不蒙双眼，但需要携带小铃铛。当小羊走动时，身上的小铃铛就会响，老狼就会闻声找来。小羊保持静止不动，则老狼只能随意瞎摸，寻找小羊。被抓住的小羊与老狼互换角色，继续游戏。

★ **游戏19：老鼠背箱。**

适合年龄班：大班。

目标：练习两人配合着横向走步、后退走步，发展身体的平衡能力及两人相互协调、配合的能力，提升协调、配合的团队意识和精神；能积极地参与游戏角色，感受角色游戏的乐趣，体验团队比赛获胜后的快乐。

玩法：幼儿分为两队，排成两路纵队，分别站在同一起始线后。每队幼儿每两人为一组，两人背对背，利用两个人的后背挤靠纸箱，配合着搬运纸箱，从起始线（甲地）出发，将纸箱搬到6米远的终点线（乙地）。到达后，同队另外两人组合，再用同样的方法，将纸箱从乙地搬到甲地，如此循环、接力比赛。

★ **游戏20：独木桥搬运。**

适合年龄班：大班。

目标：练习单人持长杆走平衡木，双人合作持长杆走平衡木，发展身体的平衡能力，锻炼相互合作的能力，能积极地参与游戏，懂得相互配合，具有团队合作意识和竞争意识，感受团队比赛获胜后的快乐。

玩法：幼儿分为A、B两队。A、B两队幼儿同时开始，每人拿长横杆，过独木桥（走平衡木）。到达对岸后，同队伙伴接过长横杆返回，进行接力比赛。

变换玩法：每队幼儿，每两人前后抬着（扛着或举着）长杆，走过独木桥

（即平衡木）。

⭐ **游戏21：退步走独木桥。**

适合年龄班：大班。

目标：练习在规定的路线内退步行走，发展后退走步动作技能及身体的平衡能力；提升身体动作的协调能力及灵活性；能遵守游戏规则，具有团队合作意识和竞争意识；感受团队获胜后的快乐。

玩法：全体幼儿分为人数相等的两队，站在起始线后（图7-6）。教师发出"向后——转"的口令，全体幼儿向后转，背向河对岸。教师发出"出发"的口令，两队幼儿沿着各自的"小桥"后退走步，到达河对岸。以全体幼儿先到河对岸的队为胜利方。

要求后退走步过"小桥"时，不能踩线或将脚伸到线外，必须听到"出发"的信号后，才可以后退走步过"桥"。

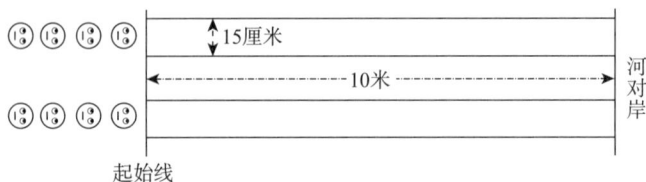

图7-6 "退步走独木桥"游戏场地示意图

⭐ **游戏22：竹马挑战赛。**

适合年龄班：大班。

目标：练习玩竹马、走高跷，发展身体平衡能力、身体动作协调能力及灵活性；能积极地参与游戏，勇于尝试，敢于挑战自我，不怕困难和失败；感受挑战有难度的游戏在努力后获得成功的快乐。

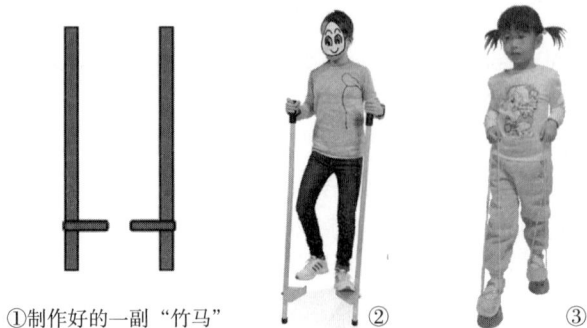

①制作好的一副"竹马" ② ③

图7-7 "竹马"游戏示意图

玩法：准备长1.5~1.8米的木棍若干对，在每根木棍下端距地面高40厘米处，绑或穿插一根长25厘米的小棍，制成"竹马"（图7-7①）。幼儿每两人为一组，各自蹬上"竹马"，做好准备（图7-7②）。教师发出"开始"的口令后，两人各自站在"竹马"上，一边扶竿行走，一边用身体顶推对方，率先落下"竹马"者为败，换下一个人进行挑战。最后一个没被推下者为胜。

规则："竹马"游戏挑战过程中，游戏者只能用身体去推撞对方，或用自身的灵活性躲避对方，以寻找机会进攻，决不能用"竹马"腿去绊倒对方的"竹马"腿。此游戏也可以用曲线竞走的方法进行，也可以用"竹节"或木墩穿绳代替"竹马"（图7-7③）。

⭐ 游戏23：手臂担水功。

适合年龄班：大班。

目标：练习两手侧平举，持物走平衡木、走间隔方砖，发展身体的平衡能力及上肢力量，提升身体动作的协调能力；能积极地参与游戏，感受为团队获胜而努力的快乐。

玩法：准备平衡木、几块方砖（也可以用其他物品代替），装有水的小桶若干个。将幼儿分成人数相等的两队，每人两手各提一个小水桶，两臂侧平举，先走过间隔一步的方砖群，再走过平衡木，把小水桶放在指定位置。以速度最快、掉下来次数最少的团队为胜利方。

规则：两手提水桶时，要求身体正直、稍挺胸，眼看前方，两臂侧平举，大胆地走过方砖群，再走过平衡木。如从方砖或平衡木上掉下来，则需要返回起点，重新游戏。注意水桶内的水不宜装得过满。此游戏也可以改为迎面或往返跑接力赛。

⭐ 游戏24：吹浮球。

适合年龄班：大班。

目标：练习持物走间隔的积木，发展身体的平衡能力及动作的协调能力；懂得团队合作的道理；能够积极地参与游戏，有竞争意识；体验为集体获胜而努力的快乐，团队获胜后的成就感。

玩法：准备水碗4个、小水桶4个（每个桶里放置一个小塑料球）、大桶4个（每桶里装有水）、方积木（或木板）16块。场地布局如图7-8。

幼儿分成人数相等的4队，分别站在4个不同方向的起点线后。教师发出吹哨声，各队排头队员拿起水碗，从大桶里舀满水后，端着水碗，踩着积木行进，将水倒入本队的小桶里，跑回本队后，将碗交给第二名队员。第二名队员接到碗后，按照第一名队员的方法，从大桶里舀水后端起，踩着积木行进，将水送到本队的小桶里，再跑回本队，将碗交给后续的队员。以此类推，直到本队小桶里装满了水，球浮起来后，用嘴将塑料球吹出。以先将球吹出的小队为胜利方。

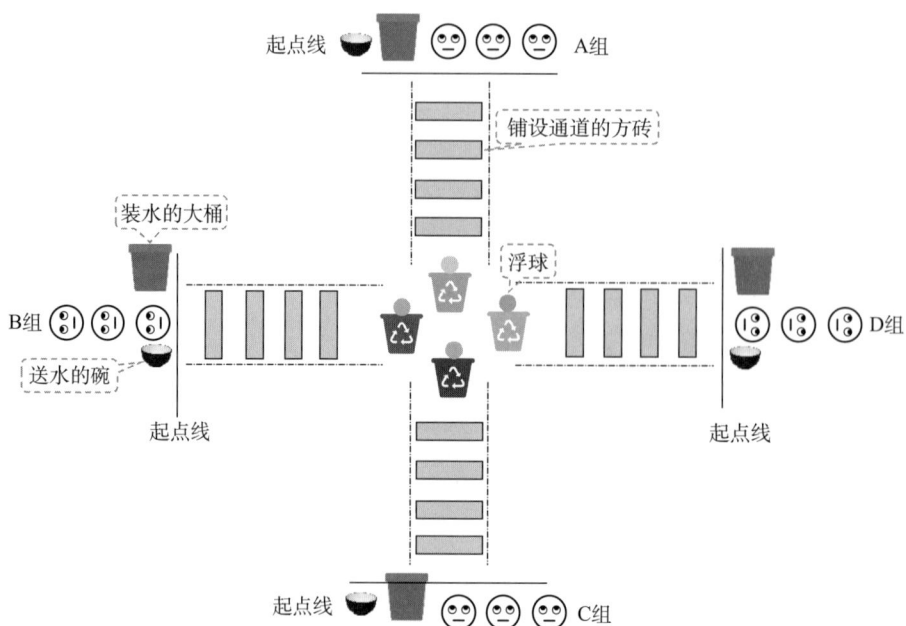

图7-8 "吹球"游戏场地示意图

规则：所有幼儿必须站在本组队的起点线后。必须用嘴将球吹出。

此外，常见的练滚翻、荡秋千、坐转椅等都是发展平衡能力的练习内容。

第八章 幼儿基本延展动作发展

第一节 攀登动作发展及教育策略

一、攀登动作的概念、意义及要领

攀登是指运用上、下肢力量，手脚协调地沿着某种外界物体向上、向下或向平行方向移动的一种动作，如攀登梯子、攀登网架或绳网。

幼儿的攀登动作通常可以双手、双脚同时进行，双手用力抓握器械，使身体移动并贴近器械。移动过程中，要保持身体平衡，双脚需要踩实，用以支撑身体重心。攀登过程中，需要上、下肢协调、配合用力，身体移动的方向可以向上、向下或横向平行。用于攀登的外界物体（或器械）要求稳健、牢固，以保证安全。

攀登动作既强调下肢力量的运用，又注重手脚的协同运动。因此，练习攀登是发展幼儿上、下肢力量和身体协调性的重要手段。练习攀登不仅能增强幼儿双手的抓握力量发展，还能促进幼儿四肢肌肉力量发展及平衡能力，提升其动作的灵敏性及协调能力等身体素质，同时对幼儿良好的心理素质和自信心的形成都有很大的帮助。

二、攀登动作发展的教育策略

1.攀登动作的练习方法

攀登动作练习最简单的常规做法是：给幼儿提供攀登架、肋木架或梯子，让其手脚并用地在上面自由地爬上、爬下。待幼儿熟练掌握动作要领后，再结合其他任务或引入比赛内容。

小班幼儿练习攀登时，教师要注意引导幼儿：首先要双手抓牢器械，脚要踩稳、踩实；在攀登时，手脚动作要协调、配合，注意观察幼儿攀登动作的稳定性。

中班幼儿练习攀登强调动作的熟练度，可以通过攀登方向的变换，如向上、向下、向平行方向等，锻炼幼儿攀登动作的灵活性和敏捷性。

大班幼儿练习攀登可以进一步加强动作的灵活性，强调攀登和攀爬的速度。同时，在攀登的过程中，还可以加入其他动作或规则要求，如攀爬传物、绳网攀登等，以提高攀登动作的难度。

2.教育及游戏活动建议

（1）注意攀登的高度。小班应选择较低的攀登器械，中、大班可以适当增加攀登高度至2米，也可以练习曲线攀登。

（2）积极创设安全、稳定的攀登设施。幼儿园的攀登活动多数借助各种室外中、大型器材，如爬梯、铁网架、绳网。教师也可以根据实际情况增设一些攀登器械，如，利用跳箱、跳台、椅子、梯子、轮胎、长木板等进行组合，设置高低不同的障碍物，引导幼儿进行攀登练习。

（3）注意攀登活动中的安全。攀登活动通常具有一定的危险性，在组织攀登活动时，教师首先要检查攀爬区的场地设施、器材摆放是否安全、合理，清除攀爬器械周边无关的器械，如锥形筒、套圈、石头或其他玩具，避免因碰撞发生意外伤害。教师要提醒并教育幼儿在攀登时不要争抢，不能推搡、拥挤。教师要注意观察，必要时给予幼儿帮助，及时化解安全隐患。

3.攀登动作的游戏案例

★ **游戏1：攀登小能手。**

目标：练习攀登动作、悬垂动作和支撑动作，发展上肢肌肉力量，提升身体动作的协调性和灵活性，能积极地参与游戏，培养勇敢、顽强的精神，体验体育游戏的乐趣。

玩法：

①准备一个牢固的立体式攀登架（图8-1）。

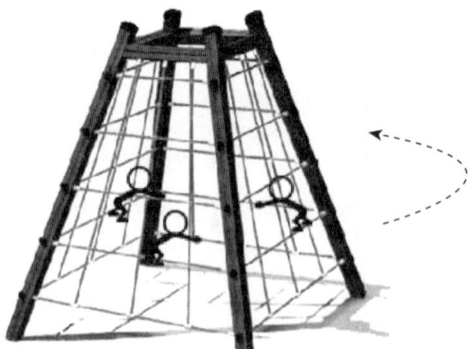

图8-1 "攀登小能手"游戏示意图

②让幼儿在攀登架上自由练习攀登（包括从下往上登顶、再下来，在攀登架上左右横向移动、攀登）、悬垂、在顶端支撑等动作。教师及时给予动作指导

和说明。

③幼儿分成人数相等的甲、乙两组，分别站在攀登架的左右两边。教师发出统一口令后，两组幼儿同时按顺序依次爬越攀登架。最先完成所有队员攀越任务的小组获胜。

④变换游戏：改变攀登方向。甲、乙两组队员攀爬到攀登架中间时，按同一方向横向移动位置，在攀登架上完成一圈的绕行再下来。最先完成所有队员绕行攀登的团队获胜。

规则：

①自由练习时，不要互相推挤、拉扯和打闹。

②头朝下的悬挂式动作练习时间不要过长，以免因为过度疲劳导致摔伤。

③队员在攀登架上横向穿行时，遇到对面来人需要及时、巧妙避让，不要刻意刁难对方，不让其穿行。

★ 游戏2：消防逃生赛。

目标：练习跑步和攀登动作技能，培养勇敢、顽强的精神；了解防火安全及火灾逃生的基本常识，丰富生活经验；能遵守游戏规则，积极地参与游戏，具有竞争意识，体验为团队获胜而努力的快乐及团队获胜后的成就感。

玩法：

①准备一座攀登塔（可用6个等长的梯子相互支撑、捆绑组成一个6面攀登塔），塔上分散捆绑若干红布条（或红色塑料袋）表示火焰；塔顶上也放置一些红布条。场地布局如图8-2。

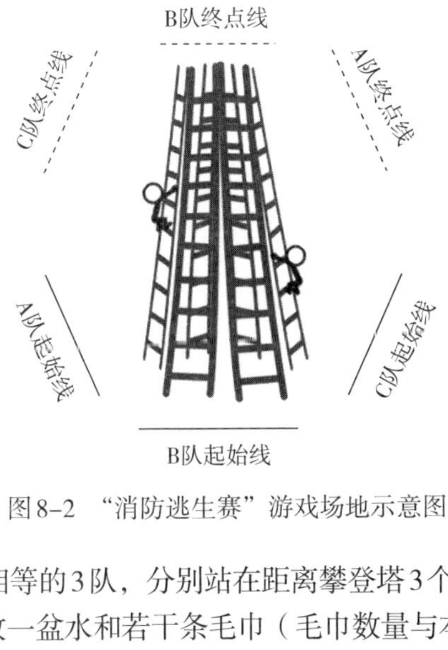

图8-2 "消防逃生赛"游戏场地示意图

②幼儿分成人数相等的3队，分别站在距离攀登塔3个不同侧面5~6米远的起始线后。起始线旁边放一盆水和若干条毛巾（毛巾数量与本队幼儿人数相等）。

③教师创设一个火灾故事情境，引导幼儿进入情境。

④火灾发生后，教师向大家喊话："各位请注意，现在发生了紧急火情。请大家不要慌乱，依次到前面拿毛巾蘸水，用湿毛巾捂住自己的口鼻，按顺序快速到达攀登塔下，爬越攀登塔后进入安全区。现在，请大家拿毛巾。"

⑤各队幼儿按顺序依次在起始线旁拿毛巾、蘸湿毛巾、捂住口鼻，跑到攀登塔下，开始攀越攀登塔，经过塔顶，到达塔对边的终点线，列队集合。

⑥各队所有队员都完成攀越攀登塔后，游戏结束。

⑦最后统计各队得分情况，最先完成攀越逃生任务的团队得15分，第二个完成的得10分，最后完成的团队得5分，再计算每队的扣分情况（毛巾落地扣1分、触碰一次红色火焰扣1分）。最后，以得分最高的团队为获胜方。

规则：

①要等教师说完"开始拿毛巾"后，幼儿才可以行动。

②每名幼儿取一条毛巾，蘸湿毛巾、捂住自己的口鼻后，才能出发。

③幼儿在爬越攀登塔时，必须始终用一只手捂住口鼻，不能让毛巾掉在地上。毛巾掉在地上的，扣1分。

④爬越攀登塔时不能触碰到红色布条（代表火焰），触碰一次扣1分。

⑤爬越攀登塔顶部时，不能推挤，应侧身互相避让。

⑥爬越攀登塔时，本队队员互相之间不能接触身体，注意保持适当间距。

★ **游戏3：攀登接力赛。**

目标：练习攀登梯子，发展上、下肢肌肉力量，提高身体的协调能力及动作的灵活性；能积极参加接力比赛，培养团队意识、竞争意识及集体的荣誉感。

玩法：

①准备3个高度相同的人字梯（高约2米，梯子横档不少于5个），地垫9块，带挂绳的小布兜3个、海洋球若干、收纳盒6个。器材及场地布局如图8-3。

图8-3 "攀登接力赛"游戏场地示意图

②幼儿分为人数相等的3组，分别站在同一条起始线后。每组排头幼儿身挎小布兜。当教师发出"开始"的口令后，排头幼儿跨越人字梯，到对面收纳盒处，用小布兜装一个海洋球后返回，再跨越人字梯，回到起始线，将海洋球放入本组的收纳盒中。然后，将小布兜交给下一位组员，去取球。以此类推，直到本组所有组员都完成任务时，游戏结束。最先完成任务的组获胜。

规则：每名小组成员在取球往返途中都要跨越人字梯，从梯子上爬上、再爬下，若中途出现球掉落的情况，需要及时返回、捡起球，再继续执行运球任务。

★ **游戏4：爬梯子。**

目标：利用梯子练习各种攀爬、攀登动作，提高身体动作的协调能力，发展上、下肢肌肉力量，激发幼儿参与体育游戏的兴趣，敢于尝试各种攀爬和攀登练习，体验攀爬、攀登游戏的乐趣。

玩法：

①准备2个长梯子，轮胎若干、保护垫若干。

②如图8-4A，将2~3个轮胎间隔一定的距离放置，上面平放长梯子。幼儿分为两组，依次在水平放置的长梯上攀爬。也可以组合摆放两个长梯子，如摆成直线、折线或交叉线。

③如图8-4B，把3~4个轮胎叠放，分别把两个长梯子的一端架在轮胎上，另一端用保护垫固定。教师引导幼儿在斜梯上由下至上、再由上至下进行攀爬。

④组织方法同上，幼儿也可以从长梯子的反面进行攀爬，借助手的抓握及脚的蹬力，由下向上攀爬。注意将保护垫放在长梯子的下面，避免梯子滑倒。

⑤如图8-4C，垂直放置长梯子，利用叠放的几个轮胎固定长梯子，将保护垫放在长梯子的下面。幼儿可以从长梯子的两侧向上爬行，也可以从轮胎向上攀登。教师注意保护幼儿安全。

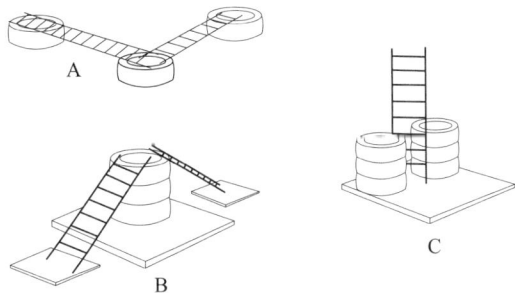

图8-4 "爬梯子"游戏器材摆放示意图

教法建议：教师可以将椅子、梯子、轮胎、肋木、各种长短不同的木板、斜梯、垫子、绳索、绳网等组合起来，灵活设计，适合幼儿进行攀登练习。

第二节　悬垂与支撑动作发展及教育策略

一、悬垂与支撑动作的概念、类型、要领及意义

1.定义

悬垂是指人体肩轴低于器械轴并对器械抓握点产生拉力的一种静止动作。

支撑是指人体肩轴高于器械并对器械抓握点（或接触点）产生推力的一种动作。

2.分类

（1）悬垂分类。

①悬垂包括混合悬垂和单纯悬垂两类。混合悬垂是指手和身体的某一部分（如腿或脚）同时悬垂于器械；单纯悬垂是指只用手握住器械悬垂于器械。

A.手脚混合悬垂：两手臂伸直，在头顶前上方握住单杠，双腿抬起，悬挂于单杠上，这样能减轻手臂的负荷。

B.双手单纯悬垂：两只手臂伸直握住单杠，与肩同宽，将自己悬挂在单杠上，双腿伸直下垂，单杠的高度以幼儿脚尖能轻轻地接触地面为佳。

C.悬垂复合动作：两只手臂伸直，握住单杠，与肩同宽，将自己悬挂在单杠上，双腿可进行抬起、夹物等动作，增加悬垂难度。

②根据手掌抓握杠杆或其他器械的姿势不同，悬垂动作又可分为正握悬垂和反握悬垂。

A.正握悬垂：两手掌心向前，大拇指与其余4指相对成钳状，握杠，两臂伸直，两腿并拢，头端正，身体自然放松。

B.反握悬垂：两手掌心向后，其他动作如前所述。完成悬垂动作的关键是双手紧紧抓握住杠杆或其他器械。

（2）支撑分类。

支撑包括静态支撑和动态支撑两种。

（1）静态支撑：双手支撑于平面或单、双杠上，与肩同宽，收腹，双腿自然下垂或同时进行支撑，整个身体保持静止平衡状态，如平板支撑、单杠支撑或双杠支撑等。

（2）动态支撑：双手支撑于平面或单、双杠上，与肩同宽，收腹，身体协同进行其他动作，如在凳子或垫子上做支撑向前移动或跳跃，在单杠上做支撑加翻滚等动作。

3.运用

悬垂和支撑活动，过去曾被部分家长和教师视为禁区。事实上，在幼儿一些自发的身体运动中，常常会自然地运用悬垂和支撑动作。如，当幼儿两手分别被父母领着时，他们往往会两脚自然离地，形成悬垂；当幼儿想攀上车子、桌子、床铺等高处时，往往先用双手抓住车子高处的把手或把身体撑起来，再抬腿、蹬上，在这个过程中，自然地运用了悬垂或支撑动作。实践证明，科学的设计悬垂和支撑练习不仅可行，而且有利于增强幼儿上肢及肩部肌肉、韧带的力量，促进幼儿两臂肌肉力量的均衡发展，防止生活中由于猛力牵拉而造成肩关节脱臼现象的发生，更有利于促进幼儿的生长发育。

二、悬垂与支撑动作发展的教育策略

1.悬垂与支撑动作的练习方法

（1）悬垂。

幼儿悬垂动作练习一般从双手、双脚混合悬垂开始，逐步过渡到双手单纯悬垂，之后再进行更为复杂的悬垂复合动作。悬垂器械的高度不要过高，以幼儿身体悬空下垂、脚尖能轻轻接触地面为宜。

为促进幼儿悬垂动作的发展，在悬垂时，要求幼儿两臂伸直，双手握住单杠，与肩同宽，将自己持续悬挂在单杠上；当手臂力量足够强时，可以试着引导幼儿练习单手悬垂或左、右手交替悬垂，然后再试着用左、右手交替悬垂的办法在悬垂过程中沿着单杠的杠杆往左或往右移动位置；在双手单纯悬垂练习较好的情况下，再练习双腿往上抬起、双腿夹物等动作，增加悬垂动作的难度。

经常练习悬垂能增强幼儿双手的抓握力量，促进幼儿上肢力量的发展。悬垂不仅能有效拉伸幼儿身体、锻炼上肢力量，而且能增强肩关节的柔韧度和活动范围。有资料显示，悬垂还是促进人体长高的最有效方法之一。此外，悬垂动作还是各种攀登动作的基础，为了提高悬垂动作练习的趣味性，除了单纯的双手悬垂练习，在悬垂过程中，还可做手脚混合悬垂，或结合下肢动作做悬垂复合动作的练习，或左、右手交替悬垂，或在左、右手交替悬垂的过程中移动位置等。

（2）支撑。

支撑动作与悬垂动作一样能较好地促进幼儿上肢力量的发展，如：通过抓握单杠支撑，增强手臂肌肉的力量；通过平板支撑，增强小臂和大臂的力量。

支撑动作练习的常规做法是：平板（地面）支撑，单杠或双杠支撑，利用板凳或垫子支撑。不管被支撑物是什么，教师始终要注意，要求幼儿两臂伸直，两手之间的距离要与肩同宽，收腹。静态支撑与动态支撑交替进行。支撑动作练习与悬垂动作练习一样，每次练习时间不宜过长，小班每次不超过10秒钟，中班不超过15秒钟，大班不超过20秒钟。

2.悬垂与支撑动作的教育及游戏活动建议

（1）悬垂教育及游戏活动建议。

①悬垂动作进阶练习的顺序为：手脚混合悬垂——双手单纯悬垂——单手交替悬垂——悬垂复合动作。小班练习手脚混合悬垂，中班练习双手单纯悬垂和单手交替悬垂，大班练习悬垂复合动作。

②与攀爬、平衡活动结合，将悬垂练习置于情境游戏之中，避免单纯动作练习的枯燥，增加动作练习的趣味性及体育活动对身体锻炼的全面性。

③悬垂是幼儿自主游戏活动常用的活动内容，也是幼儿普遍喜欢的运动项目。教师可引导幼儿相互学习和模仿悬垂的动作表现。

④悬垂动作练习也要注意循序渐进，不能莽撞、冒进，如，悬垂持续的时间、悬垂复合动作等不能简单地模仿别人，要量力而行；幼儿单杠悬垂，小班每次不超过10秒钟，中班每次不超过15秒钟，大班每次不超过20秒钟，注意落地的安全保护，避免运动伤害，引导幼儿提高安全意识。

⑤没有单杠器材或单杠不够用时，教师可以用其他替代物让幼儿参与悬垂练习，如，在两棵树之间系绳、利用廊道边的栏杆、攀爬架之间的横杠等。

（2）支撑教育及游戏活动建议。

①支撑动作练习的顺序：平板支撑——单杠支撑——双杠支撑；小班主要练习平板支撑，中班可以练习单杠支撑，大班可以进行双杠支撑。

②小班幼儿初次练习平板支撑时，可先不必强调收腹和双腿伸直、紧绷，等幼儿掌握了双手支撑动作后逐步要求收腹和双腿伸直、紧绷；中班幼儿开始练习单杠支撑时，教师可协助其抓握单杠后双脚离地；大班幼儿练习双杠支撑时，教师要注意保护幼儿落地的安全。

③平板支撑动作要领掌握后，可引导幼儿两手交替往不同方向移动，有类似手脚爬的动作，但这里强调的是支撑，因此要求两臂伸直，双腿并拢、绷直，脚尖着地，而手脚爬是前脚掌着地，双腿自然弯曲，也不要求并拢，两臂也不要求伸直。也可让另一名幼儿双手抬起做支撑动作幼儿的双腿，增加支撑动作的难度。

④平板支撑常规做法是面对平板支撑。在常规做法的基础上，也可以练习背对平板支撑，要求两臂向后伸向身体背部，直腰，双腿并拢、紧绷，脚跟着地。

⑤支撑动作练习可与其他多种动作练习结合，将多种动作练习设置在情境游戏中，避免单一动作练习的枯燥，增加运动的趣味性，提高幼儿参与运动的积极性。

3.悬垂与支撑动作的游戏案例

★游戏1：小兔上山。

适合年龄班：小、中班。

目标：练习支撑动作，发展支撑跳跃的能力，锻炼四肢肌肉力量，能积极地参与游戏活动，体验体育游戏活动的乐趣。

玩法：

幼儿面对楼梯台阶站好。开始时，双手支撑在高一层台阶上，双脚借双臂支撑的力量向上跳一层台阶，双手再向上移一层台阶，双脚再向上跳一层台阶。如此一层台阶接着一层台阶，向楼梯上方跳动，模仿小兔上山（图8-5）。

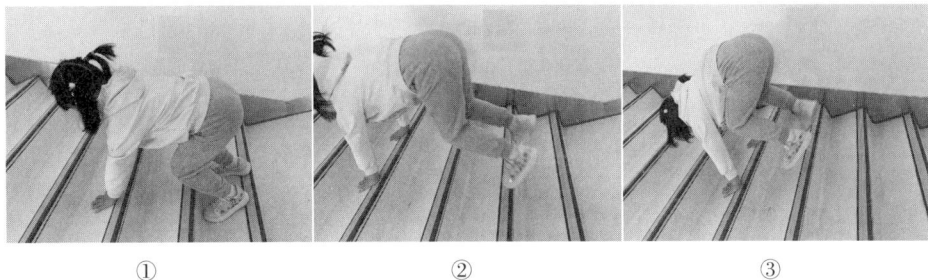

① ② ③

图8-5　"小兔上山"游戏示意图

★ 游戏2：小马跳圈。

适合年龄班：中、大班。

目标：练习双手支撑跳，发展支撑动作技能及手足交替跳的能力，提升四肢肌肉力量，能积极地参与体育游戏，体验体育游戏活动的乐趣。

玩法：

在地上画好距离相等的圆圈或放置2个呼啦圈，幼儿双手、双脚交替支撑，像小马一样从这个圈跳到下一个圈里。随着幼儿动作渐渐熟练，圈与圈之间的距离可以逐渐加大（图8-6）。

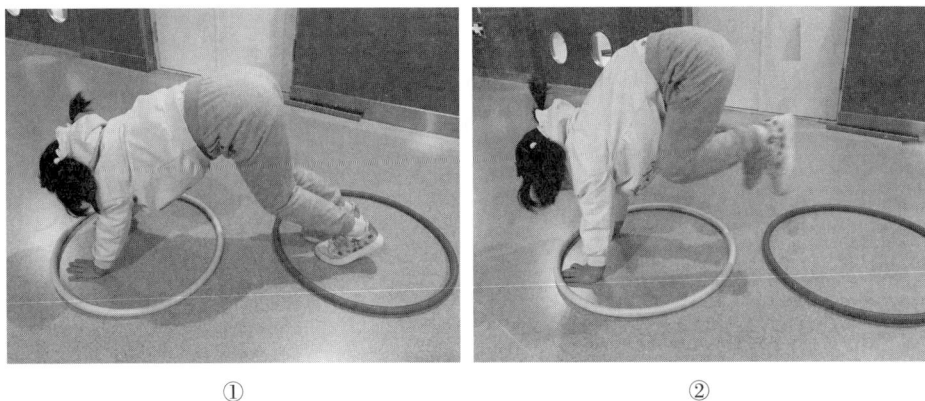

① ②

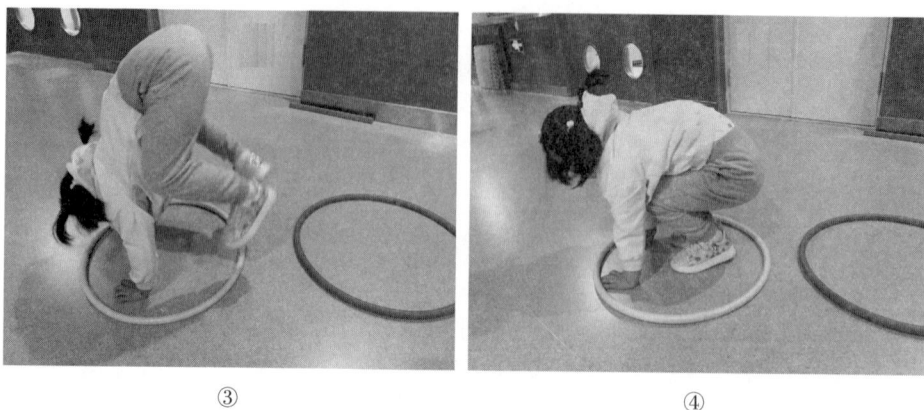

③　　　　　　　　　　　　　　④

图8-6　"小马跳圈"游戏示意图

⭐ **游戏3：松鼠跳树枝。**

适合年龄班：中、大班。

目标：练习双手支撑跳的动作，发展支撑跳障碍的能力，提高动作的灵敏性、协调性，能积极地参与体育游戏，敢于尝试和探索，培养勇敢、挑战自我的精神，体验体育游戏的乐趣。

玩法：

幼儿双手支撑在高20~30厘米的长凳上，将长凳当做树枝，提臀，双脚从凳子的一侧跳向另一侧，不碰凳子。如同小松鼠一样，轻轻地从树枝的一边跳到另一边（图8-7）。

⭐ **游戏4：骑大马。**

适合年龄班：中、大班。

目标：练习支撑动作，发展支撑行进的能力及身体动作的协调性、灵活性；能积极地参与体育活动，敢于尝试和挑战自我，感受体育游戏活动的快乐。

图8-7　"松鼠跳树枝"游戏示意图

玩法：

（1）幼儿骑坐在30~40厘米高的长凳一端，两手在体前扶住长凳，然后借助双脚蹬地和双手支撑的力量，使身体向前移动，从长凳的一端移到另一端（图8-8①）。

（2）幼儿骑坐在小板凳上，在双脚蹬地、抬臀的同时，双手向前拉小板凳，如此不断地拉着凳子向前走（图8-8②）。

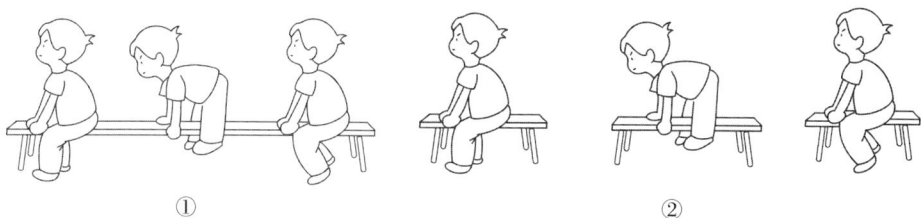

图8-8　"骑大马"游戏示意图

第三节　翻滚动作发展及教育策略

一、翻滚动作的概念、类别、要领及意义

1.定义
翻滚是一种头部和身体其他部位能接触或依次接触地面或垫子的翻转动作。

2.分类
根据翻滚方向的不同，翻滚动作常见的有侧滚翻、前滚翻和后滚翻。

（1）侧滚翻：平躺或趴在垫子上，双手放在胸前或头顶，用腰部和背部的力量向一侧翻滚，腿和手臂跟随翻滚。

（2）前滚翻：两手蹲撑、低头、含胸、提臀、蹬地，向前翻滚，头后部、肩部、背部、腰部、臀部依次着垫。当背部着垫时，迅速收腹、屈膝、上体紧跟大腿，团身抱膝，成并腿坐或蹲立。

（3）后滚翻：由两手蹲撑开始，背向翻滚方向，身体稍前，接着两手用力推垫，身体迅速后移，低头、含胸，经臀、腰、背、颈、头依次触垫，身体向后滚动。同时，屈臂、夹肘，两手放在肩上，掌心向上，手指向后，自然张开。当滚到肩颈部时，两手用力推垫，使身体翻转过头并抬头成蹲撑动作。

二、翻滚动作发展的教育策略

1.翻滚动作的练习方法

（1）练习翻滚能提升幼儿的平衡、协调及身体控制能力。在垫子上翻滚是幼儿最喜爱的运动方式之一。初次练习翻滚，部分幼儿需要教师现场示范、指导和帮助。也可以请完成翻滚动作较好的幼儿多次示范翻滚动作。为了让幼儿在翻滚时动作更流畅，初次练习翻滚时，可以将垫子摆出一定的坡度。

（2）前滚翻的动作要领不容易掌握，可先让幼儿练习团身滚动，要求收腹、抱腿、低头、含胸、团身，背部依次着垫前后滚动，然后练习前滚翻，要求蹲撑、低头、含胸、提臀、蹬地，身体向前翻滚，以头后部、肩部、背部、腰部、臀部依次着垫。当背部着垫时，迅速收腹、屈膝、上体紧贴大腿、团身、抱膝成并腿坐或蹲立。

（3）侧滚翻的练习，从仰面平躺开始练习，平躺时要求双腿、双臂伸直，手臂放在头两侧，通过腰及腹部发力转动身体，使身体向侧面翻转，从而完成整个身体的滚动。接着，从侧卧开始做翻滚动作，或趴在地垫上，从一侧开始进行翻滚动作练习。

（4）前滚翻和后滚翻中常见的错误动作有两种。其一是倒体过早，直腿翻滚，大多是因为身体团身不紧造成的，需要加强团身练习。其二是翻滚不顺畅，滚动速度较慢，多由身体各部位动作不协调造成的，需要多加练习，可以结合有坡度的地垫进行练习。

2.教育及游戏活动建议

（1）翻滚动作进阶练习的顺序为，前滚翻——侧滚翻——后滚翻。按照循序渐进的原则开展翻滚动作练习。建议小班练习前滚翻，中班练习侧滚翻，大班练习后滚翻。

（2）与其他动作练习相结合，将翻滚动作练习置于情境游戏中，避免动作练习的枯燥，增加动作练习的趣味性。

（3）幼儿初次练习翻滚动作时，教师最好单膝跪地，在翻滚幼儿的侧后方进行保护。当幼儿翻滚遇到障碍时，助推幼儿一把。如，练习前滚翻动作时，当幼儿腰部滚过地垫后，教师可以从幼儿腰部轻轻助推幼儿，以便于幼儿上体紧贴大腿、团身、抱膝成并腿坐或蹲立；练习后滚翻时，幼儿翻滚至肩部着垫时，教师一手提幼儿肩部、一手推幼儿臀部，帮助其向后顺利翻滚。

（4）教师应正确掌握翻滚动作的保护方法，加强幼儿翻滚动作练习中的安全防护。避免让幼儿直接在水泥地、木地板或台阶边翻滚。幼儿做翻滚动作练习时，避免扎堆、拥挤，以免翻滚过程中相互碰撞、发生意外。

（5）当幼儿不能顺利完成一个翻滚动作时，教师应查找其动作障碍的原因，提出有针对性的动作分解练习，如，屈膝、团身、收腹、低头、含胸等，在完成分解动作练习的基础上，再引导幼儿连续做翻滚动作。先练习完成一个完整的翻滚动作，再练习连续翻滚动作。

3.翻滚动作的游戏案例

⭐ **游戏1：小刺猬找食物。**

适合年龄班：小班。

目标：练习正面钻、手膝爬、侧滚翻、双脚连续跳等多种动作组合，锻炼身体的平衡能力及协调能力，发展上、下肢肌肉力量及综合体能，提升身体动作的控制能力及灵活性；激发参与体育游戏活动的兴趣，感受体育游戏活动的乐趣。

玩法：

①准备拱形门6个、保护垫8块、床板2块、方砖若干、软绳棒12根、沙包若干。器材摆放及场地布局如图8-9。

②所有幼儿扮演小刺猬，分两组，分别站在起始线后（巢区）。教师扮演刺猬妈妈，发出口令后，小刺猬们依次钻过两个山洞（拱形门）、爬过草地（保护垫）、再钻过一个山洞（拱形门）、滚过山坡，双脚连续跳过小土埂（软绳棒），来到觅食区，捡起一块食物（沙包），然后跑步返回起始线（巢区），放下食物，继续去寻找和搬运食物，直到所有的食物都搬运完毕。

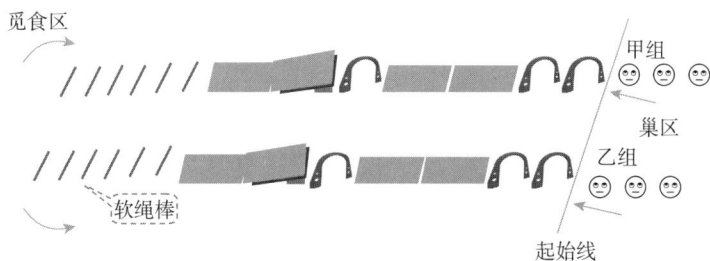

图8-9　"小刺猬找食物"游戏场地示意图

规则：

①每人每次只能捡一块食物（沙包）；

②钻拱形门时，身体不要触碰拱形门的任何位置；

③跳过软绳棒时，双脚不能触碰软绳棒。

★ 游戏2：合作运粮。

适合年龄班：中班。

目标：练习两人协同侧滚翻和两人协调走跑（螃蟹走跑），发展幼儿身体协调及平衡能力，培养幼儿团队合作意识、规则意识及集体荣誉感。

玩法：

①准备：保护垫6块、大软枕头4个、大呼啦圈12个。器材及场地布局如图8-10。

②所有幼儿按人数平分为甲乙两队，分别站在起始线后。教师发出"开始"的口令后，每队队员两人一组，两名幼儿面对面站立，互相拥抱，中间夹着2个软枕头，以侧滚翻的方式从保护垫的一端滚到另一端，接着两人站起，继续合抱枕头，一起协同跑向中转站区，然后两人从中转站区分开，各自拿一个枕

头，跑回起始线，将两个枕头交给下一个小组，如此循环接力，直到本队所有小组完成全程任务，游戏结束。最先完成任务的团队获胜。

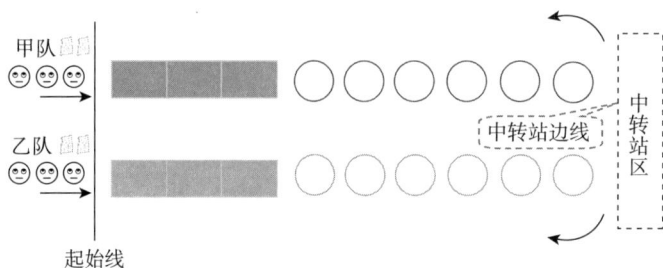

图8-10 "合作运粮"游戏场地示意图

规则：两人协同走或跑向中转站的过程中，不能绕开呼啦圈，也不能踩踏或触碰呼啦圈，脚步不能踩到圈外，否则须返回到保护垫终端，重新抱枕，协同走或跑过呼啦圈；中途若出现枕头掉落，须捡回枕头，继续按动作要求推进游戏。

★ 游戏3：特训小战士。

适合年龄班：大班。

目标：练习前滚翻、团身翻滚、匍匐爬、踩梅花桩走平衡，发展身体的协调及平衡能力；能积极地参与团队比赛，具有团队合作的意识与精神；体验比赛游戏的乐趣，感受集体比赛获胜后的荣誉感。

玩法：

①准备保护垫10块、绳网2张、支撑架2套、梅花桩若干。器械及场地布局可参考图8-11。

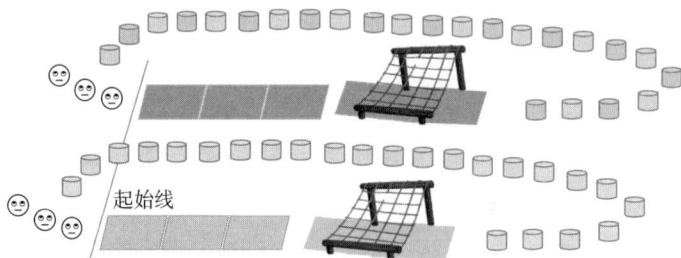

图8-11 "特训小战士"游戏场地示意图

②幼儿等分为两组，分别列队站在起始线后等候。教师发出"开始"的口令后，各组排头幼儿从保护垫的一端开始，采用前滚翻和团身翻滚相结合的方式，翻滚至另一端。接着，从攀爬绳网下的垫子上匍匐爬过。然后，踩着梅花

桩，依次、快速走过，回到各自起始线的位置，与下一队员击掌。下一队员按前者的动作要求，完成任务后，继续换下一位。直到所有的队员完成一系列的特训任务（前翻滚、钻爬及走梅花桩等），游戏结束。最先完成特训任务的组队获胜。

规则：

①所有队员须完成至少3个前翻滚及若干团身翻滚动作。如未翻滚至垫子的另一端，须继续翻滚，直到滚至垫子的另一端，再继续下一个动作匍匐爬。

②匍匐爬过攀爬网架下的垫子时，身体不能触碰攀爬网及网支架。

第四节　推拉动作发展及教育策略

一、推拉动作的概念、意义及要领

1.推

推是指人在物体后方，用力使物体前进的一种动作。在做推的动作时，人面对物体，往前伸直两手臂，身体前倾，用双手手掌接触所推物体（两手掌之间的距离与肩同宽），用力往前推。推物体时，两腿可一前一后分开站立，前腿微屈，后腿伸直，后脚用力蹬地，协调全身的肌肉力量往前推。如果面对的所推物体接触面不规则，可用双手抓握物体的两个部位，如推桌子时，双手抓住桌子边沿；推有扶手的小车时，需要双手抓握小车扶手。

2.拉

拉是指人在物体前方，用力使物体前进的一种动作。在做拉的动作时，人站在物体前方，可面对物体，也可背对物体，双手抓（握）住物体的某个位置，用力往前拉，也可以将物体用绳索捆住或套住，用双手牵引绳索，往前移动物体。也可以借助某个物件钩住所拉物体的某个位置，往前用力拉拽。

完成推和拉的动作主要依靠幼儿上肢力量和身体协调性的综合运用。

二、推拉动作发展的教育策略

1.推拉动作的练习方法

幼儿园常用的推拉动作练习包括推小车、推轮胎、拉人、拉小车、拉绳子等。

（1）推拉轮胎：轮胎平躺着推或拴绳拉，或使轮胎立起来推。

（2）推拉小车：可利用小车推拉物品或1~2名幼儿，可以推拉小车上坡或下坡，也可以变换不同的坡度推拉小车。

（3）推箱子：根据班龄选择不同大小的纸箱或塑料箱子，箱子里放入不同重量的物品。中、大班可以放入较重的物品，让幼儿探索并体验箱子底下垫滚筒或酒瓶，推动箱子更省力。

（4）推拉其他物品：如，倒放的凳子或小桌子（根据班龄可以在凳子上放些书包等杂物）、自制水桶推车（图8-12B）、自制矿泉水瓶小推车（图8-13D）、拉塑料小盆（拴线）、推铁环（传统游戏，大班选用）。

（5）人力推推"小火车"：幼儿排成一路纵队，后面的幼儿伸直两手臂，推着前面幼儿的肩膀，一起前进。

（6）拔河：拔河是练习拉的最常见、简单、易行的方式。可单人对单人，多人对多人。拔河练习时，教师要注意引导幼儿用力的角度和方向。

（7）先练习单人推拉，再练习两人或多人合作推拉。

（8）先练习平地推拉（平行推拉），再练习坡面推拉（向上或向下）；先选择在平滑面上推拉，再选择在不同的粗糙面上推拉，通过改变地面或坡面的材质（铺上地毯或地垫），让幼儿练习在不同材质的接触面上进行推和拉。

2.教育及游戏活动建议

（1）小班幼儿选择较轻、较小的物体推拉，主要训练控制推、拉动作的方向，直线推拉或按指定路线（如曲线或圆圈）推拉；中、大班可增加难度，推拉较大、较重的物体，除了方向控制和力量练习，大班还加入实际问题解决和相互协作、团队合作的内容。

（2）中、大班幼儿可根据影响推拉动作完成的各种因素，设置不同重量、不同大小、不同形状的物体，让幼儿练习推拉动作，体会影响推拉动作的不同因素。

（3）大班可设置不同的场景和场地让幼儿练习推拉，如平地和坡面的对比练习；瓷砖地面、木地板、水泥地面、泥土地面、塑胶地面或草坪地等不同地面实施物体推拉。

（4）大班可设置不同的游戏场景和问题，尝试让幼儿自己想办法解决。

例：如何推拉比较大、比较重的物体上台阶？在没有手推车的情况下，如何推拉大物件比较省力？

①利用滚动摩擦远小于滑动摩擦的原理，给大物件垫上啤酒瓶，让其滚动前进，或者把大物件放在有轮子的手推车上进行推拉，就省力得多。

②利用手推车推拉大物件上台阶，可以在台阶上垫一块光滑的长木板，前面有人拉，后面有人推。

（5）在推拉动作练习中，引导幼儿勤观察、勤思考，通过对比观察和体验，在适当的时机，给幼儿讲明一些简单的科学道理，让幼儿在运动中增长知识和智慧。

（6）积极构建游戏情节，将推拉动作练习置于游戏情节之中，提高幼儿参与运动的兴趣，除了完成动作训练目标外，还要加强相互合作及团队意识的培养。

知识小贴士

推和拉是为了让物体移动位置。推拉物体时，对物体实施的力分别叫"推力"和"拉力"。推拉物体向前移动时，物体与外界接触面（地面）之间会产生一种阻碍物体向前移动的摩擦力。只有当我们对物体的推力或拉力大于摩擦力的时候，物体才会向前移动。

一般来说，物体越重、越大，在移动它们时与接触面产生的摩擦力也会越大，因而推拉较重、较大的物体所需要的力量也就越大。此外，物体与接触面之间的摩擦力还与接触面的光滑程度有关，接触面越光滑，二者之间产生的摩擦力越小，反之则越大。故而，同样的物体放在光滑的地面与粗糙的地面推拉，所用的力显然是不同的。可以设计、引导幼儿在不同的地面上推拉物体，让幼儿体验地面光滑与粗糙的程度对完成推拉动作的影响。

影响推拉动作顺利完成的外界因素包括：被推拉物体的大小、重量、形状、所处的位置、与外界的接触面（地面）大小及其粗糙程度。影响动作完成的内在因素包括：幼儿力量的大小、推拉动作的用力方向（角度）、用力的作用点（用力点）。

3.推拉动作的游戏案例

★ **游戏1：学做轧路工。**

适合年龄班：小班。

目标：练习在不同的路线上手脚协调地推车行走，锻炼灵活躲避障碍的平衡能力；能积极地参与游戏活动，敢于大胆尝试新玩法；体验体育游戏活动的乐趣。

玩法：

①准备如下材料：与幼儿人数相等的小推车（图8-12D）、大呼啦圈3个，薄垫子（地板革）若干、环形跑道、游戏音乐《大拇哥》、音乐《水族馆》。

②场地准备：薄垫子铺成直线型1号工地，利用环形跑道做成稍难的2号工地，将呼啦圈摆成最难的小池塘3、4、5号工地。场地布局如图8-12E。

③幼儿单手紧握推车杆顶端，保持身体平衡，边步伐均匀地向前行走边推着小推车。先集体轧1号工地——宽敞、笔直的"马路"。"轧马路"时，一个跟着一个走。

④轧2号工地——环形跑道。按一定的间距一个接着一个走。

⑤幼儿分组，分别轧3、4、5号工地——小池塘。

注意：幼儿要握紧推车杆顶端，避免戳到自己。幼儿保持适当的间距跟着走，避免互相碰撞。

教法建议：

①在户外活动时，教师可以利用长绳在场地上摆出"N""S""Z"形等各种不同的路线，让幼儿根据自己的能力选择不同难度的路线，自由练习推车走、跑。

②让幼儿3人一组，在长20米的曲线跑道上进行轧路比赛，练习单手推车快速地沿曲线跑。

③在小土坡上练习推车上坡、下坡。在高低不平的路上进行轧路训练。

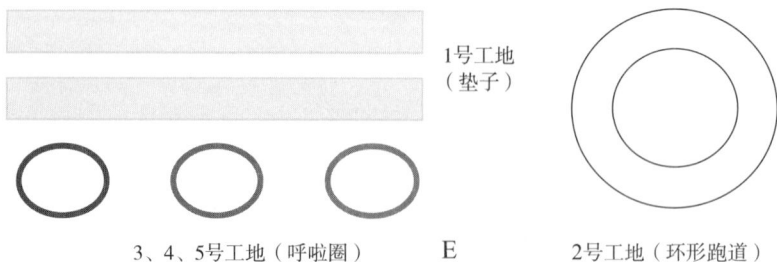

1号工地
（垫子）

3、4、5号工地（呼啦圈）　　E　　2号工地（环形跑道）

图8-12　"学做轧路工"游戏示意图

注：游戏及图片引自赵薇、朱晓燕主编的《自制玩具与体育游戏》（南京师范大学出版社，2016）。

★ 游戏2：推拉轱辘车。

适合年龄班：小班。

目标：练习灵活、协调地推或拉着小车，沿着规定的路线行走；能遵守游戏规则，按指令做动作；喜欢推或拉着小车走，体验游戏的乐趣。

玩法：

①准备约1米的PVC管、弯头、水桶等，自制如图8-13B的水桶小车。

②选择稍大的户外场地，场地中央画两个同心圆（或椭圆形），小圆橙色区域表示红绿信号灯所在的位置，禁止小车进入该区域，小圆半径2~3米，大圆半径比小圆半径大1米。场地布置如图8-13C。

③选派一名幼儿（或教师自己）站在小圆内，扮演交通指挥员，手拿红绿灯指示牌，用于控制小车推手们的行动。幼儿按顺序站在大圆圈线上，拉着小车，沿着大圆圈，一个跟着一个走。教师提醒幼儿不要碰到前面幼儿的小车。交通指挥员举绿灯牌表示可以继续拉或推着小车行走；举红灯牌，表示停止前进。

④幼儿拉小车行走2~3圈后，交通指挥员举红灯牌，大家停止拉车，原地站立不动。

⑤举绿灯牌并用手势表示幼儿需要推着小车，沿着反方向，在场地内四散走步，逐渐过渡到围着小、大圆之间的蓝色区域走。

⑥推拉小车动作熟练后，由推拉小车走步逐渐加快速度，变成推拉小车跑步前进。

⑦在场地内每间隔1~2米摆放一张标志碟。幼儿推拉小车绕标志碟（障碍物）走或跑。

⑧利用周边的环境，让幼儿在小土坡上练习推拉小车上坡、下坡。

教法建议：活动中，提醒幼儿控制好开车（推车）的方向，不要"越线"（大、小圆圈），将车开到"马路之外"（蓝色环形区域外）；开车时，一辆车跟着一辆车走。开始时，要开得慢一些，不要"翻车"或"撞人"。要随时察看信号灯的变化情况，遵守"红灯停、绿灯行"的交通规则。应找个宽阔的地方进行游戏，小心不要"撞车"。可以根据信号灯和交通指挥员的手势变换走或跑的方式。

A   B

辀辘车行驶的道路

红绿灯信号区

c

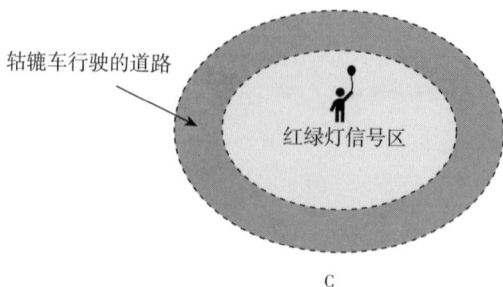

图 8-13 "推拉辀辘车"游戏场地示意图

注：游戏及图片引自赵薇、朱晓燕主编的《自制玩具与体育游戏》（南京师范大学出版社，2016）。

★ 游戏3：拔河游戏。

适合年龄班：中班。

目标：进一步了解拉力及其作用，练习向后用力拉，发展综合体能及身体协调、配合能力；喜欢拔河游戏，勇于挑战自我，体验拔河游戏的快乐。

玩法：幼儿每两人一组，按照适当的间距相对站立，分别握住同一根小棍的两端。教师发出"开始"的口令后，两人同时用力向自己这边拉小棍。游戏中，小棍握在手里且位置后移者获胜。可以实行"五局三胜"制的比赛方式进行比拼，最终比出获胜方。

教法建议：拔河游戏也可采用滑溜布（或长布条）打结，两个幼儿背对背站立，将布条分别套在幼儿的肩部及腋下，听到口令后，同时向相反方向拉布条，将对方拉过中线者获胜。利用一根布条环还可做多人多方向拔河。如，4人东西南北方向拔河，先在场地中央找一个中心点，以该点为中心，4人相互背向站立，4人站位点呈一个正方形，各自将布条环套在自己的腋下或下腹部近髋关节处，听到口令后，各自朝自己的前方用力拉，每人的正前方适当距离处放置一个物品（如水瓶、毽子），最先拿到自己前方物品者获胜。获胜者退出，教师记下名字，余下幼儿继续比赛（赛前需适当调整余下物品的位置，使之处在等边三角形的3个点位上），直到最后一人拿到物品。可按拿到物品的先后顺序确定比赛名次。此游戏参与人数可以3人、5人或更多人，开始时参与者的站位点应呈正多边形（图8-14）。

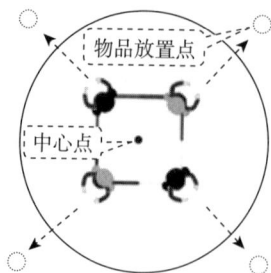

物品放置点

中心点

图8-14　多人、多方向拔河游戏

★ **游戏4：推手与拉手。**

适合年龄班：中班。

目标：感受并体验推力与拉力的作用效果，锻炼身体的平衡能力、协调能力及灵活性，发展综合体能；能遵守游戏规则，感受游戏活动的乐趣。

玩法：

①两人相互推手：幼儿两人一组，相对站立，向前各伸出一只手，两掌相对并接触在一起（可以是同侧手掌相对，也可以是异侧手掌相对）。教师宣布"开始"的口令后，两人手掌都向对方用力推手，看谁最先被推动。游戏中，先移动脚的人为失败方，后移动脚的人获胜。也可同时向前伸出两手掌，与对方两手掌相对并接触在一起，两手掌同时进行推手游戏。输赢规则同上。

②两人相互拉手：两人一组，相对站立，向前各伸出一只手，相互握住对方的手，听到口令后，两人同时用力拉对方，看谁最先被拉动。先移动脚的人为失败方，后移动脚的人获胜。也可以同时向前伸出两只手，相互拉住对方的手，两手同时进行拉手游戏。输赢规则同上。

规则：若两人同时移动脚或在1分钟内（教师计时并以吹哨声为结束信号）双方都未移动脚，则为平局。推手与拉手游戏可以进行多轮，输赢一次为一局，实行"五局三胜"制，比赛得出最终获胜方。

教法建议：男生与女生不要混合分组，同组中的两个人，实力也不要过于悬殊。也可以4人为一组，进行推手游戏，在两人组推手的基础上，双方身后各自再增加一人，用双手推前面幼儿的肩胛。4人组游戏时，双方叫手握同一根粗木棍，同时向前推对方或拉对方，输赢规则不变。

★ **游戏5：推滚轮胎。**

适合年龄班：大班。

目标：练习推滚轮胎，提高动作控制能力和调节平衡的能力；认识滚动物体的特性，体验如何才能控制好滚动物体的快速滚动方向和路线；提升集体意识、竞争意识和规则意识，感受集体获胜后的快乐。

玩法：

①幼儿分成人数相等的6个小队，分别相对站在起点线和终点线后。每队第一名队员双手扶着轮胎，站好（图8-15）。

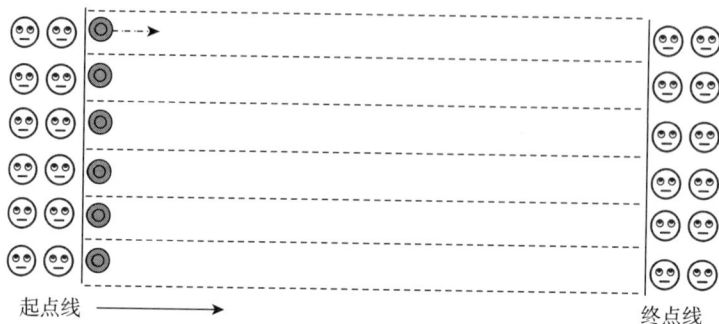

图8-15 "推滚轮胎"游戏场地示意图

②教师讲解游戏方法。

③教师统一发出信号后，每队第一名幼儿双手推滚轮胎前进。当到达对面的终点线时，将轮胎交给本队终点第一人，自己站到本队终点队尾。终点第一人接到轮胎后，迅速向起点线方向滚动轮胎。以此类推，直到各队最后一名幼儿完成推滚轮胎的任务为止。以最先完成任务的团队为获胜方。

规则：

①统一发出信号后，各队第一名队员才能出发。

②必须在起点线及终点线后交换轮胎，交换方法不限。

③比赛中，不得将轮胎推出本队跑道，更不能干扰其他人比赛。

教法建议：

①先让幼儿分散练习滚轮胎，再启发幼儿相互交流滚轮胎的方法和经验，然后再进行比赛。

②根据幼儿体能和动作技能发展情况，选择大小不同的轮胎进行练习和比赛，以便于开展此类活动。

③为了加大运动负荷，也可以采用往返推滚轮胎接力赛。

★游戏6：推车运西瓜。

适合年龄班：大班。

目标：练习推拉四轮平板推车，体验推力和拉力的作用效果，发展身体动作的协调、平衡及控制能力，培养相互合作的团队意识。

玩法：准备相同规格的四轮平板推车2辆，篮球若干（不少于20个，若数量不足，可以用大小相近的皮球代表西瓜），儿童代金券若干（币值统一为1元/张），大收纳筐4个。在场地内画两条平行的10米赛道。幼儿分为人数相等的两组，各占一条赛道（图8-16）。教师发出口令后，每组同时出两名幼儿推着或拉着小车从起始线出发，沿着赛道去西瓜地搬运西瓜，将西瓜从地里运回起始线，换取代金券，每个西瓜换1元。每次搬运西瓜数量不限，但要注意：如中途西瓜从车上滚落，则表示西瓜摔坏，不能捡回换钱，滚落的西瓜由教师及时清理、搬离赛道。西瓜运回后，需要快速卸货，装入收纳筐。然后，将空车交给另外两名幼儿继续搬运。每次运回的西瓜按数量换取代金券。在规定的时间内，搬运西瓜最多的（即代金券最多的）组队获胜。

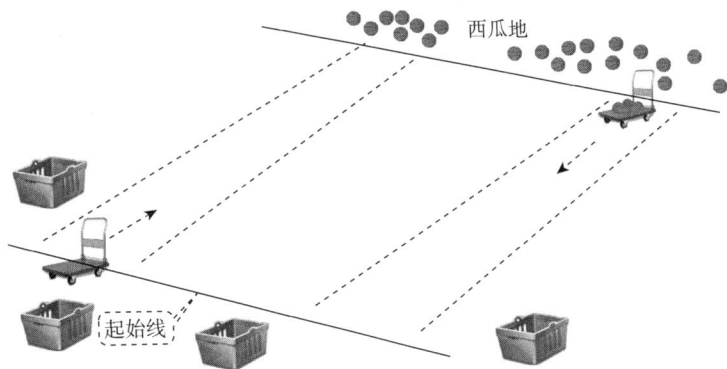

图8-16　"推车运西瓜"游戏场地示意图

教法建议：为了弥补篮球数量的不足，幼儿将运回的篮球兑换成代金券后，由教师及时将篮球运至西瓜地，等待后者来搬运，从车上掉落的篮球也要快速运至西瓜地。

★ **游戏7：滚铁环。**

适合年龄班：大班。

目标：体验让铁环在推滚过程中保持平衡的控制力度和方向，发展身体动作的灵活性、协调性、平衡控制能力，促进手眼的协调能力，提高运动综合技能，培养专注力、耐心及坚持不懈的意志力。

玩法：每位幼儿准备一副铁环（直径约35厘米即可，不宜太大或太小）及配套的手柄铁钩，选择室外宽敞、平坦的场地。游戏者用铁钩钩住铁环，手持铁钩手柄，用铁钩推着铁环，沿着平整的地面向前滚动。在铁环滚动的过程中，注意防止铁环左右摇晃或倒地。游戏者通过步伐速度调控铁环滚动的速度，通过铁钩控制铁环前进的方向，预防其摇晃或倒地。初学滚铁环，教师先做动作演示，再让幼儿分散开各自练习、体验。对屡次失败的幼儿，需要多鼓励和指导。动作熟练后，选择在宽敞的操场上画出多条平行的直线赛道进行比赛。两名或多名幼儿同时从起始线出发，在保证铁环按预设直线跑道滚动的前提下，先将铁环滚到终点的幼儿获胜。

教法建议：滚铁环是一项老少皆宜的传统民间游戏。其动作要领是掌握如何保持铁环在滚动过程中的平衡。看似很简单、轻松地推动铁环往前滚动，其实需要经过反复的技巧性训练，能很好地锻炼幼儿在走、跑过程中身体及肢体（主要是手、胳膊）的协调平衡能力、精准的控制能力，对幼儿的耐心、注意力及意志力的培养都大有裨益。这是幼儿成长过程中难得的积极外在影响因素。滚铁环，所用器材简便易得、受场地及环境条件限制少，可延伸到家庭，是开展家庭亲子体育游戏活动的重要内容。

第九章　幼儿体育游戏活动

第一节　幼儿体育游戏的内涵及特点

一、幼儿体育游戏的含义

幼儿体育游戏，是以基本动作为主要内容，以游戏活动为主要形式，以增强幼儿体质为主要目的的一种活动。它是幼儿园体育活动中最主要的内容。幼儿体育游戏通常包含一个或几个基本动作、具有一定的情节和某些竞赛因素，是一种形式独特的体育活动。它不仅形式生动、活泼，而且内容丰富多彩，深受幼儿喜爱。

体育活动中的游戏，主要是由各种走、跑、跳跃、投掷、越过障碍物和各种对抗性练习等基本动作所组成的身体练习，是全面发展幼儿身体素质的重要手段之一。体育游戏的最大特点是能使幼儿心情愉悦、情绪高涨，比其他单纯的身体练习更能调动幼儿的积极性，激发幼儿的兴趣。

正确的组织和开展各种体育游戏活动能充分调动幼儿参加活动的积极性和主动性，从而有利于帮助其掌握和提高跑、跳、投等各项运动技能，有利于发展幼儿速度、灵敏度、力量、耐力等身体素质，有助于发展幼儿注意力、记忆力、控制力，调动其思维活动的积极性，促进其智力发展，并能培养幼儿朝气蓬勃、遵守纪律、团结互助的集体主义精神和机智、勇敢、果断、顽强等优良品质。

二、幼儿体育游戏的年龄特点

1.小班体育游戏的特点

小班体育游戏动作内容少，每个具体动作一般就1~2个，动作比较简单。如跳跃游戏主要是双脚向下跳和双脚向前跳，平衡游戏也仅是窄道走和原地旋转。根据幼儿身体发展需要，宜多选一些以跑、跳为主要内容的游戏，活动方式主要是同时做相同的动作，这既便于幼儿之间相互模仿，又便于教师组织、指导，以模仿性、故事性游戏为主，游戏情节很简单，角色都是1~2种，角色关系基本都是一致的，大家共同完成一个任务。

小班游戏的规则也很简单，限制性规则是游戏情节的主要组成部分。如"老猫睡觉醒不了"游戏的规则规定"老猫"睡觉了，"小猫"才能出去玩；待"老猫"叫唤后，"小猫"才能回家。小班游戏规则的限制少，一般不会出现"退出游戏"或"停止一次游戏"这种惩罚性的规则。

2.中班体育游戏的特点

中班体育游戏动作内容丰富。如跳跃游戏中，除了有双脚从高处跳下的跳跃，还有双脚向不同方向的跳跃、单脚起跳的跳跃和夹包。平衡游戏出现了多种方式的窄道移动、快跑突停和单脚站立这样的锻炼静止性平衡游戏。为了促进幼儿身体的全面发展，投掷、球类等以上肢活动为主的游戏适当增多，游戏内容多样化了。练习方法有同时练习、依次练习、巡回练习等方法。中班游戏大多都有竞赛内容；情节游戏的题材也有明显的变化，反映社会现象的题材增多了；角色种类可以增加到3个以上，角色关系变得复杂了；规则的限制性加强，有了惩罚性规则。如夹包、"翻饼、烙饼"等小组游戏出现了，以适应培养幼儿独立性、主动性和创造性的发展需要。

3.大班体育游戏的特点

大班体育游戏动作明显增多，动作难度加大，游戏活动的方式变化多样，游戏中的角色不仅数量多且角色变化多、不稳定，小组游戏更为常见。如"贴人"游戏，追者和被追者的角色可以不断变化；"人、枪、虎"游戏可由比赛双方自选角色；"两人三足""小渔网"等需要两人或多人协调、配合的游戏逐渐增多。随着幼儿游戏活动能力不断提高，一些民间流传的、传统的学龄儿童游戏常常会自发地传到幼儿园大班，有的原样不动，有的被简化，教师要帮助幼儿选择适合他们的游戏。

三、体育游戏的内容选择要符合年龄特点

1.幼儿体育游戏的三要素及目标类别

富有教育意义的体育游戏是什么样的呢？好的体育游戏应该综合"运动""游戏""指导"3个基本要素。

幼儿园体育游戏的目标可分为3类（3个层次）：即娱乐身心、动作发展、一物多玩。

幼儿园体育活动最重要的目的是：发展基本动作，主要指走、跑、跳、爬、投掷、钻、平衡、翻滚、悬垂与支撑等动作。

2.基本动作发展具有不同年龄阶段的特点

表9-1　幼儿基本动作能力发展重点及目标

年龄班	动作能力发展重点	目标类别
小班	重在走、跑、双脚连续跳、手膝爬等动作及手脚协调能力、身体平衡能力、呼吸机能的发展	娱乐身心 动作发展
中班	重在变速跑、双脚跳、钻爬等动作及身体的协调能力、运动节奏感、心肺机能的发展	动作发展 一物多玩
大班	重在单脚跳、助跑跨跳、投掷、翻滚等动作及速度、灵敏度、力量等综合能力的发展	动作发展 一物多玩

3.体育游戏活动的运动量要达标

（1）如何判断每次体育游戏活动的运动量？如何判断幼儿每次体育锻炼活动是否有效？通常可以依据以下两个可观测性的指标来判断。

①运动心率：人体处在运动状态下，心脏每分钟跳动的次数称为运动心率。幼儿运动心率能达到140~160次/分钟。

②运动心率的维持时间：幼儿140次以上的运动心率能维持3~5分钟。

（2）如何保证幼儿每次体育游戏活动的运动量都达标？这需要教师从以下3个方面进行准备。

①活动设计环节：设计体育游戏活动应合理组合、调配单位时间内体育活动的内容，将运动量小的走、投掷、平衡、爬等动作练习与运动量较大的、心肺机能锻炼效果明显的跑、跳动作结合起来。

②活动实施环节：在实施各类体育活动的过程中，要尽量减少说教、示范、停顿、更换体育器材的时间，使各个环节流畅、紧凑，从而提高运动的效率。

③活动组织环节：在活动的组织方法上要少用"接力式"，多用"鱼贯式"，减少多数幼儿的消极等待时间，让更多幼儿处于某一动作或不同动作的组合练习中，能让幼儿一个接一个地在场地中持续运动3~5分钟。

第二节　体育游戏创编的原则和阶段

一、体育游戏创编的原则

1.锻炼性原则

体育游戏与其他游戏的最大区别，就在于它姓"体"，它以增强幼儿体质为主要目标，以运动和锻炼身体为第一原则。因此，创编体育游戏首先要考虑以下几点：

（1）主要练习哪些基本动作？每个体育游戏通常突出1~2个基本动作，如"蚂蚁搬豆"游戏，让"蚂蚁"背驮沙包，从场地一端爬到另一端，着重练习了手膝着地爬的基本动作。

（2）如何保证每次游戏的运动负荷量达标？如果只是钻，或只是投掷，可能运动负荷量达不到标准。

（3）如何巧妙利用现有的运动器械及幼儿园的自然环境，如幼儿园的假山、草坪、沙场、攀爬墙等？体育游戏一般可选用1~2件运动器材，这样可以让幼儿对体育活动更加感兴趣，也可以提高幼儿掌握正确、合理使用体育器械的能力。

2.趣味性原则

幼儿体育游戏必须具有趣味性，才能符合幼儿的年龄特点和学习特点。趣味性是显示体育游戏生命力的主要因素。幼儿体育游戏必须坚持游戏的趣味性，应选择幼儿喜爱和熟悉的角色，安排简单而有趣的情节，使幼儿对体育游戏感到十分有趣。教师要不断搜集游戏素材，积累和运用体育游戏经验，通过各种角色的吸引，运动器械的创新和多变，以及游戏玩法和规则的推陈出新，创编出丰富多彩、新颖、有趣的体育游戏。

3.教育性原则

体育游戏不能只是单纯的体育锻炼，必须突出活动内容的教育性，游戏中应渗透各方面的教育。比如，将思想品德教育（吃苦耐劳、敢于面对困难和克服困难、相互协作、团队合作等精神、品质）自然融于其中，结合五大领域的教育目标和要求，凸显教育的综合性功能。在锻炼身体的同时，使幼儿的认知能力也得到发展，培养幼儿服从集体、遵守规则、团结合作的意识和行为，以及勇敢、坚强、诚实等优良品质。

4.安全性原则

由于幼儿控制自己行为的能力较弱，容易受无关刺激的影响而发生事故。因此，创编游戏要考虑各种安全因素。如，活动范围要适当，既不能太大，又不能太过于集中；在内容安排上，不要出现跑步后立即做平衡或攀爬的动作；注意往返路线的距离长短；投放体育器械时，要关注场地大小，不能太拥挤，避免造成碰撞等。应尽量消除和避免游戏中的伤害及事故风险，突出游戏的安全性，同时，也可以以此为契机，对幼儿进行安全教育。

5.易行性原则

幼儿体育游戏应该具有可操作性。再好的内容设计脱离了幼儿园的实际，也难以付诸实践。因此，游戏设计环节就应该从幼儿园的现有条件出发，设计出科学、合理且具有很强的可操作性游戏。

由于3~6岁的幼儿身体、心理等方面的发展具有明显的差异性，他们在游戏活动中表现出来的行为也不同。因此，在创编体育游戏时，可以参考表9-2中的内容。

表9-2　不同年龄班幼儿体育游戏的基本要求

项目	小　班	中　班	大　班
内容动作	内容和动作都简单	内容开始复杂，喜欢有情节的游戏和追逐性游戏	喜欢竞争性游戏和内容丰富、将体力与智力相配合的游戏，动作增多，难度增大
情节	简单	复杂性增加	较复杂
角色	角色少，多为幼儿熟悉的角色	角色增多	角色较多，与情节关联，关系复杂
规则要求	简单，不带限制性	较复杂，带有一定的限制性	较复杂，限制性较强
结果	幼儿不太注意	幼儿有所注意	喜欢有胜负的结果
活动方式	集体做同一种动作，共同完成一项任务	出现两三个人合作的游戏	合作性游戏增多，增加了组与组之间的合作

二、体育游戏创编的3个阶段

体育游戏的创编包括模仿、改编和创新3个方面，或者说3个阶段、3个层次。实际上，教师们的工作需要经过这样3个阶段：即，模仿→改编→创新。模仿和改编是体育游戏创新的初级阶段。

1.模仿

按照别人的教案、做法、教法，简单地进行模仿性学习，在自己的班级组织、开展相同的体育游戏。模仿是教师进行体育游戏编排的最初阶段。实际上，教师组织幼儿园的教育活动都要经过模仿学习的阶段。教师在模仿别人做法的过程中，需要理解、消化别人的东西，包括对教育目标的理解、物料和场地的准备、游戏内容的组织与安排、幼儿相关经验的提前积累等，都是学习与理解的过程，也是教师业务水平提高的过程。简单的模仿性学习是教师业务发展的必经阶段，也是初级阶段。从简单的模仿到领会其中的意义及教育理念，往往需要教师用功、用心琢磨和体会。即使是简单的模仿别人，有时也需要教师具备一定的组织能力，尤其是要将别人的东西模仿好，更是对教师业务能力的一种锻炼与提升。对别人的成功经验和做法，只有在深入理解的基础上，才能模仿得好，然后逐渐发展到运用自如。

2.改编

将别人的东西经过改进，包括对游戏内容进行适当的删减、增补、替换、完善与提高，以适应本班幼儿的实际情况，适应不同的年龄段、幼儿个性化特点和兴趣、需求等。对幼儿体育游戏进行改编，应该是在模仿学习阶段之后自然发展的阶段，是教师业务水平发展的中级阶段。教师经过一段时间的模仿学习，根据模仿过程中发现的问题、幼儿表现、家长反馈等思考游戏的适用范围及需要改进的地方，如何改进、借鉴更多其他人的做法。只有经过认真的思考和多方对比、观察才能提出具体的、切实可行的改进措施，体育游戏的改编才会顺理成章，教师的业务水平自然也就得到了提高，工作也会更加得心应手。

3.创新

通过查阅体育游戏资料、收集相应的素材、与专家咨询、与同行交流，设计适合本班幼儿发展水平的体育游戏。

创新是教师业务发展水平的高级阶段。创新不是凭空的，需要教师平时多观察、多积累、多学习（包括看书、业务培训与交流）、多思考，主要是关注身边的事物，结合自己看到的文献资料，灵活地吸收好的素材，结合幼儿的特点和主题教育内容，进行有目的的设计。

第三节　体育游戏创编的思路和方法

体育游戏的创编，主要指根据体育动作发展目标对游戏内容的设计，同时还包括游戏情节（情境）的建构、游戏环节的预设、道具及材料的运用等。具体的创编思路和方法可以参考以下几个方面。

一、制定游戏目标

制定游戏目标是幼儿体育游戏创编的首要环节，也是最主要的一环。很多教师在创编体育游戏时，只重视内容、形式，而忽视幼儿发展目标，有的教师先选内容、再定目标，导致幼儿体育游戏活动的随意性和盲目性。

游戏目标的制定，首先，要根据《纲要》《指南》有关运动健康领域的目标、内容要求及教学建议，制定符合幼儿年龄及身心发展特点的基本动作发展目标。从幼儿现有的能力和动作发展水平出发，按照学年及学期计划要求，将要促进幼儿达到何种新的发展水平，这是制定游戏目标的首要出发点。其次，目标内容应包括幼儿对体育活动的参与态度、身体动作发展技能、心理健康（情感）和社会适应4个方面，避免单纯以身体发展为唯一目标，以及太抽象、太笼统、不具体、不切实际的要求。再次，应尽量用幼儿体育活动时的动作行为来描述目标。比如，中班游戏"拍球比多"，目标是体验和感受皮球的特性，尝试掌握单手连续拍球的方法，感受"拍球比多"的快乐，培养幼儿玩球的兴趣。

二、选择游戏内容

游戏内容是创编幼儿体育游戏的关键。游戏内容的选择，首先要从游戏的教育目标出发，从情节、角色入手，以身体活动为主要内容。幼儿体育游戏活动的内容非常丰富，它既包括走、跑、跳、投、钻、爬、攀登、翻滚、推拉、悬垂与支撑等各种基本动作练习的内容，又包括利用沙包、绳、圈、棍、钻架及各类球等运动器械的运动；既可以利用身边的沙土、石头、水、冰雪、山坡及田野等大自然环境设计各种游戏活动，还可以利用各种"舞龙""斗鸡""跳竹竿""荡秋千"等民族、民间地域性体育游戏开展体育活动。

三、设计游戏的组织方法

体育游戏的组织方法对于游戏活动的效果非常关键。组织幼儿进行体育游戏可以从角色和情节入手，同时设计开始信号、动作过程、结束姿势、游戏规则等。

1.创设情节

情节是体育游戏的主线。体育游戏的题材可以选择幼儿熟悉的生活情节，如"妈妈找宝宝""郊游"等，还可以选择电影、电视、画刊中的童话故事，如"小兵跳伞""喜羊羊与灰太狼"等，也可以选择成人的活动，如"小小侦察兵"等。当然，有些游戏可以没有复杂的情节，甚至没有情节，比如"石头剪刀布"游戏等，但是这些游戏确实有身体活动的要求和玩法。

2.设计和分配角色

角色是幼儿在体育游戏中不可缺少的重要组成部分。角色选择可以让幼儿自己承担，也可以冠以各种小动物的名称（如小白兔、大灰狼等）、冠以任务名称或冠以物体名称等。角色安排，可以设计为同一角色或不同角色完成一个任务，也可以选择不同角色相互对抗。

3.制定游戏规则

游戏规则具有组织教育活动及保证游戏合理、公正、顺利开展的作用，从属于游戏内容、情节和角色等。游戏规则随着幼儿年龄及动作要求的变化而变化，具有很大的灵活性。小班幼儿不注意、不重视游戏规则，常以方法、内容代替规则；中、大班可以逐渐增加规则数量和难度要求。

4.创设或利用环境

环境既是重要的教育资源，又是重要的教育手段和工具。环境的教育功能在体育游戏中也有很好的体现。体育游戏应高度重视环境的教育作用，通过创设和利用好的环境，更加高效地促进幼儿身心健康、和谐发展。比如，幼儿园内外的草地、塑胶地、土坡、水池、大教室、攀岩墙、投掷墙等各种场地和设施等，都是体育游戏环境创设的资源。环境创设应有利于贴近幼儿的生活，容易被幼儿理解和接受。

四、撰写活动方案

完成幼儿体育游戏的构思后，还要将游戏活动的具体操作落实到书面，写出游戏活动的具体方案，包括画出场地示意图。游戏活动方案一般应包括以下几个方面。

1.游戏名称

应该直观、形象、生动，符合幼儿认知水平，且具有体育特征。如"蚂蚁搬豆"，蚂蚁是幼儿熟悉的角色，"搬"是要做的动作，"豆"是需要搬运的东西。

2.教育目标

根据游戏内容和方法，指出重点发展身体的某个动作，提高某项运动技能或身体素质，培养某种个性和品质等。

3.物料及场地准备

即游戏前的准备工作，如体育器材名称、数量及安排，场地布置、划分，辅助器材等，游戏准备要写得具体而全面。

4.操作方法

操作方法是游戏过程中的主要部分，包括分组、队列队形、开展游戏的具体方法、游戏顺序、游戏结果等，表述要完整。

5.游戏规则

力求简单、具体、明确，有利于游戏的开展。

6.注意事项

主要说明教师组织、指导的要点，以及特殊情况的处理等。

7.场地队形示意图

主要是说明活动场地的形状、大小、器材的内容及摆放的位置与方法，幼儿游戏队形、路线以及教师站立的位置等。

🐌 知识小贴士

"一物多玩"体育游戏

"一物多玩"是创编幼儿体育游戏的常用方法。绳、圈、棍、沙包等是幼儿常用的玩教具，下面介绍一些具体用于游戏中的方法。

（1）绳结游戏（要教会幼儿打结的方法）。①穿越游戏：在平台上放一个木框，使投出的绳结能够穿过去。②投入游戏：把绳结投入纸箱内。③命中游戏：将摆好的积木用绳结击倒。④搬运游戏：用头顶着绳结，用脚和背搬运绳结，从一处搬运到另一处。⑤叉腰、抛接游戏：向上抛出绳结，双手叉腰，再双手接住绳结。

（2）圈的游戏。①滚圈游戏：两名或几名幼儿相互滚圈、接圈，再将圈滚回去。②钻圈游戏：一名幼儿滚动圈，另一名幼儿抓住时机，从圈里钻过去。③滚圈赛跑游戏：两名或几名幼儿一边滚圈，一边赛跑。④套圈比赛游戏：几名幼儿站在起始线后，将圈投出，套中目标物。⑤互推游戏：两名幼儿站在圈内，将对方推出圈外者赢。

（3）棍的游戏。①骑马跳游戏：将棍当马，骑在胯下，连续双脚跳，向前行进。②举重游戏：将棍举过头顶。③前后（左右）跳游戏：以棍为中心，前后（左右）跳过来、跳过去。④拍手取棍游戏：用手掌将木棍压在墙壁上，手松开木棍，拍手，在木棍未到达地面之前，抓住木棍。⑤抬轿子游戏：两名幼儿面对面，握住两根木棍的同时翻转身体。

（4）沙包的游戏。①投掷命中游戏：投沙包，击中目标。②投与接的游戏：两名幼儿参与投沙包和接沙包的游戏，投与接的方式可以变换。③投、跳、夹的游戏：用手将沙包投出去，双脚行进跳，跳到沙包所在的位置，用双脚夹住沙包，再跳起，将沙包甩出去。④踢沙包游戏：幼儿分组，进行踢沙包比赛，看看哪组将沙包踢进对方球门的次数多。⑤触地接包游戏：向上投沙包，马上单手或双手触地，再双手接住落下的沙包。

（引自《幼儿体育游戏指导》）

第四节　体育游戏创编案例分析

一、小班体育游戏案例

1.游戏案例1：蚂蚁运粮

（1）目标：

练习钻（正面钻）、爬（手膝爬）和"S"形绕障碍跑的动作，发展四肢肌肉力量，锻炼身体动作的协调性和灵活性；能遵守游戏规则，培养与同伴协作游戏的意识；体验合作游戏的快乐。

（2）玩法：

①准备收纳盒2个、拱形门6个、长地垫4块、标志杆8个、沙包若干、4种豆子（白芸豆、黑豆、红豆、绿豆）若干。沙包和4种豆子代表蚂蚁的粮食，零散放置在场地的特定区域。场地布置如图9-1。

②幼儿扮演小蚂蚁，分为人数相等的甲乙两组，分别代表两个不同的蚂蚁家族，站在起始线后。听到教师发出"开始"的口令后，每组幼儿按顺序依次

钻过山洞（拱形门），爬过草地（长地垫），来到粮食分布区，寻找并搬运粮食。找到粮食后，捡起一颗粮食（1个沙包或4种豆子），沿着地面画好的"S"形路线，绕杆跑回起始线，将食物放进储藏室（收纳盒）里，再沿着刚才的路线，多次到粮食分布区搬运粮食。

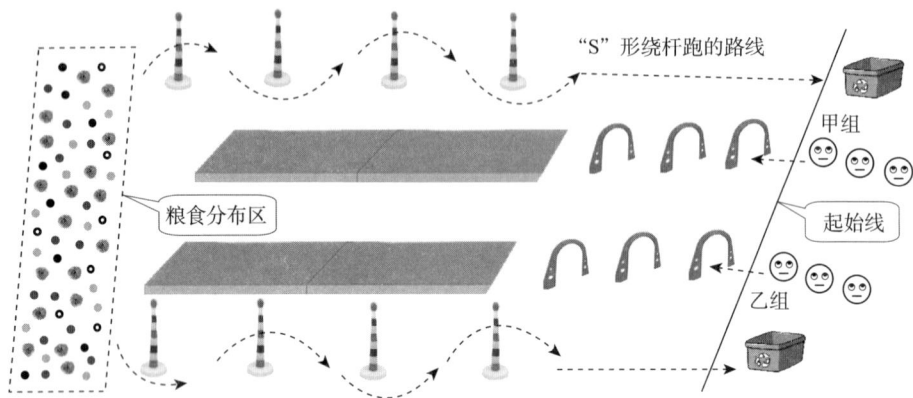

图9-1 "蚂蚁运粮"游戏场地示意图

③幼儿在钻山洞、爬草地、绕杆跑回时，要求不能相互碰撞，保持间距。幼儿在粮食分布区寻找并捡粮时，要避免争抢、推搡，以谁先拿到就是谁的为准。

（3）规则：

每个幼儿每次只能搬运一颗粮食（1个沙包或4种豆子，任选一种就可以），可以单独运粮，也可以同组内不同伙伴相互传递运粮。传递运粮过程中，每名幼儿手里只能拿一颗粮食传递，当手中有粮食时，不能再拿对方传过来的粮食。传递运粮时，必须按照地面画好的"S"形路线绕杆，再返回起始线，并将粮食放进本队的储藏室（收纳盒）里。不同幼儿可以按返回的"S"形路线分散站开，传递粮食。直到将所有的粮食搬运完，游戏结束。最后，看看哪组搬运的粮食数量最多，即为获胜方。

（4）点评：

小蚂蚁们秩序井然，大家在外出寻找粮食、搬运粮食时，非常积极、热情。小蚂蚁们不偷懒，很勤劳，各自都在忙着找粮、运粮。最难得的是，小蚂蚁们非常团结，讲究合作。通过相互传递运粮可以看出，幼儿相互配合，遵守游戏规则，效率很高。可以利用勤劳、团结的小蚂蚁对幼儿进行思想教育、道德品质教育。

（5）案例分析：

游戏采用故事情境引入，由幼儿扮演小蚂蚁，共同运粮，有助于引导幼儿快速进入游戏角色，充分调动幼儿参与游戏的积极性和主动性，这样做符合小班幼儿的年龄和心理特点。通过两个蚂蚁家族找粮和运粮的基本故事情境，设置粮食分布区、蚂蚁生活环境（山洞、草地）等，对幼儿进行基本科学认知的渗透教育，巧妙而自然地引入了基本动作练习，如钻、爬、绕"S"形路线障碍跑等，渗透着游戏规则教育，引导幼儿开展合作游戏，感受集体合作游戏的乐趣，是一个不错的体育游戏活动案例。建议在起始线后面设计蚂蚁巢区，同时放置多个不同的储藏室（即摆放不同的收纳盒），让幼儿将运来的粮食分类放置，渗透数学分类教育内容。也可以让幼儿站在距离收纳盒的一定距离外，将粮食投进收纳盒，完成投掷动作练习，或者进一步丰富粮食的种类，增加海洋球、小纸团等，或用海洋球、小纸团等代替4种豆子，便于幼儿开展投掷练习。

2.游戏案例2：趣味彩虹伞

（1）目标：

练习走圆圈、双脚纵跳（以头触物）及投掷（单手或双手）动作，发展协调走步的能力及上、下肢肌肉力量，锻炼身体动作的灵活性和协调性，激发幼儿参与游戏的兴趣，培养幼儿与他人协作游戏的意识，体验与同伴合作游戏的乐趣。

（2）玩法：

①准备材料：直径约2.5米的彩虹伞1个、海洋球若干、收纳筐4个。将彩虹伞平铺在场地中央，幼儿围绕彩虹伞周边站成圆圈。场地布置如图9-2。

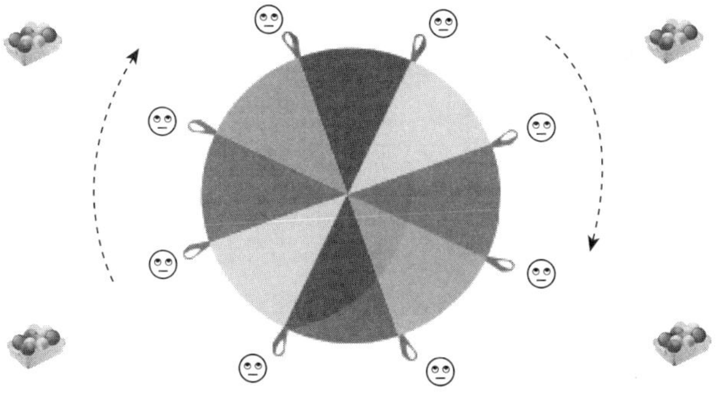

图9-2　"趣味彩虹伞"游戏场地示意图

②拉大伞走圆圈：幼儿右手拉住彩虹伞的一角，按照顺时针的方向走圆圈，边走边念儿歌："彩虹伞，真有趣，拉着大伞做游戏；拉个圆圈溜溜走，拉个圆圈向前走；向前走、不停留，向前走、不回头；大家一起来提溜，瞧瞧我们来长高（踮起脚尖行走的同时，拉着伞的手臂上举）；向前走、低下头，瞧瞧我们变小啦（蹲步走的同时，拉着伞的手臂下垂）！"多次练习，尽量做到步伐和儿歌内容一致。

③踩气包：幼儿分为两组，一组幼儿分散站在伞外四周，另一组幼儿分别

拉着彩虹伞的一角，按照教师的口令，一起向上抖伞，然后再一起向下将伞的边缘按在地上，使伞下留有部分空气，形成气包。伞外的幼儿快速跑到伞上，用力踩伞上的气包，直至将所有的气包踩平。然后，两组幼儿互换角色，继续游戏2~3次。

④纵跳顶伞：一组幼儿拉着彩虹伞的角，上下抖动伞面；另一组幼儿钻到伞下，双脚向上跳，用头去顶抖动的伞面。2~3分钟后，两组幼儿互换角色，继续游戏2~3次。

⑤抖球和投球：一组幼儿分别拉着彩虹伞的角，将伞撑好。教师将准备好的海洋球倒在伞面上，然后和幼儿一起向上抖动彩虹伞，将伞面上的小球抖到伞外的地面上。另一组幼儿跑去捡回海洋球，投掷到伞面上。2~3分钟后，两组幼儿互换角色，继续游戏2~3次后结束。

（3）点评：

本游戏通过彩虹伞引导幼儿进行多种动作练习（如走圆圈、双脚纵跳、抖手腕和胳膊、投掷等），既能锻炼幼儿的基本动作技能，又能培养幼儿的游戏规则意识、合作意识，让幼儿体验合作游戏的乐趣，符合小班幼儿体育游戏的目标要求。不足之处在于缺乏故事情境引入和不同游戏玩法之间的串联。

（4）案例分析：

彩虹伞是很好的游戏道具，具有多种玩法，根据幼儿人数和伞面大小决定使用彩虹伞的数量。若人数较多，伞面较小，为避免伞下过多的幼儿在纵跳时相互碰撞，可使用两个彩虹伞，由两名教师分别组织幼儿活动。在"踩气包"游戏中，可以让幼儿踩指定的区域，如男孩踩绿色的伞面，女孩踩红色或其他颜色的伞面，让幼儿听指令做动作，巩固对颜色的认知。游戏中，应提醒幼儿保持间距，避免互相挤、撞。可以根据幼儿兴趣随时调整游戏次数。

二、中班体育游戏案例

1.游戏案例1：沙包游戏

（1）目标：

练习单手肩上投掷动作技能，锻炼目测能力，提高投掷的精准度，发展上肢肌肉力量；练习并腿跳跃，锻炼腿部肌肉力量，促进身体平衡能力的发展；练习踢沙包，锻炼踢腿动作技能，发展身体的平衡能力及动作的协调能力；在踢沙包过程中记数，提升数学学习能力。

（2）玩法：

①准备沙包60个、长度约60厘米的细绳15根（每根细绳与一个沙包缝在一起）、软绳棒15根、直径约60厘米的圆形硬纸板（上面画怪兽图案）3块，将画有怪兽图案的硬纸板固定放置在场地的特定区域（如墙体或支撑架或树干

上）。场地布置如图9-3。

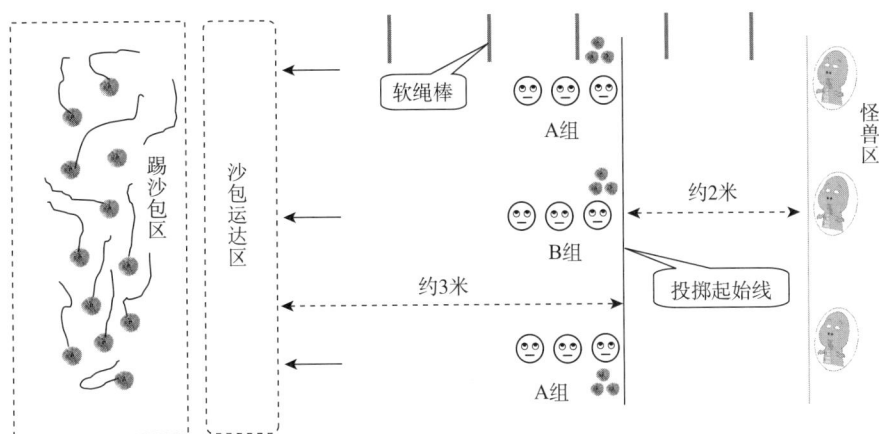

图9-3 "沙包游戏"场地示意图

②幼儿按人数等分为A、B、C3组，分别站在起始线（距离怪兽约2米）后。

③打怪兽：3组幼儿分别面对自己所在组的怪兽，用沙包投掷的方式打怪兽，每人3个沙包，共有3次投掷机会，本组所有幼儿投完沙包后，本次游戏暂停。统计哪组幼儿打中怪兽的次数最多，最多者获胜。也可以进行个人之间的比赛。

④双脚运沙包：打怪兽结束后，每个幼儿采用双脚夹包跳的方式，从怪兽区搬运3个沙包到指定区域（沙包运达区），需依次跳过5根软绳棒，搬运3次。每组队员依次按顺序搬运沙包。看看哪组幼儿最快搬运完。如果幼儿中途没夹住沙包、漏掉沙包，须在漏掉的地方重新夹包往前跳。

⑤踢沙包：幼儿单手拿住细绳的一端，将沙包提至合适的高度，瞄准沙包，用一只脚的内侧向上踢沙包，边踢边数数，比一比谁在规定的时间内踢得又准又快。

（3）点评：

本游戏以沙包为主要游戏道具，围绕沙包的玩法设计了3个动作练习类的游戏：打怪兽练习投掷（精确度）、运沙包练习双脚夹包跳、踢沙包创造性练习踢腿动作。游戏内容能有机地联系在一起，既锻炼了上肢肌肉力量（投掷），又锻炼了下肢肌肉力量（跳跃、踢腿），还锻炼了身体的协调及平衡能力（夹包跳、各种踢沙包），自然地渗透了科学计数的练习，游戏内容丰富，锻炼比较全面，还适度引入比赛竞争的因素，符合中班幼儿的年龄特点及动作发展目标要求，是一次不错的体育游戏活动。

（4）案例分析：

沙包是幼儿园最常见的体育玩教具，有多种玩法。本游戏运用了沙包最常见的玩法，如投掷、夹包跳等。游戏中，踢沙包的玩法并不多见，属于创新玩法。将沙包拴上细绳，幼儿手持细绳一端，做连续踢沙包的动作。踢沙包本身就有多种踢法（如，用内侧脚背踢、外侧脚背踢、前脚背踢、脚尖踢，将沙包往侧上方踢、往正上方踢等），这里需要教师通过引导，让幼儿探索更多踢沙包的方法，充分发挥幼儿的创造力和想象力。夹包跳虽然是一个普通的玩法，但游戏中加入了软绳棒，将软绳棒按一定间隔摆放，让幼儿在夹包跳的过程中需要越过简单的障碍，根据软绳棒之间的距离调整跳跃的距离，这也体现了游戏设计中有关动作难度设计的思路。也可以从怪兽区顶沙包走回起始线或沙包运达区，也可以进行顶沙包接力赛或双脚夹包跳的接力赛。全班幼儿玩这个游戏容易乱场，需要教师精心组织和准备，尤其是游戏前对游戏规则做些说明，做好分组和人员分配，使各小组成员都能积极地参与游戏。对投掷及踢沙包活动中的计数，需要做好引导说明。

2. 游戏案例2：猫捉老鼠

（1）目标：

练习追逐跑、躲闪跑及踩高跷走平衡，发展身体的平衡能力、躲闪能力，锻炼身体动作的灵活性及快速反应能力；能够投入游戏角色，感受角色游戏的乐趣。

（2）玩法：

①准备若干张桌子，围成大圆圈，圈内表示老鼠洞，圈外为猫的活动区。桌子下的通道表示老鼠洞口。圈外四周地面零散放置若干个沙包，表示食物，场地布置如图9-4。

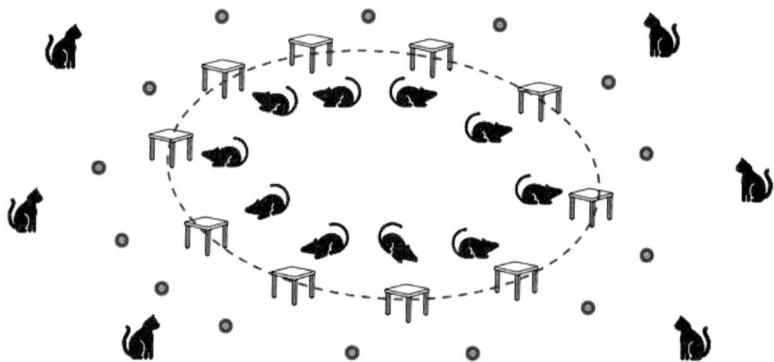

图9-4 "猫捉老鼠"游戏场地示意图

②幼儿分为两组：猫组和老鼠组，老鼠组比猫组人数稍多。老鼠组幼儿在圈内分散开，保持下蹲姿势。猫组幼儿戴好猫头饰、穿好小高跷，在圈外的活动场地内自由走动（距桌子圈线2~3米）。

③游戏开始前，猫组幼儿做上肢运动，如各种摆臂、学猫梳理胡须的动作，活动手腕、脚踝，做出磨爪子的动作，做下蹲动作后快速跳起，模仿猫捕鼠的动作。

④老鼠组藏在老鼠洞内（圈内），等待时机，准备钻出洞外，寻找食物。猫在老鼠洞外（圈外）巡逻（踩着小高跷，在圈外自由走步），随时准备抓捕老鼠。游戏开始的信号发出后（以播放《黑猫警长》音乐为开始信号），老鼠要尽快钻出洞外找食物，不能一直躲在老鼠洞里。被抓捕的老鼠（以被猫组幼儿触碰为被猫抓捕到）站到游戏场地边缘，暂停游戏。

⑤游戏过程中，教师巡回观察、指导，随时提醒幼儿注意安全。

⑥当所有的老鼠都被抓捕完，即结束一轮游戏。全体幼儿分散开，做放松运动，或教师带领全体幼儿绕场地走两圈。然后，教师对游戏进行小结，鼓励姿势正确、钻得迅速、躲闪灵活的幼儿。

⑦猫组和老鼠组幼儿互换角色，开始第2轮游戏，教师按前述方法巡回指导。

（3）规则：

老鼠必须从桌子下面钻出去寻找食物，回来时，也必须从桌子底下钻回来（可以是任意一张桌子底下）；音乐响起，游戏开始；猫不能太靠近桌子圈，不能在桌子旁边站立不动，所有老鼠都必须钻出洞外寻找食物；在抓捕老鼠的过程中，猫始终要踩着高跷，不能从高跷上掉下来，否则暂停游戏。

（4）点评：

游戏的故事情景符合中班幼儿的年龄特点。通过设置猫与老鼠两个角色形象，提高了游戏的趣味性和娱乐性，能使幼儿积极地投入游戏。游戏引导语生动、形象，符合幼儿的年龄特点。实践证明，教师适当参与体育游戏并在游戏的不同环节运用恰当的引导语，对于提高体育游戏的锻炼效果、激发幼儿参与游戏的兴趣具有其他因素无法替代的重要作用。如，本游戏开始，教师用简洁、生动的故事情境引导语："桌子围成的圆圈里是小老鼠们的家，猫的个头比老鼠大，无法钻进老鼠的家里，圈外是小猫的活动场地。小老鼠必须从桌子底下的洞口钻出去，寻找食物……"游戏结束语："小猫的本领练得真好啊！天快亮了，小猫捉了一晚上的老鼠。现在，要回家睡觉休息了。让我们把精神养得好好的，下次再捉更多的老鼠吧！"这样的导语和结语既符合中班幼儿的年龄特点和心理特点，又给幼儿留下了回味与思考，更凸显了幼儿游戏的趣味性。

（5）案例分析：

猫组幼儿踩高跷，追赶老鼠组幼儿，动作表现不符合猫的动作特征，容易给幼儿造成科学常识性的误导。中班幼儿可以练习踩高跷，但踩高跷追逐跑对他们要求较高，也不符合中班幼儿动作发展要求。猫组幼儿在做热身运动，如活动胳膊、手腕和脚踝、做下蹲后快速跳起等运动时，老鼠组幼儿也应同时做一些适当的动作练习，既能热身，也能与猫组幼儿的动作同步，保持全体幼儿大体相当的运动量。建议沙包数量多准备一些，以免沙包捡完，老鼠还没抓完。教师可视游戏情况，中途补充一些沙包。

三、大班体育游戏案例

1.游戏案例1：球类游戏

（1）目标：

练习原地拍球、花样拍球、推滚球、相互传球、抛接球等运动技能，锻炼挥臂、抖腕、拨指控球的动作技能，发展上肢肌肉力量、身体的协调及平衡能力；熟悉球性，激发对球类运动的兴趣；能两人或多人相互抛接球，培养相互协调、团队合作的意识和精神。

（2）玩法：

①准备篮球若干（能满足每人一个），场地队列队形可参考图9-5。

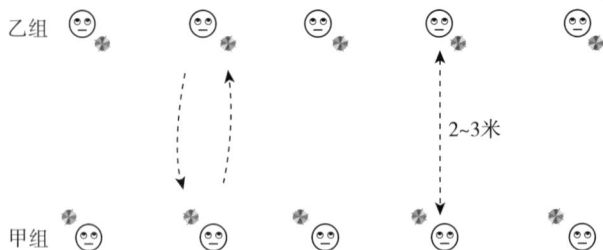

图9-5 "球类游戏"队形及场地示意图

②原地拍球练习：

将幼儿等分为甲乙两组，分前后两排站立，相邻间距约1米，每人一个篮球，练习原地拍球。开始时，要求身体站位点不变，球落地点保持不变。教师示范并用语言简单提示。动作要领：手的五指尽量张开，手心空出来；球弹起时，手需迎球并有随球上升缓冲的动作，让球接触手的时间稍长（像球粘在手上，有停顿感），接球的手在球的正上方；拍球时，手有按压球的感觉。

原地拍球先练轻拍球，动作稳定后，逐步加大拍球力度，逐步掌控拍球的高度变化。而后学习变换拍球的速度（快慢变换），再学习变换方向拍球。

当需要变换拍球方向时，手接球可在球的稍侧向方位。在球的右侧接球时，拍球时向左下方用力，将球拍向左方；在球的左侧接球时，拍球时向右下方用力，将球拍向右方。通过控制接球的方位和拍球时用力的方向来控制所拍的球向左、向右、向前、向后等不同方向弹起。

熟悉变换拍球方向后，再练习左右手变换拍球。多学习、多练习左手拍球、控球。

③花样拍球游戏：

A.拍球穿越胯下：球落地弹起，从自己的胯下（前后）穿过。注意，抬腿的时机，当球在落地最低点时抬腿，就能顺利实现球从胯下穿过。左、右腿相互交叉式抬腿，让球穿行。

B.拍球转圈：拍球过程中，身体原地自转1圈或2圈，然后继续拍球（要求：转圈速度要快，转圈后保持身体自转前的稳定状态并能接续拍球）。或人的站位点不变，边拍球边转动身体，球落地点绕着身体四周转。或球落地点不变，人在球的落地点四周绕圈走动。

④拍球换球游戏：

A.两人换位不换球：球落地点不变，拍球过程中，甲乙两组前后对应的两人互换站位点，接拍对方的球（两人互换站位点时需同步进行，注意错开位置，避免相互碰撞）。

B.两人换球不换位：两人同步拍球过程中，站位点不变，在某种信号指令下，互换球，然后接续拍球。注意两人换球动作需要同步。往对方位置推送球时，力量要适中，有利于对方接球。两人换球动作熟练后，可加快互换球的速度。

C.多人同步换球：4人（或5人、6人）为一组，围圈（面向圈内）站立，同步拍球，在统一的口令下，同时向同一方位（如向左）的相邻伙伴拍换球。注意口令和动作协调一致。球拍向相邻伙伴时，力度要适中，方位尽量准确。

⑤推滚球游戏：

A.甲乙两组前后对应，两人为一组，面对面相隔3~4米站立，向对方推滚球，要求用双手向正前方推滚球。推球时，应该向正前方贴地滚动。相互推滚球若干次以后，两人同时向后转，练习将球从自己的胯下向后滚，同样采用双手推滚球的方式，要求将球向正后方贴地滚动，需将球滚进对方的"球门"。

B.单手向前滚球（保龄球式滚球）：右手托球，左脚在前，右手在下托球，左手在上轻轻地扶住球，先往后引球，然后用力挥臂、抖腕、拨指，向正前方贴地滚动球。

推滚球练习时，可让部分幼儿分腿站立当作球门，或双手趴地、两手和两腿间的距离当作球门，或仰身反撑地当作球门，规定几个为一个组合进行练习。也可以放一个拱形门当作球门。

⑥抛接球游戏：

A.自抛自接球：双手于胸前向上自抛自接球。接球时，两手张开，应有一个随球往下的缓冲动作。做向上抛球练习时，先抛低、后抛高，应逐渐加大抛球的高度。球在下落过程中，可以拍掌，先练习拍一下，后逐步增加拍掌的次数，最后达到拍掌5次。如果拍掌过程中，没接住球、球落地、弹起、再接住也可以。变换玩法，转体180°后接球：双脚前后站立，双手于胸前向上抛球后，向后转身180°，再接住球。

B.两人互相抛接球：两人面对面练习相互传接球。接球时（无论单、双手）需注意，手呈半月形，手往前迎球，接触球后有随球往后缓冲的动作。好的接球动作几乎没有声响。单手接球（无论是自抛球，还是他抛球）对于幼儿来说，难度较高，对动作技能发展较好、较快的幼儿可以引导其尝试单手抛接球练习。

C.多人合作抛接球：5~10人围圈（间距约1.5米），面向同一方向，向自己身后的同伴高抛球，同时接住前面同伴抛来的球。注意：在听到"抛球"口令后，双手于胸前向上、向身后方向同时抛球。

（3）点评：

幼儿对玩球有着浓厚的兴趣。幼儿初次接触篮球时，越是有着强烈控球的欲望，越不容易达到目的。拍球时，既需要技巧，又需要耐心。拍球时从低位拍起，逐渐用力将球拍高。如果感觉控制不好球，可以适当降低球的高度。特别注意手腕用力，学会抖腕，五指伸开，灵活拨指。可以先空手练习，向前伸出两手，五指自然张开，向下有节奏地用力抖腕。球弹起后，不要过早地往下按压球，待手掌接触球后，让手掌与球一起有一个往上的缓冲动作。不着急、不着慌，用手掌找摸到球体后，再往下拍。

（4）案例分析：

本次游戏设计从逻辑上看没有问题。最大的问题是，幼儿无法通过一次游戏活动时间（30~40分钟）完成所设计的活动内容。尤其是幼儿在本次游戏之前，如果没有多次玩球的经历，更是无法完成设计的内容。即使在教师的引导下，勉强完成所设计的动作练习内容，给人感觉也是在走过场，幼儿还没来得及体验游戏中的很多动作，游戏就结束了。因此，建议将本游戏的设计内容分多次完成。为避免一次性拍球时间过长，造成幼儿身体疲劳和厌倦，可以分多次练习，也可以穿插在其他体育游戏活动中进行练习。建议家长利用亲子活动时间，多带幼儿进行拍球、滚接球、抛接球等球性练习，以提高幼儿对球性的了解，增强幼儿对球的感性认识。球类游戏和拍球练习需要大量的、分散的时间进行，才能让幼儿拍球、控球的技能有所提高。在体能课中引入球类游戏，不同于专门的篮球课，重点不在于掌握玩球的动作，而在于激发幼儿对球类运动的兴趣，起到抛砖引玉的作用。

2.游戏案例2：呼啦圈游戏

（1）目标：

以呼啦圈为主要媒介，练习各种钻穿、双脚连续跳、单脚连续跳、抛接、推滚等动作技能，锻炼四肢肌肉力量，提高动作的协调能力和身体的灵活性，发展综合体能，培养团队合作精神、集体意识及荣誉感。

（2）玩法：

①准备大呼啦圈和小呼啦圈若干，队形及场地布局可参考图9-6。

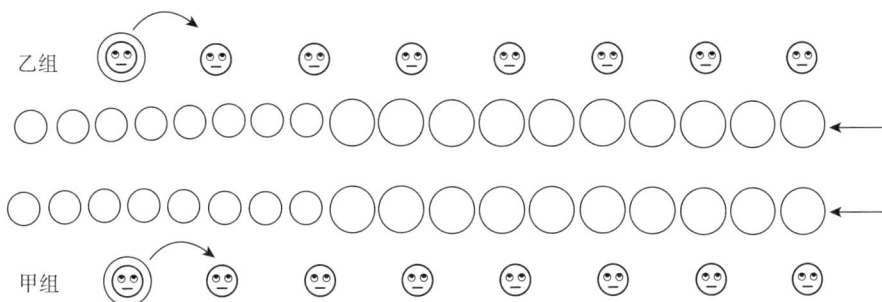

图9-6　"呼啦圈游戏"队形及场地示意图

②穿呼啦圈：幼儿等分为甲乙两组，分前后两排分散站开（前后间距约2米，左右间距1米）。当教师发出"开始"的口令后，每组排头的幼儿双手抓住呼啦圈，由头到脚（或由脚到头）穿过，再把呼啦圈递给相邻的下一位幼儿，由其按照同样的动作要求穿过呼啦圈。直到最后一名幼儿穿过呼啦圈后，游戏结束。最先完成任务的组队获胜。

③跳呼啦圈：甲乙两组幼儿前面各连续摆放10个大呼啦圈（直径60~80厘米）和8个小呼啦圈（直径约40厘米），摆放样式参考图9-6。当教师发出"开始"的口令后，每组右边排头的幼儿从最右边的大呼啦圈开始，双脚连续跳过大呼啦圈，然后变为单脚连续跳过小呼啦圈，跳完后，快速跑回起始处，与下一位队员击掌。下一位幼儿按前者的要求依次跳过所有的呼啦圈。直到所有的队员跳完呼啦圈，游戏结束。最先完成任务的组队获胜。

也可以将大、小呼啦圈混合摆成一列（直线或弧形），采用并腿双脚跳和单脚跳交替的方式进行接力。

④滚呼啦圈：两组幼儿面对面站立（间距约2米），甲组向乙组滚动呼啦圈。当滚动的呼啦圈到达乙组站位线时，乙组幼儿在呼啦圈倒地之前迅速抓住呼啦圈，凡抓住一个呼啦圈的，乙组得1分。当滚动的呼啦圈到达乙组站位线后，未被乙组队员抓住，则甲组可获得1分。滚动的呼啦圈未能到达乙组站位线，则双方都不得分。甲组滚完所有的呼啦圈后，由乙组滚圈，甲组抓圈，规

则同前。最后得分多的组队获胜。

⑤抛呼啦圈：两组幼儿面对面站立（间距约2米），使用小呼啦圈一人抛，另一人接，甲乙两组交替进行抛接。熟练后，再适当增加间隔距离。

⑥钻呼啦圈：

A.两人一组练习钻圈，一人竖着拿呼啦圈（触地），一人钻过去。听到口令后，开始钻或合着音乐节拍钻，两人交替拿圈和钻圈练习。

B.甲乙两组合作练习。甲组幼儿每人立拿一个呼啦圈，并排站立，乙组幼儿按顺序依次钻过所有立着的呼啦圈，完成规定的钻圈次数后，两组交换，乙组拿圈，甲组钻圈。

C.快速钻呼啦圈：立拿呼啦圈，松开手后，在呼啦圈倒下之前，快速钻过去。熟悉动作技能后，可由教师慢慢地将呼啦圈滚出去，幼儿在呼啦圈倒下前迅速钻过去。鼓励幼儿多次尝试，逐渐熟悉动作技巧。动作熟练后，两组比赛。每组每人钻一次滚动的呼啦圈，成功钻过人数最多的组获胜。

（3）点评：

呼啦圈是幼儿园常用的游戏道具，看似简单，其实要想利用呼啦圈玩出新花样，的确需要巧妙的设计。本游戏以常见的呼啦圈为媒介设置了若干个集体小游戏，让幼儿练习各种钻、跳、抛接、推滚等动作技能，既注重游戏的层次性、难度由低到高的顺序性，又设置了一定的游戏难度，给幼儿提出了挑战，这样的设计符合大班幼儿的年龄及身心发展特点。大班幼儿喜欢集体合作型游戏，喜欢竞赛类游戏，喜欢有挑战性的游戏，本次呼啦圈游戏内容也正好符合幼儿的这些特征。教师在组织游戏的过程中，应利用好大班幼儿喜欢自主探索游戏的年龄特点，观察和引导幼儿边玩边动脑，积极探索呼啦圈的新玩法，如创编摇转呼啦圈等难度较大的玩法，将呼啦圈套在胳膊、颈部、腰部、小腿等部位转动。这样，才能更好地发挥幼儿的想象力和参与游戏的主动性。

（4）案例分析：

本游戏设计的内容丰富，有各种钻、跳、抛接、推滚动作练习，既可以分散练习，又可以小组合作练习。建议分组循环练习，因此，需要教师精心组织和恰当的引导。如果组织不好，容易乱场。如一次游戏时间无法完成全部内容，可以分两次完成，分别练习不同的内容。同时，注意引导幼儿自由探索呼啦圈的多种玩法，或结合其他简单的器械，创编出更多的趣味游戏。教师可以预留一定的自由探索时间，让幼儿探索新玩法。

四、创编游戏的实施

1.在安排体育游戏活动时，要合理组合、调配单位时间内体育活动的内容，将运动量小的走、投掷、平衡、爬等动作练习与运动量较大的、心肺机能锻炼效果明显的跑、跳动作结合起来。

2.在开展各类体育游戏活动的过程中，要尽量减少说教、示范、停顿、更换器材的时间，使各个环节流畅、紧凑，从而提高运动的效率。

3.在组织方法上要少用"接力式"，多用"鱼贯式"，减少大多数幼儿消极等待的时间，让更多幼儿在某一动作或不同动作组合的练习中，能一个接一个地在场地中持续运动3~5分钟。

第十章　幼儿体育教学活动

幼儿园的体育教学活动（有时也简称"体育课"）是指幼儿在教师有目的、有计划的指导下，发展基本动作、增强体质，学习运动技能，培养品德、发展智能和形成个性特征的过程。幼儿园的体育教学活动既是一种有目的、有计划、有组织的集体教学活动形式，又是体育锻炼活动的一种基本组织形式，也是幼儿园体育活动的主要形式之一。它以支持、激发、促进和引导幼儿顺利开展学习和达成有效学习效果为目的，其主要手段以活动性游戏和各种运动方法构成的身体练习为主；其主要内容是学习体育健康知识、基本动作技能、体育游戏的各种玩法。体育教学活动的设计与实施是幼儿教师重要的专业基本功。

第一节　体育教学活动的原则与要求

一、体育教学活动的目的与意义

幼儿园体育教学活动是幼儿园教育活动的重要组织形式，其主要目的是为了让幼儿掌握基本的体育健康知识、学会基本动作技能及科学锻炼的方法，同时对幼儿进行思想教育和道德品质的教育。

幼儿园体育教学活动是幼儿园体育活动的重要组成部分，是实现幼儿园体育活动总目标基本的重要组织形式之一。它注重向幼儿传授体育活动最基本的知识和技能，发展幼儿体能。它不仅注重幼儿身体的全面锻炼与发展，而且还注重在教学中结合动作发展的特点，促进幼儿智育、美育、品德、良好个性及社会性的发展。

幼儿园体育教学活动通常安排在固定的时间内，以班级为单位，由教师全面计划、周密安排和精心组织，引导幼儿通过一定动作技能的学习，使幼儿掌握基本的体育知识和科学的锻炼方法，促进幼儿基本动作技能的发展、综合体能的提升，从而实现幼儿身心健康发展的总目标。因此，幼儿园体育教学活动对于幼儿园教育来说，具有特殊的价值和意义。具体的价值和意义可以简述为以下4点。

1.体育教学活动的教育引领性强，能高效支持幼儿关键经验的获得

教学活动是教师系统的计划和精心的安排，因此，它不同于其他体育游戏活动和自主活动，教学内容的选择往往具有很强的代表性和指向性。幼儿通过自主活动就能习得的动作经验，往往不需要教师在教学活动中做过多的教学干预，而需要教学干预的往往是幼儿动作发展中的关键经验。这些关键经验的总结、提炼和教学干预是教师教学研究的重点。

2.集体体育教学活动能大大节约教育成本，提高教育效益

基于我国幼儿园班级人数普遍比较多的现实情况，集体体育教学活动相对于自主活动，无疑对节约幼儿园的教育资源成本、提高效益起到很大的作用。

3.能快速地让幼儿形成学习共同体，培养幼儿的集体意识和荣誉感

集体教学活动通过教师的组织能让幼儿集中在一起学习。他们相互合作、协调、配合，相互帮助、相互学习，从中感受到集体的力量和温暖。在集体教学活动中，很多时候会出现与教案设计不一样的情景，这时，就需要教师抓住教育契机，不断地锻炼和提高自己。因此，在教学过程中，幼儿所表现出来的新情况对教师也是一种学习和提高。

4.与幼儿园的其他教育活动形式互为促进

体育教学中解决的问题（如新学习的动作技能、新的玩法）需要在户外体育游戏活动中更好的练习、巩固和运用，从而促进幼儿综合运用能力的发展。幼儿自主活动中反映出来的问题，又需要教师及时通过集体教学活动去弥补。有些动作技能，幼儿在自主活动及练习中无法习得或习得有困难。此时，就需要教师在今后的教学中帮助幼儿获得这些动作经验。

总之，幼儿园体育教学活动目标明确、过程严谨、系统性强，符合我国幼儿园教育的国情，是学校体育教育的重要基础，为小学体育做好前期铺垫和重要的物质准备和精神准备。但它不是小学体育的简化版，与小学、中学体育有明显的区别。教师在设计幼儿园体育教学活动时，首先要考虑的是幼儿的年龄特点、身心发展水平。幼儿体育教学不仅内容要适宜，而且组织形式和方法也要符合幼儿心理特点和需求，必须是幼儿喜欢的，能充分调动他们积极参与的游戏内容和形式。

二、体育教学活动的特点

1.目的性和计划性

体育教学活动不同于自主体育活动，它必须由教师的"教"和幼儿的"学"两个方面组成。教什么？怎么教？如何组织幼儿学？这些都需要教师提前计划、精心设计。体育教学活动是教师根据幼儿体育活动目标及发展需要有计划、有组织地实施的教育活动，是全班幼儿都必须参加的集体活动。其主要目的是让

幼儿在活动中学会某项基本动作和运动技能；每次体育教学活动的目标是总目标和年龄阶段目标的具体化、系列化。因此，体育教学活动具有很强的目的性和计划性。

2. 游戏性

幼儿主要是在各种游戏活动中完成日常学习。事实上，体育活动更具有先天的游戏性优势。因此，游戏性是幼儿体育教学活动的突出特点之一。在体育教学活动中，教师通过设计科学、适宜的游戏，引导幼儿积极参与其中。以游戏为主要形式、内容和方法，组织幼儿学习和练习各种基本动作技能。通过游戏的方式，培养幼儿参加体育运动的积极性和兴趣，发挥幼儿学习的主动性，寓教于游戏之中。游戏既能避免单纯的动作技能练习或训练，又能避免枯燥的技能达标培训或竞技性选拔和测验等。教学活动中的游戏选择应有利于动作技能的学习和练习，优先选择那些运动强度小、密度大、能让幼儿动静交替的活动内容，通过游戏的形式和方法进行练习，不断提高学习和锻炼的效果。

3. 体育与智育的自然融合性

表面上看，体育教学活动是一种身体锻炼的形式，但这种身体锻炼活动与思维、情感、意志、认知等方面有着密切关联。体育教学活动并非只有体育知识和动作技能的学习，其中还渗透着科学认知、逻辑思维、规则意识、文化知识、道德情感、社会性发展等诸多方面的内容，这些都是影响幼儿智力发展的重要内容。

体育教学活动实际是师幼之间、幼儿之间的一种多边交流、互动学习的过程。教师的"教"是为了幼儿的"学"。幼儿"学"的状态、效果或结果反过来又促进教师的"教"，促使教师调整教学方式、方法、手段、步骤、计划、重难点指导等。和谐的教学氛围有利于幼儿之间的合作交流、互帮互学。这种合作交流、互帮互学不仅包括体育知识和动作技能方面，还包括语言、科学认知等其他各种知识及意志品质的学习，而这恰恰体现了体育与智育的自然融合性。

4. 教学过程的多重性

幼儿体育教学活动通常具有多目标性、多层次性，且活动过程具有多种形式。首先，体育教学是一个特殊的认知过程。通过教学使幼儿对自己的身体结构及其功能形成认知，尤其是身体运动机能及其发展过程形成认知。因此，体育教学首先应遵循人体运动和机能活动的变化规律，发展幼儿体能，促进身体健康。其次，从社会性发展来看，体育教学是对幼儿进行品德教育、发展个性和社会性的教育过程。再次，从结构论角度来看，体育教学在向幼儿传授体育知识、技能、发展体能的基础上，充分引导幼儿观察、思考、尝试运用新方法进行运动练习，以便更好地培养幼儿综合应用的能力。最后，从教育心理学角度来看，体育教学是以幼儿认知为基础的全面心理活动和以能力为核心塑造人、发展人的过程。

5.运动技能形成的重复性和身心负荷的双重性

一次体育教学活动不可能让幼儿真正掌握某项运动技能。事实上，任何一项运动技能的形成都不是一蹴而就的。幼儿运动技能的形成都要经过反复练习，从初学阶段到复习巩固阶段，再到总结提高阶段，最后到综合应用阶段，这是幼儿运动技能发展的基本阶段和过程。对于不同阶段的体育教学，应有不同的要求。分清体育教学的阶段性目标要求，有利于提高教学活动的效果。此外，针对不同年龄、不同体质、不同能力的幼儿，还应有不同的要求。

在动作技能学习过程中，幼儿的身体直接参与运动（属于生理负荷），运动中还有大量的思维活动和多种情感体验（属于心理负荷）。因此，体育教学中有关运动技能的形成具有身心负荷的双重性。

三、体育教学活动的原则与要求

教学原则是对反映教学客观规律的经验总结。它从特定的教学目的出发，遵循教学的基本要求，是对体育教学的科学指导。

1.健康和安全第一

"健康和安全第一"是指在选择体育教学活动的内容、方法、措施、手段及途径时，最先考虑的是有利于幼儿身心健康发展，有利于养成坚持锻炼的良好习惯，为其终身体育锻炼打下良好的基础。实践中，需注意如下几点。

（1）基于幼儿的动作发展及身心发展特征，适时发展幼儿基本动作技能和综合体能，提高幼儿身体各器官、系统的功能，增强体质。

（2）充分利用身边的环境资源（如水、沙土、石块、空气和阳光等）开展活动，增强幼儿的环境适应能力，同时注重基本卫生教育，培养良好的生活卫生常规。

（3）结合幼儿年龄特点及动作发展水平，灵活运用各种教学方法和手段，处理好集体和个体的关系。教学既能面向全体，又能因材施教、区别对待，让每个幼儿都能在自己原有水平和基础上得到提升，结合具体的条件适时地开展安全教育，避免意外事故的发生，确保幼儿运动安全。

（4）注重心理健康教育。在身体锻炼的活动中，发展幼儿的感知、观察、思维及创造力，培养幼儿的自信心和坚强的意志、品质，促进幼儿心理健康发展。

2.注重全面育人，讲求综合效益

教师应根据体育育人的本质特性，结合体育教学活动的目标和学生身心发展特点，选择恰当的教学内容和方法，使幼儿通过教学活动真正获得体、智、德、美等多方面的提升，实现整体育人的目的。体育教学活动既要促进幼儿动作技能和体能的发展，更要注意幼儿情感、态度、良好习惯的培养，塑造幼儿健全的人格，促进幼儿身心全面、和谐的发展。教学实践中，应注意如下几点。

（1）充分挖掘体育的多元教育价值。体育既能强身健体、愉悦身心、促进智能发展，又能培养顽强的意志、提高审美能力、扩大社会交往。因此，要充分挖掘这些价值，以求体育教学达得全面育人的效果。

（2）将这一原则渗透在体育教学过程的每一个环节，但在不同的教学阶段，又要有所侧重，不能单纯地追求面面俱到。例如，教授幼儿动作时，教师的示范动作必须做到健与美，以引起幼儿学习的兴趣，提高幼儿的欣赏能力；在组织比赛游戏时，不仅要教育幼儿遵守游戏规则，而且还要培养幼儿的集体观念、竞争意识和拼搏向上的精神。

（3）在教学过程中，对幼儿的表现给予及时地鼓励性评价，充分调动幼儿练习的积极性、主动性和创造性。

3.运动负荷要适宜

人体在运动状态下，其生理和心理所承受的压力称为"运动负荷"。运动负荷的主要外在指标为心率、呼吸频率、神经兴奋度（即情绪紧张的程度）。幼儿体育教学活动中，应通过合理、恰当地安排各种动作练习内容，坚持动静交替，使幼儿的运动量和心理承受能力达到适宜的程度，即"适宜运动负荷"。幼儿的运动负荷与其年龄、体质、生理机能所能承受的负荷能力密切相关。幼儿园开展各类体育活动都应坚持运动负荷适宜的原则，只有适宜的运动负荷，才能有效促进幼儿身心健康发展，更好地发展幼儿体能。否则，难以达到应有的健身效果，甚至有损于幼儿身心健康发展。

幼儿身体所能承受的运动负荷，是相对的、发展的、变化的，不仅因人而异，而且还会随着年龄的变化而发展变化。因此，体育教学要根据幼儿的年龄特点、动作与体能情况、兴趣、环境及活动条件等多种因素，有节奏地安排幼儿动作练习的内容、持续的时间、重复的次数与要求，并根据幼儿在活动中的表现（包括动作、情绪、脸色、呼吸等）及时调整内容和要求，保证幼儿每次教学活动的健身效果。

幼儿体育教学内容安排要科学、适宜，课堂组织要严谨，活动中要减少消极等待，给幼儿更多的练习时间，这样才能让幼儿尽快掌握动作技能，发展体能。

此外，还要根据季节、气候、环境、场地条件，选择适宜的内容、形式与方法，通过巧妙地组织活动内容，合理地安排运动负荷。

4.动作技能与体能发展相结合

发展动作技能与发展体能，二者相互促进、共同发展。动作技能的形成需要不断的练习，才能逐步掌握，在反复练习动作技能的过程中，体能也得到了发展。实践表明，当幼儿体能发展较好时，更有利于快速提高幼儿的动作技能。两者之间相辅相成、辩证统一、互相促进、共同发展。教学活动中，给大家提出如下建议。

（1）体育教学活动经常以动作技能作为教学重点和难点。在教学活动中，既要教会幼儿正确的动作要领，还要通过游戏增加动作练习的次数、加强动作练习的指导。只有在教学活动中反复开展动作练习，及时指导幼儿，纠正幼儿错误动作，才能帮助幼儿尽快掌握动作技能。当幼儿掌握了正确的动作技能，参与各类体育活动的积极性会更高。在体育活动中发展体能，才会效果显著。

（2）动作技能发展和体能发展既要区别对待，又要有机结合。为了便于幼儿更快地掌握动作技能，更好地发展体能，幼儿体育教学需要精讲多练，讲解需要结合动作示范。

5.充分发挥幼儿的主体作用

在幼儿体育教学活动中，幼儿始终是活动的主体，所有的教师活动都应尊重幼儿的主体性地位，体现出幼儿是活动主体的教育理念。在活动中，教师为幼儿服务，充分发挥幼儿的积极性、主动性、创造性，完善幼儿的个性行为。只有幼儿积极、主动、自觉地投入练习，才能获得最佳的教学效果。因此，给大家提出几点建议。

（1）在体育教学活动中坚持以幼儿为本，注重个体差异，树立动态发展的观念，处理好教师的主导作用与幼儿主体性之间的辩证关系。

（2）营造宽松的教学氛围，不断激发幼儿的学习兴趣，不断启发和引导幼儿学会观察、重点掌握体育学习的方法，培养幼儿终身体育的意识和行为习惯。

（3）幼儿体育教学要充分体现学练结合，观察、探索与创新相结合，充分给予幼儿自主学习的机会，给予幼儿相互交流与合作的展示空间。

（4）在教学活动中，教师要正视幼儿的个体差异，持续关注、公平对待每个幼儿，采用科学的方法发展幼儿个性，建立和谐、平等的师幼关系。

6.课内外、园内外一体化

幼儿园体育教学活动在幼儿园的教育中所占比例不大，通常每班每周1~2次。仅靠每周1~2次体育教学活动难以完成幼儿体育教育目标。因此，需要教师将课内、课外紧密结合，园内、园外（包括家庭和社会）多方面结合，这样，才能更好地实现增强幼儿体质，促进幼儿全面发展的教育目标。因此，给教师提出如下建议。

（1）确保幼儿每日户外活动时间不少于2小时，其中户外体育活动时间不少于1小时，充分利用户外活动时间安排动作技能练习，巩固体育课上所学的内容。

（2）在坚持体育锻炼的同时，还要坚持与科学的生活方式、合理的营养膳食、良好的生活环境及卫生健康要求紧密结合。

（3）积极开展家园互动，提高家长对开展亲子体育活动的认识，要求家长积极配合幼儿园教育，充分利用家庭与社区的环境与条件，积极开展亲子体育活动，与幼儿园的教育形成教育合力。

第二节　体育教学活动的组织与实施

一、体育教学活动的基本模式

教学模式，通常是指在特定的教学理念指导下，为了完成某种教学目标和内容，对教学各要素（包括目标、内容、条件、学习主体等）所设定的组合方式及活动程序。一线教师学习、研究体育教学活动模式是为了更好地组织和实施教学，为了便于提高教师的教学效率和幼儿的学习效率。幼儿园体育教学活动的模式主要包括下面3种。

1.讲新课的活动模式

所谓讲新课是指教学的主要内容为幼儿首次学习的基本动作技能或专项运动技能（如首次学习投掷、跳绳、拍球等）。讲新课的教学活动程序可以简述如下。这种教学模式的关键词是：动作示范、观察模仿、练习体验、指导纠正。

提出目标 ➡ 教师示范 ➡ 观察模仿 ➡ 练习体验 ➡ 指导纠正 ➡ 分享评价

2.复习课的活动模式

所谓复习课是指本次课的主要内容为复习以前学过的动作技能或专项运动技能。复习课的教学活动程序可以简述如下。其教学模式的关键词是：激发动机、变换形式、复习巩固、创新提高。

激发动机 ➡ 变换形式 ➡ 复习巩固 ➡ 创新提高 ➡ 交流互动 ➡ 挑战比赛

3.综合课的活动模式

所谓综合课是指教学内容既有新学的动作技能，又有已学的动作技能练习，两者比重相当。幼儿园的体育教学活动多数为综合课。上一堂综合课，首先复习巩固已学的动作技能，在复习巩固的过程中，学习一些新内容，通过探索、讨论、尝试新方法，强调对运动技能的综合运用，达到综合锻炼的教学目的。综合课的教学活动程序简述如下。其教学模式的关键词是：温故知新、创新探索、综合运用、发展延伸。

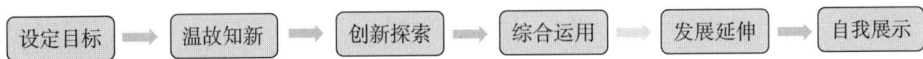

设定目标 ➡ 温故知新 ➡ 创新探索 ➡ 综合运用 ➡ 发展延伸 ➡ 自我展示

从上面的叙述可以看出，所谓教学活动模式，实际上是教师组织和实施教学的基本套路。不同的教学模式适合不同的教学内容及应用场景。幼儿体育教学活动通常具有不同的目的、内容、形式、方法及要求。教师如果能正确运用这些教学模式，无疑对提高自己的教学效率大有裨益。教学活动模式是教师对于自己教学工作及经验的总结。教师无论运用哪种教学活动模式，都需要教师提前做好计划和教学设计。同时在实施的过程中，又不完全局限于教学活动模式，要敢于创新教学模式，根据具体的教育资源及环境条件，大胆设计符合幼儿发展需求的教学新模式。

二、体育教学活动的结构

体育教学活动的结构，是指教学活动中对"教"和"学"的内容、组织形式、各项练习之间的关联、时间分配等做出的具体安排。为何要谈体育教学活动的结构问题？体育教学活动的结构问题，其实就是向教师讲述如何合理安排"教"与"学"、如何安排好运动练习与间隔休息的时间，以期获得最佳的运动健身效果。

1.体育教学活动的结构要依据幼儿机体功能的变化规律所表现的4个基本阶段来安排。这4个基本阶段分别是准备阶段、提高阶段、相对平稳阶段和下降阶段。

2.教学活动的结构安排还要考虑幼儿的心理变化（如注意力、情绪、意志等）规律。幼儿的注意力通常在教学活动的前半程达到高峰，意志力则在活动的后半程达到高峰。

3.教学活动的结构安排还要考虑体育教学活动的类型、教材的内容、教育的环境条件等因素，如采用集中练习或分组练习，分组轮换或分组不轮换练习，轮流练习或依次练习等。

体育教学活动的三段式结构可以表述如下图10-1。

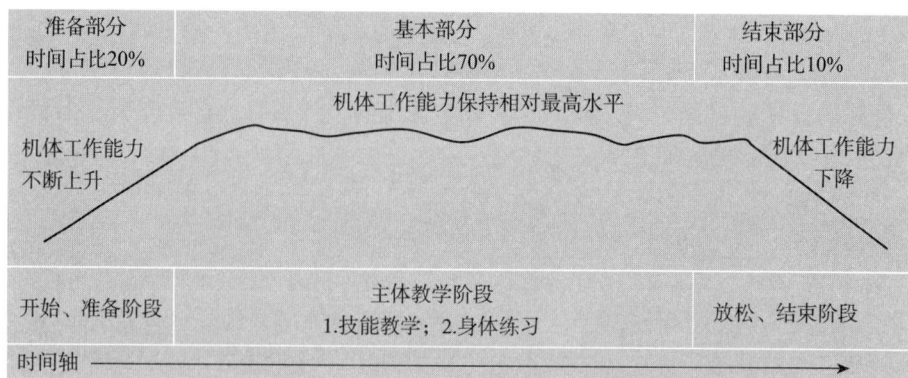

图10-1　幼儿体育教学活动的三段式结构

这种三段式的体育教学活动结构并非不可改变，教师也可以根据教学活动的实际需求不划分阶段，按照人体机能活动规律合理安排练习与休息交替进行。只要能使幼儿的练习有序、连续推进，让幼儿在练习中个性得到自由发展、运动欲望得到满足即可。

三、体育教学活动常规

常规，即常用的规则、纪律或要求。建立基本的体育教学活动常规，既是体育教学活动得以正常、有序开展的保证，又是幼儿思想品德教育的重要内容和基础，如基本的规则、纪律意识、良好的团队合作及集体意识、基本的日常礼仪和仪式等。

幼儿体育教学活动的常规包括以下几个方面。

1.备课写教案

上课前，要根据幼儿体能课程教学计划和幼儿的实际发展水平认真设计教学活动执行方案（即教案）。写教案时，需要考虑教学活动涉及的场地（室外或室内）、器械、设施、环境条件等基本因素。有些活动还需要根据教学需求提前布置场地；活动开始前，提醒幼儿如厕，检查幼儿服饰（包括头饰、鞋及鞋带等）。参加体育教学活动的所有人（包括教师自己），服饰应有利于运动，最好穿运动装和运动鞋，将那些存在安全隐患的首饰、头饰收起来。

2.课堂行为常规

包括组织幼儿集合站队，师幼问候，简要说明本节课的学习内容及活动要求，随即进入教学主体部分。

3.教学点评

教学活动即将结束时，教师应对本次教学活动做简要的点评或讲评，借此鼓励或表扬部分幼儿。可以请中、大班幼儿分批、轮流帮助教师收拾、整理器材。

4.课后反思总结

教学活动结束后，教师应及时反思，总结教育教学经验、教训，提出改进措施。

四、体育教学活动的准备与开展

1.认真备课

备好课是上好一堂课的前提和基本保障，也是对教师的基本职业要求。上课前，所有的准备都属于备课的内容。备好课的首要条件是认真钻研教材和教法，写好教学活动执行方案（教案）。执行方案包括活动目标、活动准备（物料和场地）、活动过程。

活动过程是教学活动执行方案的核心和主体，分为3个部分，即准备部分、基本部分、结束部分（图10-1）。

（1）准备部分。

准备部分主要任务是召集幼儿站队、整队，以及做好热身活动，并说明本次教学活动的内容和要求。热身活动使幼儿身体各器官、系统机能较快地进入工作状态，为接下来的活动做好身体和心理上的准备，并与基本任务紧密结合。热身活动还能集中幼儿的注意力，激发幼儿的运动热情和兴趣。热身活动可以安排队列队形的变换、走步、慢跑步、轻型械操等，发展幼儿身体素质的练习，也可以安排运动负荷不大的舞蹈、律动或小游戏，这些内容大多是以前学过的，作为热身内容，既能复习巩固所学内容，又能使身体各关节活动开。准备部分时间占比约20%，大班教学活动时长约30分钟，准备部分约5~6分钟，小班整体教学活动时长较短，15~20分钟，准备部分的时间占比也相对短一些，一般2~3分钟即可。

（2）基本部分。

基本部分主要是在教师的引领、指导和帮助下，安排向幼儿传授体育知识和运动技能，引导幼儿练习所学的动作技能，同时，还要给幼儿留出一定的自由活动时间和机会，让其通过自由练习来体验、掌握新学的动作技能。通过这样的活动锻炼身体，增强体质，培养其良好的道德品质，促其智力发展。基本部分可以安排1~2个内容，新内容或较复杂的内容应放在前半程，复习的内容或情绪容易激动的内容放在后半程，整个活动可以出现多个运动负荷高峰。

基本部分的内容安排分如下3种情况。

①学习新的动作技能。新动作技能的学习需要教师通过幼儿可以理解的语言讲解并结合动作示范。幼儿看听结合，模仿性学习。讲解是教师用语言帮助

幼儿理解和掌握活动的名称及练习的内容，领会活动的要求、动作要领和具体做法。示范是指教师以个体（教师或幼儿）的动作为范例，使幼儿看到所要练习和掌握的动作或技能的具体形象、结构和完成动作的先后顺序。教师的讲解必须通俗易懂，动作示范采用镜面示范，让每个幼儿都能观察清楚，便于模仿学习。

②练习和巩固已学的动作。教师讲解、示范动作后，在幼儿初步建立与活动有关的表象和概念的基础上，让幼儿在教师的指导下进行各种身体练习。练习法是体育教学活动中学习新动作最基本、最重要的方法。幼儿常用的练习方法有以下几种：

A.重复练习法：指在固定不变的条件下反复练习游戏或动作的方法。如重复练习某个动作或重复玩某个游戏等。

B.条件练习法：指设置一定的具体条件或在改变先前练习条件的情况下，让幼儿进行练习的方法。如在规定高度的条件下让幼儿完整地练习纵跳触物，或在改变平衡木的练习高度、练习动作或练习难度后，让幼儿按新的动作要求进行练习。

C.完整练习法和分解练习法：前者是指把整个动作或活动过程完整地进行练习的方法。后者是指将动作或活动过程分成几个部分，按部分依次进行练习，最后再组合成完整的动作或按活动全程进行练习的方法。如练习跑的动作，可以先让幼儿原地练习摆臂动作，然后再结合下肢动作，完成练习整个动作。

③复习动作或游戏。经常复习学过的动作可以使动作技能掌握得越来越熟练，达到熟练掌握动作技能的目的。复习的动作内容应该与本次活动新学的内容有所区别。如新内容是上肢运动的活动（如投掷），此环节可以安排下肢运动的内容（如奔跑），使幼儿在整个活动中全身都能运动开来。

基本部分是整个教学活动的主体，时间占比约70%。

（3）结束部分。

本部分的教学任务是使幼儿的身体和情绪逐渐平静下来，使肢体放松，较快地恢复常态，教师要针对本次教学活动作出简要的小结，让幼儿了解自己参与活动的情况，并提出更高的要求。

结束部分可以安排走步或较安静的、活动量不大的游戏，如慢跑游戏、放松肢体的操节、运动负荷小且活泼、轻松的舞蹈或律动等，可以选出幼儿代表分享本次活动的心得，还可以组织幼儿收拾、整理器械，养成良好的收拾习惯。

结束部分时间占比约10%。

上述3部分是活动过程的结构性内容。教学活动执行方案中还包括若干具体的活动内容，从这些内容的性质上看，可以概括为5个方面，如表10-1。

表10-1　幼儿体育教学中的五类活动内容

活动性质	具 体 内 容 说 明
组织措施	集合排队、整队、变队、调队、场地器材布置与整理
教师指导	讲解、示范、演示、设问、集体指导、提示并纠正错误动作、个别辅导
幼儿练习	准备性练习、专门性练习、（新内容）模仿性练习、辅助性练习、诱导性练习、游戏、比赛、主动性练习、尝试性探究、合作练习
保护性活动	对稍难的动作、较危险的动作、体弱的幼儿、技能较差的幼儿采取的保护性行动
观察与休息	（师幼之间、幼儿之间）互相观摩、互相探究性观察、练习后的间歇性休息

注：此表改编自《幼儿园体育活动的理论与方法》，人民教育出版社，2013.6。

2.按执行方案开展教学活动

幼儿体育教学活动一般选在室外，室外环境条件相对复杂，因此，相对于其他领域的活动，室外体育教学活动的组织工作更复杂、更难。教师既要严格执行活动方案，又要有适当的灵活性，根据活动开展的情况及时予以调整。在活动过程中，应该注意以下几点。

（1）保持一定的动作练习数量和质量，随时观察幼儿的行为表现，及时把控运动负荷量；掌握好各部分的练习时间和练习密度。

（2）创设最佳的教学情景，使幼儿在生理、心理、情绪、人际关系等方面一直保持良好的状态。

（3）在学习动作技能和发展体能的活动中培养幼儿体育运动的兴趣。

幼儿体育教学活动开展的效果如何与教师在活动中主导作用的发挥密切相关。因此，不断提高幼儿教师的观察能力、组织能力和教育教学指导能力至关重要。

3.合理安排练习密度和运动负荷

（1）练习密度。

根据教学目标、幼儿年龄、场地、器械及气候等环境条件，合理安排每次活动各项练习的时间、强度、动作的重复次数，并根据幼儿实际状况及时调整。

合理分组和调队，恰当讲解和示范，采用科学的练习形式与方法，调动幼儿练习的主动性和积极性，这些都是提高练习密度的举措，反之，则会降低练习密度。

（2）运动负荷。

如本章第一节所述，运动负荷主要通过心率、呼吸频率、神经兴奋度（情绪反应程度）等外在指标表现出来。它主要反映着幼儿在练习过程中身体的生理机能所发生的一系列变化。练习中，要使幼儿的运动量和心理承受能力达到适宜的程度（适宜运动负荷），才能取得最佳锻炼效果。实际上，身体形态、机能的改善与提高，以及动作技能的掌握，都需要通过适宜运动负荷的刺激来实现。因此，合理安排与及时调节运动负荷，对掌握与提高动作技能、发展体能、增强体质及防止伤害事故的发生，都具有重要的意义和作用。运动负荷的安排需要根据教育目标、活动类型（新授课、复习课、综合课）、幼儿年龄、教材性质、场地、器材、气候等环境条件合理安排每项练习的时间、次数、强度及时间间隔等。

在幼儿练习过程中，教师需要认真观察幼儿的行为表现，及时通过调整练习内容、改变动作难度、动作速度、动作练习重复次数、变换距离、缩短单次练习时间或不同练习的间隔、调整休息时间、变换练习密度和组织活动的方法、改变练习条件、增减竞赛因素等来调节运动负荷。

幼儿体育教学活动中，有关练习密度与运动负荷的测定方法及评价问题，可以参见本章"第三节　体育教学活动的观察与评价"等相关内容。

五、幼儿体育教学法

幼儿体育教学活动中，教师如何将知识和技能教给幼儿，幼儿如何"学习"，这是体育教学法的基本内容。教学法是幼儿体育教学活动的基础和关键环节，是教学活动成败的关键，在整个教学活动中具有非常重要的意义和作用。

体育教学活动是由教师与幼儿共同参与的一种互动。幼儿对动作的学习、掌握、提高及体能发展，需要教师的直接组织与指导。教师要根据幼儿的动作发展水平与实际能力创设某种学习环境与条件，引导幼儿积极参与练习、主动探索、实现自主学习与锻炼。这里从"教"与"学"两个层面将幼儿体育教学法分为教师的教法与幼儿的学法。

1.教师的教法

在幼儿体育教学中，教师既要适时地教会幼儿正确的动作技能，又要教会幼儿自主学习的方法，引导幼儿在观察和模仿中学习，在掌握基本动作技能的基础上，进一步积极、主动地探索更多的玩法，充分体现幼儿在学习中的主体作用。

幼儿园体育教学活动中，常用的教学方法主要有以下几种。

（1）讲解法。幼儿体育教学离不开语言讲解，教师要向幼儿说明动作名称、方法及要求，要让幼儿知道学的是什么、怎样做、要注意什么，初步建立动作的概念。

讲解时，教师首先要对讲解的目的非常明确，要清楚"何时讲"（时机）、"讲什么"（内容）、"怎么讲"（组织语言）、"讲多少"（知识容量）等。讲解的语言要符合幼儿的年龄特点。不同年龄的幼儿对语言的理解能力存在较大的差异。教师只有深刻理解这些并根据幼儿年龄特点进行讲解，才能让幼儿听得懂。因此，给幼儿讲解的语言首先要通俗易懂，其次是生动、形象、简练、突出重点、富有启发性且能引起幼儿的兴趣。

（2）示范法。幼儿思维以具体形象思维为主。在体育教学活动中，教师要用正确、优美的动作示范，充分运用直观教具或模型演示，使幼儿在观察与模仿中逐步感知和理解动作要领、方法及要求，建立正确的表象，以便更好地模仿和学习。

教师在做示范动作时，首先要明确"为什么示范""什么时候示范""示范什么""如何示范""完整示范还是重点示范"等，要做到心中有数。示范动作准确、协调、优美。必要时，还要采用不同速度、不同方位进行示范。比如，为了让幼儿看清动作要点，酌情采用正面示范、侧面示范、背面示范或镜面示范。有时，动作示范的同时还要进行语言讲解，提示幼儿动作示范时要看什么。通过动作示范过程中的语言提示，以增强示范效果，便于幼儿学习和理解。运用直观教具或模型演示时，可以根据幼儿的观察和理解能力，随时进行必要的停顿，以便更好的展示动作结构和要点。

（3）分解法。其实质是将较难、较复杂的动作合理地拆分成若干个相关部分，分步安排教学和练习这些拆分的相关动作，最后，顺利地掌握整个动作要领。分解教学通常与分步教学密不可分。

教学实践中，教师经常会根据动作发展的顺序或系列动作的难易程度，对相关的系列动作按照由易到难的顺序，分步骤地编排到游戏活动中进行练习；对于有些相对较难、较繁杂且适宜分解的动作，将它们科学、合理地拆分成若干个相对简单的相关动作，分步安排幼儿对拆分的动作进行游戏化练习。为了便于理解，有人将这种教学方法称为"分解式游戏教学法"，又叫"分步游戏化练习法"或"阶梯式分步游戏化练习法"。这种教学方法包含3个要素，分解、分步、游戏化，其核心是动作分解，实质还是分解教学。这种教学方法可以简化教学过程，提高幼儿学习的自信心和兴趣，帮助他们更好、更快地掌握较为繁、难的动作。但在教学过程中，要注意不能破坏动作的结构、对动作做不合理的拆分。否则，将会影响幼儿学习和掌握正确的动作。

分解式游戏教学不注重立竿见影的能力和效果，而是注重发展幼儿基本动作的协调性和灵活性；不强调将"分解"与"整体"或"整合"生硬地分离开，而是适时、适度地结合"分解"与"整合"，在分解中不忘整合，在整合中融入分解；不生硬地对某一动作从技术上进行分解，而是根据该动作的难易程度，根据幼儿的发展水平将动作放入活动中进行学习程度和难易程度等的分解。

做好分解教学需要教师前期观测并了解幼儿某项动作的发展水平，并对幼儿难以掌握和发展较弱的动作进行分解，设计适当的分解游戏，再通过整体——分解——整体的游戏形式让幼儿逐步掌握动作要领，从而发展运动技能。

比如，按照幼儿跳跃动作发展的规律和特点，一般先安排练习双脚原地纵跳，待幼儿双脚起跳动作掌握后，再练习由高处往下跳，同时结合练习摆臂动作、体验腾空过程及身体的平衡，而后逐步过渡到单脚跳、单双脚交替跳，并尝试分步提出跳跃远度的要求。

以中班学习的"助跑跨跳"来说，为了让幼儿顺利地掌握"助跑跨跳"的动作要领，可以对其实施分步进阶练习。助跑跨跳很明显地可以分为助跑和跨跳两个部分。助跑要求轻松自如、不倒步，跨跳要求后脚用力蹬地，前腿屈膝抬起，跨过障碍后，前脚掌先落地，落地后，继续往前跑几步，缓冲身体急速向前的惯性，保持身体的稳定与平衡。所谓"助跑"是为了借助跑步时后脚用力蹬地来解决快速起跳的爆发力问题。因此，助跑跨跳的分步进阶练习从原地单脚跳开始，先解决单脚起跳，接着练原地跨跳，而后练慢走两步跨跳，再练快走几步跨跳、慢跑两步跨跳、快跑两步跨跳、快跑多步跨跳。整个助跑跨跳的分步进阶练习顺序是：单脚跳——原地跨跳——慢走两步跨跳（视情况增加步数）——快走两步跨跳——慢跑两步跨跳——快跑两步跨跳——快跑多步跨跳。这样的分步进阶练习体现了幼儿运动教育分步教学的基本原理。

幼儿初学助跑跨跳动作后，还需要在后续的游戏中复习、巩固，逐步提高并掌握动作技能。这样做，一方面是为了检查幼儿对动作的熟悉程度和掌握运用情况，另一方面，也是为了强化动作练习。跨跳所跨越的距离先短而后逐步延长。教师也可以将幼儿的动作练习拍摄成视频，发给家长，引起家长重视，便于教师与家长沟通和相互配合，引导幼儿多加练习，进一步掌握动作要领。

再比如，幼儿在学习"单手侧身肩上投"时，需要教师对该动作进行"阶梯式"分步安排练习。从小班的"滚接球""抛球""拍球""单手投"开始，到中班的"正面投"，再到大班的"单手侧身肩上投"，这一过程需要经过一系列的动作练习，最后再来学习"单手侧身肩上投"这个动作时就相对容易了。具体参见第五章第二节"表5-2　不同年龄班幼儿投掷进阶练习的内容安排"、图5-11及相关文字说明。

（4）身体练习法。从根本上说，对运动技能的学习和掌握都必须通过身体练习才能学会并熟练运用。因此，在幼儿体育教学中，身体练习法是最基本的教学法之一。在上述几种教学法的基础上，幼儿必须通过身体练习才能逐步掌握动作技能、发展体能，才能真正实现促进幼儿动作发展和锻炼身心健康的目的。幼儿体育教学活动中的身体练习法，常见的有以下几种方法。

①重复练习法：是指在条件不变的情况下，反复进行练习的方法。重复练习既指连续不断地重复某一动作练习，也指间歇性重复练习（两次或几次练习

之间有适当的休息或穿插其他的活动）。

②变换练习法：练习的动作内容不变，根据需要变换练习条件，在不同的条件下进行练习的方法。如，变换练习的速度、节奏、距离、高度、练习形式、动作组合、设备环境等，通过变换练习逐步提高幼儿对变换环境条件和负荷量的适应能力，提高练习的兴趣，增强练习的健身效果。

③综合练习法：将上述几种练习方法结合起来进行练习的方法。它既可以组成多种练习方案，又有利于灵活地调控运动负荷，以便更好地提高练习效果。

④循环练习法。根据教学目标和活动需要，将场地划分为若干个区域，用不同的器械分别安排、布置各种不同的练习内容，幼儿自愿选择（也可以教师给幼儿分组）按照预定的程序，循环往复地进行各种练习。这种不同内容的循环练习法既是一种教学方法、练习方法，也是一种教学的组织形式，经常用在以复习为主的教学活动中。这种方法可以加大练习密度，提高幼儿的身心负荷量，增强锻炼效果（图10-2）。

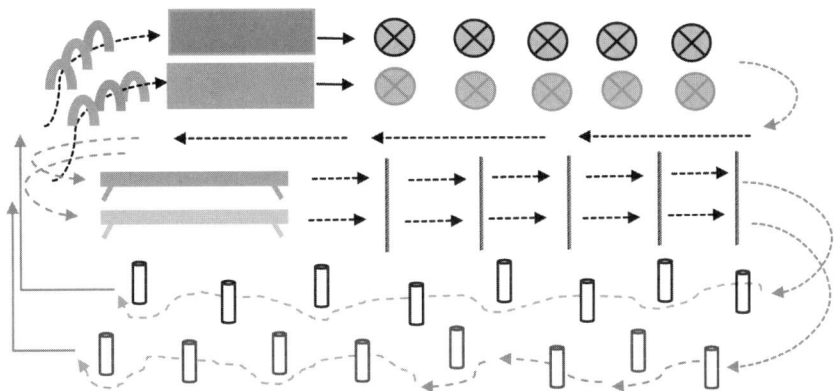

图10-2 循环练习法示意图

注：按图中路线，男女分组，分别钻过拱形门→爬过长垫子→跳过荷叶→跑回另一端→分别走平衡木→连续助跑跨跳→转身绕障碍跑→跑回起点继续练习。

（5）纠错法。幼儿在练习的过程中，教师认真观察幼儿的动作完成情况，发现幼儿动作问题，及时指导并采取相应的措施，预防和纠正其动作中的错误。教师要分析幼儿出现错误的原因，从主要问题入手，抓住动作的重、难点，耐心、细致地进行有针对性的辅导，尤其是对于问题较为严重的幼儿要多给予动作指导和帮助，使其尽快掌握新学的动作技能，防止幼儿形成习惯性错误动作。

（6）游戏法与比赛法。在动作教学活动中，常采用游戏的方法让幼儿模仿练习，如模仿袋鼠跳的动作练习双脚跳，模仿老鹰展翅的动作练习平衡，或引入游戏比赛的形式让幼儿进行动作练习，如比速度（包括跑步、推拉车、攀爬、拍球等)、比抛球的高度、比投掷的远度、比保持身体稳定性的时长(包括单腿站立、走平衡等)、比动作做得是否有质量等。采用游戏化练习能有效地激发幼儿兴趣,充分调动幼儿参与练习的积极性、主动性,有助于提高教学质量与体育锻炼的效果。

(7)情境教学法。在幼儿体育教学活动中,设置活动主题、人物角色与故事情景,引导幼儿进入活动情景,在参与情景活动中自然地融入体育健康知识和动作技能的学习,同时发展体能,促进其身心健康发展,这就是情境教学法。它符合幼儿的心理特点,能有效地激发幼儿参与活动的兴趣。

为了提高体育教学活动的效果,激发幼儿参与的兴趣,好的体育教学活动通常会综合运用多种教学方法。在实践中,教师可以根据教学内容和实际需要,创造出适合自身的新教学法,不断提高自己的教学水平和教学质量。

2.幼儿的学法

教师所使用的好教学法需要幼儿好的学习方法与之配合。事实上,教师的教法与幼儿的学法是事物矛盾统一体的两个方面,二者互相影响、互相制约。好的体育教学活动一定是师幼双方在一种良性互动中开展的。成功的体育教学活动离不开师幼双方相互协调与配合。因此,教师既要研究教法,还要关注幼儿的学法,既要重视体育知识和运动技能的传授,还要教会幼儿锻炼和学习的方法,引导幼儿在体育活动中由被动变主动,养成主动学习和锻炼的习惯。幼儿的学法可以概括为以下几种。

(1)观察法。通过感官仔细观察教师(或其他动作技能好的幼儿)正确的动作示范,初步了解所要学习的动作要领及要求。

(2)模仿法。在观察的基础上,幼儿随即进行模仿性练习。初次模仿练习可能会出现错误的动作或动作不到位。因此,模仿性学习有时需要多次认真观察、反复模仿。必要时,教师给予指导,及时纠正幼儿动作模仿过程中的错误。

(3)适应练习法。通过多次反复的模仿练习,幼儿会在生理和心理上逐渐产生一种适应性变化,而后再通过其他有利条件的改变促使幼儿更好地掌握动作技能。在这个过程中,可以通过一些辅助练习、条件练习、变换式练习或诱导练习不断地改进和提高动作质量,从而熟练地掌握该动作技能,更好地发展综合体能。

(4)实践探索法。幼儿运用已学知识和技能,通过亲身尝试、探索和应用获得新的动作技能。实践探索法需要把观察学习、模仿学习及适应练习作为基础,有时还需要教师的启发和诱导,对幼儿学习能力的要求稍高。该学法有利于培养幼儿的探索能力和意识。幼儿在初步学习动作的基础上,不断地探索、改进动作方法,提高动作质量,创新练习方法(即玩法)。比如:幼儿在学习高跳下动作后,又尝试了高跳下的"新花样",当身体处在空中时,加入了分腿、挺身、再并腿跳下的动作；又如，幼儿学会了自抛自接球的动作后，尝试向上抛球后、接球前双手做其他动作（如击掌、拍胸、胸前交叉拍上臂、下蹲拍地等），或抛球后自转一圈再接球，或抛球后两人换位，接对方的球。

第三节　体育教学活动的观察与评价

一、观察与评价的内容及意义

意大利幼儿教育家蒙台梭利认为：唯有通过观察和分析才能真正了解儿童内心的需要和个别差异，从而决定如何协调环境，并采取应有的办法来满足儿童成长的需要。

《纲要》指出："教育评价是幼儿园教育工作的重要组成部分，是了解教育的适宜性、有效性，调整和改进工作，促进每一个幼儿发展，提高教育质量的必要手段。""幼儿的行为表现和发展变化具有重要的评价意义，教师应视之为重要的评价信息和改进工作的依据。""评价应自然地伴随着整个教育过程进行。"这些话阐明了评什么及何时评的问题。

体育教学活动中，教师应重点观察幼儿在运动中的状态与行为表现，如，幼儿是否喜欢参与体育活动，在活动中是否体验到快乐，运动中基本动作做得是否准确、规范，动作是否协调、灵敏、灵活，身体平衡能力是否存在问题；对器械的使用是否适应、适当，是否存在安全隐患；练习的密度、活动强度是否与幼儿的年龄及身体实际发展水平相适应，面对困难和挑战是否能坚持运动；与他人的协作、合作情况如何，是否乐于参与集体活动等。在教学活动中，教师要及时观察并捕捉幼儿的各种表现及问题，根据幼儿的行为表现及师幼互动反馈，及时调整并进行有针对性的指导。因此，集体体育教学活动组织与实施的效果如何，在很大程度上与教师的观察能力密切相关。

体育教学活动的评价，包括活动过程中的评价和活动后的评价。活动过程中的评价，其目的在于随时调整、改变或改进活动中的某些条件、环境、方法，以便获得更好的活动效果。活动后的评价，其目的在于检验活动执行方案（教案）的教育实效，为进一步优化教学活动方案、提高活动实效提供必要的依据。

教学活动执行方案是开展教学活动的详细计划和直接依据，执行方案是教师在活动前设计的。评价是检验活动执行方案的质量及实施效果的重要环节。方案设计与教学活动评价紧密相关。只有科学、合理的方案设计和及时、准确的评价相结合，才能更好地实现幼儿园体育教学活动的目标。

体育教学活动的观察和评价是教师应具备的基本功。做好此项工作，是提高幼儿园体育教学工作的科学性和有效性、推动幼儿园体育工作健康发展的必要环节。

二、体育教学活动评价的标准

"评价标准"如同测量长度的刻度尺，不仅是评课的基本依据，还对幼儿体能课起着指引和导向的作用，是幼儿园健康教育活动的具体行动指南。

科学、完善的"评价标准"以现代教育理论和教育实践为基础，经过多方专家充分论证后起草成文，并继续接受教育实践的检验，从实践中不断提炼和总结、修改和完善，最终形成的评价标准。

近年来，我们以《纲要》和《指南》为基本依据，在总结多年幼儿体能课教学实践的基础上，结合国内、外幼儿运动与健康领域教育的成功经验和做法，经过多方专家论证，制定了《幼儿园集体体育教学活动评价标准》，作为评价幼儿体育课程的"评价标准"（参见本章附表）。评价从如下5个方面考量，每个方面又分为若干项，每项都有相应的权重，采用百分制评分考量集体体育教学活动的优劣。

1.科学性

（1）具有正确的儿童观：儿童观体现在集体体育教学不是专业训练，而是通过游戏的方式促进幼儿发展。小、中、大班的幼儿因为年龄的不同呈现出不同的发展特点。幼儿体育教学不同于小学体育教学，更不同于军事训练。不同年龄班的幼儿体育教学首先要考虑的是，必须适合幼儿的年龄发展特点和自身发展水平。

注重幼儿身心和谐发展表现为：教学活动除了突出学习动作技能和锻炼身体外，还要通过活动反映幼儿的情绪情感发展、意志品质的提升。

正确的儿童观必须突出幼儿的主体性。现代教育理论认为，学生是教学的主体，教师是主导。在体育教学活动中，如果完全按照教师的想法，让幼儿做这个、做那个，往往也会抑制幼儿主体性的发挥。

（2）教学活动应该符合该年龄段幼儿的身心发展特点。如，小班幼儿学习正面钻，侧面钻则是中、大班幼儿的学习内容；正面肩上投掷从中班幼儿开始学习，大班幼儿则以侧面肩上投掷为主进行练习。这样的动作教学内容安排才是符合幼儿身心发展的。

（3）运动强度达到中等以上，运动密度达到40%~70%（中、小学体育评价标准要求达到75%的运动密度）。在教学活动中，要尽量减少幼儿消极等待的时间，否则运动强度和密度达不到要求。教学中的游戏若采用接力式或教师讲解过多，都容易造成幼儿的运动密度下降。幼儿体育教学对运动密度的要求是40%~70%。以运动强度较大的跑为主的教学内容，则不必要求该节课的运动密度达到70%，可以适当降低，靠近40%即可。若教学中是以钻爬、投掷、平衡为主的教学内容，这些活动内容的运动强度不大，则该节课的运动密度应靠近70%。运动强度和密度是一组相对的概念。凡运动强度较大的课，则可以适当降低运动密度。运动密度是指幼儿处于运动状态下的时间所占整节课时间的比值。现实教学中，教师往往说得过多，让幼儿静止等待的时间过多。

（4）教案书写要规范。教案规范是较好地把握整个教学过程的基础。现实中，很多教师的教案书写得过于简单。教案要求详案。好的教案能反映出很多师幼互动的内容，师幼互动的内容需要在课前仔细揣摩、深入思考并写入教案中。在书写师幼互动时，要避免过多地写出幼儿如何回答。很多情况下，幼儿的回答无法预见，可以不必写得过多。

2.实效性

（1）教学目标的达成度。评价一节体育课，先从教学目标出发，接着看活动过程，察看是否能与教学目标一一对应。

（2）热身。不能生搬硬套、过于教条，不应千篇一律地运用音乐律动操；应与后面的教学活动内容相匹配，可以变换多种形式，如绕场跑圈或组织开展体育小游戏，也能达到热身的目的。

（3）教学活动的设计要注重基本动作的发展。无论是做游戏、还是讲解，都会涉及基本动作。很多时候，教师不必过多地讲解动作，但需要给幼儿提供适宜的环境条件和情节，引导幼儿多练习本节课需要重点学习的动作，这其实也是促进幼儿发展的一种有效方法。教学中的游戏要灵活使用，不能局限于表演游戏、角色游戏。

（4）多领域知识的整合。如：体育游戏规则教育体现了与社会领域的融合教育；优秀的体育教学通常会补充一些其他教育因素，体现出教育的指向性、不同领域的知识整合。在活动中，幼儿与同伴合作、遵守游戏规则等，恰恰体现了体育活动与社会性发展相结合的情况。常规，是幼儿园教学活动中的重要内容。常规做得好，有利于组织教学。常规是幼儿园重点教学任务之一，小学阶段不再重点强调常规。

（5）反思。教学活动结束后，需要找出活动中开展得好的教学环节或好的教学策略，更需要找出做得不好的方面。通过反思促进教师成长。如，某节投掷课，教师将幼儿分成3排，分别轮流向同一方向投掷，投完再捡回、再投。结果，刚投完一轮，就发现时间不够用了，只好快速结束这一环节。教师反思不足，决定在下次课的教学活动中，让幼儿分成两排站立，背对背向外投掷，投完一轮，捡回来后继续投掷。这样的安排既节省了消极等待的时间，又降低了面对同一方向或面对面投掷造成误伤的风险。

3.结构性

（1）体育教学不同于体育游戏，它具有非常明显的3大结构，即准备部分、基本部分、结束部分，且各部分层次清晰、比例合适。3大结构的时间占比为：2:7:1。好的教学活动对课堂3大结构部分都有时长要求。以大班30分钟的体育教学活动课为例，准备部分占总课时的20%，用时5~6分钟。在这个时间内，要完成情节导入和充分的热身活动。结束部分用时2~3分钟，包括总结、提升和身体的放松活动。整节课的中间部分也就是基本部分，是最核心的部分，涉及幼儿动作发展和动作巩固两个方面的内容，用时20~23分钟。

（2）教学环节之间过渡自然。好的体育教学活动3个部分衔接得自然、紧密。

（3）教学活动内容符合幼儿年龄特点，不同年龄的幼儿注意力持续时长不同，教学活动应能有效吸引幼儿的专注和兴趣。小班注意力时长为15~20分钟，中班为20~25分钟，大班为30~35分钟。

4.趣味性

（1）教学活动以游戏为主要手段，设计的情节一定要能引发幼儿兴趣。兴趣引发得不够，后面的活动，幼儿参与的程度可能会不高，会影响整体的教学效果。

（2）幼儿参与活动的主动性将是否能积极配合作为依据。一方面，从教师教学方法看，主要看教师活动设计得是否有趣、能吸引幼儿；另一方面，从幼儿的反应来看，若幼儿反应积极、兴奋度高，则表示幼儿的主动性高、活动效果好。

5.策略性

（1）师幼互动。教学中不同的时间点和场景需要不同的引导语。教师应根据对教学活动中幼儿的观察和幼儿的表现，恰当地运用引导语，既能引发幼儿思考，又能解决某个问题，这才是真正有效的师幼互动。并非所有的师幼对话都属于师幼互动。好的师幼互动对教学应该是有成效的。

（2）教师的观察与指导能力。集体教学活动中，教师既能敏锐观察幼儿的整体表现，有能发现不同个体的特殊活动表现，及时发现问题并给予具体的、有针对性的指导。

（3）教师随机指导教育的能力。集体教学活动中，教师必然会遇到幼儿产生的各种问题，面对这些随机出现的问题需要教师能随机解决。如，某次投掷教学活动中，教师用两个凳子中间拉起一块长条滑溜布，让幼儿将沙包投过布条。然而，幼儿很喜欢从布条下钻过去捡沙包，结果不小心碰倒了两端搭建布条的凳子。此时，教师随机对幼儿进行了安全教育和游戏规则教育，这无疑为本节课增加了亮点。再如，教师需要让幼儿利用身体和小椅子搭建一个"山洞"。教师给幼儿抛出这样一个问题，让幼儿自己想办法搭建"山洞"。很多幼儿将双手搭在小椅子的靠背上，屁股一撅，就完成了"山洞"搭建。但教师不希望幼儿搭建这种样式的"山洞"。教师提问："谁能搭建一个不一样的山洞？一个更大的山洞。准备好，开始。"于是，出现了不同样式的"山洞"，有伸腿搭建的，有拱身搭建的，等等。教师通过提问引导幼儿积极思考和行动，解决了活动中的问题。可见，有效的师幼互动能促进师幼情感的发展和教学效果的提升。

附表

幼儿园集体体育教学活动评价标准

总体采用4级评价，即优、良、中、差4个级别；优秀≥90，89≥良好≥75，74≥中≥60，差＜60，具体指标分值如下：

指标及评分权重	观 测 点	评价级别及分值			
		优	良	中	差
科学性（25分）	1.具有正确的儿童观，注重幼儿身心和谐发展，突出幼儿的主体性（5分）	○5	○4	○3	○2 ○1 ○0
	2.教学活动符合该年龄段幼儿身心特点（5分）	○5	○4	○3	○2 ○1 ○0
	3.活动过程中运动强度能达到中等强度以上，且幼儿能运动一段时间，运动密度能到达40%~70%（10分）	○10 ○9	○8 ○7	○6 ○5	○4 ○3 ○2 ○1 ○0
	4.教案书写规范、简约，且重、难点突出（5分）	○5	○4	○3	○2 ○1 ○0
实效性（25分）	5.教学目标达成度高（5分）	○5	○4	○3	○2 ○1 ○0
	6.准备活动热身效果、健身效果好，针对性强（5分）	○5	○4	○3	○2 ○1 ○0
	7.教学活动中注重幼儿基本动作的发展，运动量适宜（5分）	○5	○4	○3	○2 ○1 ○0
	8.教学活动中注重多领域知识的整合，能将动作发展与情趣情感、心理和社会性的发展相结合，便于幼儿在玩中获得相关生活知识和经验（5分）	○5	○4	○3	○2 ○1 ○0
	9.教学反思深入，能结合具体实施过程做出深刻反思（5分）	○5	○4	○3	○2 ○1 ○0

（续）

指标及评分权重	观 测 点	评价级别及分值			
		优	良	中	差
结构性（20分）	10.在教案设计、视频展示中，准备部分、基本部分、结束部分层次清晰、比例合适（10分）	○10 ○9	○8 ○7	○6 ○5	○4 ○3 ○2 ○1 ○0
	11.环节过渡自然，且相互之间关联度高（5分）	○5	○4	○3	○2 ○1 ○0
	12.教学活动时间符合该年龄段幼儿年龄特点（小班15分钟左右、中班20~25分钟、大班25~30分钟）（5分）	○5	○4	○3	○2 ○1 ○0
趣味性（15分）	13.教学活动能以游戏为主要手段，教学活动设计能引发幼儿兴趣（10分）	○10 ○9	○8 ○7	○6 ○5	○4 ○3 ○2 ○1 ○0
	14.幼儿喜欢积极、主动参与活动，能体验到体育教学活动的乐趣（5分）	○5	○4	○3	○2 ○1 ○0
策略性（15分）	15.教学活动过程中，师幼互动好（5分）	○5	○4	○3	○2 ○1 ○0
	16.教师具有较好的观察与指导能力（5分）	○5	○4	○3	○2 ○1 ○0
	17.教师随机教育、指导能力强，能随机应变地处理教学过程中的问题（5分）	○5	○4	○3	○2 ○1 ○0

注：幼儿及幼儿教师的着装、精神面貌可适当作为印象分进行总体把握。

第十一章 幼儿体操

第一节 幼儿体操基础理论

一、幼儿体操的概念、意义和目标

1.幼儿体操的概念

幼儿体操，是指在幼儿园开展的、以身体基本动作为主要内容的教育活动形式；它是一种在音乐的伴随下进行的、各种有趣的、身体各部位的锻炼活动。幼儿体操经常以晨操或间操的形式出现，同时可以运用于幼儿集体教育活动中，并深受广大幼儿的喜爱。

基本操节动作是指最简单的、人人都能做到的人体基本动作，如踏步、踢腿、两臂侧平举、前平举。而诸如劈叉、向后弯腰这类动作，对于部分身体素质较好的幼儿能做到，而大部分幼儿可能做不到，这就不属于幼儿的基本操节动作，也不适合编排在幼儿体操动作中。

现实中，有些教师创编的体操动作存在着较难的动作内容，可能超出了幼儿基本体操动作的范畴。因此，对幼儿体操的动作，我们一定要抓住基本操节动作的核心内容，让每一名幼儿都能做、都会做、都喜欢做，从而使幼儿对体操产生兴趣。这样的身体动作设计才算好的幼儿体操，才有可能收到好的教育活动效果，达到预期目标。

幼儿体操要突出动作内容的趣味性。它必须是适合幼儿身心发展水平的、能引起幼儿注意的、有趣的动作内容。因此，幼儿体操的动作应该是纯洁的、有趣的、夸张的、模仿性强的动作内容。

2.幼儿体操的意义

幼儿体操是幼儿园体育活动的主要内容之一。在幼儿园每天两小时以上的各种体育活动中，都要安排幼儿体操的内容。如：幼儿做早操或间操时，不仅有体操中的站队、排队、变队活动，还有不同年龄班各种不同的体操内容练习；在幼儿园体育教育教学、户外体育活动、室内体育活动及其他各种形式的体育活动中，都有排队、变队、做操（热身活动）等内容。可见，幼儿体操是组织幼儿园各种体育活动中不可缺少的重要内容之一。

幼儿园每天开展各种排队、变队及身体各部位（如头部、上肢、躯干、下肢等）协调一致的操节活动练习，不仅能促进幼儿身体机能的生长发育，培养幼儿形成良好的身体姿态，还能培养幼儿动作的协调性、灵活性和节奏感，增强肌肉力量和动作美感，提高幼儿的观察力、注意力、记忆力、思维能力及方位感，让幼儿逐步养成坚持做操的良好习惯，增强群体意识和集体观念。

3.幼儿园开展体操活动的教育目标

体操是幼儿园教育工作质量的重要参考指标之一，相当于幼儿园的"门面"。其主要教育活动目标是：

（1）培养幼儿正确的形体意识和身体姿势，包括站姿、坐姿和走姿等。

（2）增强幼儿体质，发展其动作能力，包括动作的灵活性、方位感、时空感和节奏感，提高幼儿动作的协调性、灵敏性。

（3）开发智商，提高智力发展水平。体操活动中，通过身体的上下、左右、前后转体、踢腿等动作，伴随着大脑支配身体动作的活动及过程，不断地锻炼幼儿的左右脑思维活动，培养其观察力、注意力、记忆力等思维能力。

（4）体操活动是全体幼儿都参与的集体活动，能培养幼儿良好的心理素质、集体合作意识和坚持做操的良好习惯，培养幼儿良好的情绪、情感与个性。

二、幼儿体操的主要内容

幼儿园开展幼儿体操教育活动，通常包括两个主要部分：队列和幼儿操节。

1.队列

队列是指全体幼儿按照教师发出的口令，排成一定的队形，同时协调一致地做出动作。

幼儿队列主要有：排成一路纵队、排成2~6（或更多）路纵队、排成圆形或半圆形队形、排成密集队形（幼儿围拢在教师周围）、排成分散队形（在一定范围内按地上的标记分散站立）等。

与排队密不可分的内容是队列动作。

幼儿队列动作口令主要有："立正""稍息""两臂前平举向前看——齐""两臂放——下""原地踏步——走""齐步——走""跑步——走""立定"等。具体队列动作说明及对不同年龄班幼儿的要求，请参阅第一章第二节表1-1和表1-2。

2.幼儿操节

幼儿操节是指幼儿通过身体的头颈部、上肢、下肢、躯干等部位动作的协调与配合，根据人体各部位运动的特点，按照一定的程序，有目的、有节奏地进行各种举、摆、绕、振、踢、屈伸、绕环、跳跃等一系列单一或组合动作的身体活动单元。

三、幼儿体操的分类与特点

幼儿体操的分类有多种，传统的分类主要划分为徒手操和器械操两大类。此外，还有其他分类方法，简单说明如下。

1.徒手体操

徒手体操，又叫"徒手操"，是双手不拿任何物品的身体活动操，如，徒手姿态操、模仿操、互动操等。

（1）徒手姿态操，以培养幼儿身体姿态为主要目标的操节活动。

（2）模仿操，以模仿性动作为背景的操化活动。模仿性动作主要来源于各种动物、人物或其他各种类型的形象内容，如，小猴子、小兔子等小动物，机器人，木头人等，也可以模仿游泳、球类运动等或生活方面的题材内容。

（3）互动操，以两人、三人或多人为小组进行互动活动的操节活动，其内容创编主要结合幼儿身心特点，较为丰富多彩。如，卡通形象人互动、拍手操、数字操等。

2.器械体操

器械体操，又叫"器械操"，是指手持某种轻型器械的身体活动操，如篮球操、呼啦圈操、哑铃操等。

所持器械，包括现有的器械（如哑铃、呼啦圈、篮球等）、自制的器械（如手工棉球棒等）、拼拆的器械（如响铃手棍、小铃铛手环等），形式多种多样。

⭐ **分析案例1：呼啦圈操**

以呼啦圈为操节活动的手持器械，具体分析如下：

该圈由若干段弧形塑料管拼插而成，可拆分。如果拆分成若干小段，每只手各拿一段，就变成了小棍棒操，可以进行敲击、挥摆、抖动，通过重复动作及改变方位，可以演变出一系列的姿态动作，适合中、大班幼儿。若结合压脚跟（弹动）动作，加大动作难度，适用于大班幼儿的动作要求。

当操节进行到一定的节数，让幼儿体前屈、盘腿而坐，运用有趣的游戏进行拼插，完成呼啦圈的组装，然后，进入下半部分以呼啦圈为器械的操节活动。这样，就实现了玩教具"一物多用""一物多玩"的教育功能。

为了充分发挥器械的功能，呼啦圈可用于套、跳、钻等操节动作设计，由此可创编出一系列风格别致的动作内容，以适应不同目标的需求。呼啦圈操适用于中、大班，带拼插动作的呼啦圈操适用于大班。

⭐ **分析案例2：篮球操**

篮球操，应发挥篮球的主要运动功能，其中拍球的动作是必不可少的。如果没有篮球，用其他物品代替篮球的话，篮球在操节活动中的意义也将大打折扣。事实上，拍球可以通过节奏的变化、左右手交替运球变化等延伸出很多系列动作组合，再结合控球动作或两人配合或队形变换等方式打破拍球的单调，增加动作变换的趣味性，突出篮球的功能与特性，充分发挥球类运动的游戏性。篮球操比较适合中、大班。

⭐ **分析案例3：哑铃操**

为了发挥小哑铃的功能与特性，哑铃操的操节动作中少不了敲击的动作。哑铃操比较适合小班幼儿。小哑铃构成部件里最好能摇晃响铃，以增加操节活动中的趣味性。敲击动作可以是左、右手互相敲，也可以是两人配合互相敲。先向左走过去，再向右走过去。踏步走，模仿举杠铃动作，举起来，体前屈，再将哑铃放下去，模仿一些卡通形象的动作。

⭐ **分析案例4：海绵棒操**

可以用海绵棒敲打自己的身体（如左右肩、后背、大腿、胳膊、臀及穴位等部位），也可以折、拉海绵棒，做一些力量和柔韧练习的动作。

⭐ **分析案例5：响铃棒操**

可以用响铃棒敲击身体各部位，左、右手变换做动作。当拿起一个器械时，要注意左、右手变换；双手同时拿着器械时，要注意左、右手相互配合。注意发挥器械的功能与特性，才能创编出好的器械操，同时也要考虑器械在操作过程中的安全问题。

3.队列体操

主要适用于大班展示。队列操主要通过几种队列队形变化而进行的身体活动操。队列队形变化不能太难，应与幼儿的年龄特点相适应，主要让幼儿理解纵队、横队，队形以正方形、三角形、圆形及若干趣味扇面队形的变化为主，同时伴随一些基本动作，使枯燥的队列队形变成一个充满趣味性的队列队形，切记不可连续变换队形。

队列操配合有节奏的音乐，同时也可以编排一些说唱歌谣，才能更好地发挥队列操的节奏感及锻炼价值，避免教师枯燥的口令指挥。

4.唱游律动

"唱"是指说唱，"游"是指游戏，"律"是指音律、音乐，这里更强调节奏，"动"是指身体活动。唱游，是指以游戏的形式进行说唱，这里渗透着语言领域的教育，大声唱出来或说出来，引导幼儿学习语言。律动，是指以音乐节奏引导下的身体活动，而不是随意性的身体活动。

《纲要》和《指南》中都指出，幼儿阶段（尤其是小班）是语言发展的敏感期，一定要将语言教育渗透到各方面（包括操节活动）。因此，唱游律动的操节形式在小、中班使用较多，大班也可以使用。特别要提出的是，幼儿歌谣是唱游律动的难点。教师应学会编写幼儿歌谣的一般性方法，在编写幼儿歌谣时，要抓住幼儿歌谣的特点：简单易记、贴近生活、讲究押韵、寓教于乐。

唱游律动，要求边说歌谣边做动作，能提高幼儿的学习兴趣，同时这也是一种很好的协调训练形式。

幼儿唱游律动的科学性体现在由浅入深。小班一般为三字谣，中班可以是四字谣或五字谣，大班是七字谣，有时也可以根据幼儿语言水平的发展进行调整，内容以幼儿听得懂、做得来为准。

5.室内体操

很多幼儿园室外场地非常有限，需要错时做操，甚至需要在室内做操。尤其是雾霾天时，不适合室外做操。因此，室内体操的创编也很有必要。

6.亲子体操

亲子体操要求家长参与，家长与幼儿一起做操，充分利用家长资源，丰富操节活动的内容和形式。之前曾经举办过亲子体操活动，家长参与度很高，反馈也很好。亲子体操需要借用优质的内容吸引家长参与，同时，也让家长进一步了解幼儿的成长离不开各种体操。

7.四季体操

随着季节的变化，当前幼儿园更提倡四季体操。以北京为例，北京的天气，四季分明。春天万物生长，花开了、草绿了，小动物们都苏醒了，阳光灿烂，给人精神焕发的感觉；夏天室外气温高、酷暑难耐，挥汗如雨；秋天是收获的季节，秋高气爽；冬天室外气温低，常刮风，不适合室外体操。为了加强幼儿身体素质和体能的发展，教师应针对不同的季节创编适合四季变化的操节活动。

四、幼儿体操活动的建议

1.体操队形站位

组织幼儿体操活动时的队形位置要合理，应选择让幼儿背风、背光的方向进行队形练习，并让全体幼儿都能看到教师，教师也要能看到全体幼儿。

2.示范动作要求

教师的示范动作要准确无误、优美大方；讲解要形象、生动、有趣；口令要清楚、正确，声音洪亮、有节奏，并用自己的情感感染幼儿。

3.随机指导

教师对幼儿体操活动要随机予以指导，用口头提示和具体帮助的方法及时纠正其错误动作。要重视培养幼儿做操时身体的正确姿势，以及做动作用力的方法与技巧。

4.动作配合儿歌或象声词

在幼儿体操活动的各种动作中，可以适当配上儿歌或象声词，以提高幼儿活动的兴趣，也便于幼儿掌握动作，并能使其动作与呼吸配合。如，模仿小猫将胡须的扩胸动作时，可以发出"喵、喵"的声音或"嗨、嗨"的呼喊声；模仿划船动作时，可以说"摇呀摇、用力划"等。

5. 队列练习要求

队列练习是幼儿体操活动中最常见的内容。在队列练习时，不要对幼儿提出整齐划一的要求，只要幼儿能在日常开展的体操活动中，随教师的口令做出相应的队形就可以了。

6. 表扬与鼓励

在幼儿体操的教学过程中，教师应对幼儿的表现及时鼓励和肯定，特别是对少数幼儿持续关注与赞扬，能有效调动其参与体操活动的积极性。

第二节 体操队列队形和基本动作

一、队列和体操队形

队列练习是指幼儿按照一定的队形，做协同一致的集体动作。队列练习原则上应根据《中国人民解放军队列条令》进行。体操队形练习是指在队列练习的基础上所做的各种队形和图形变化的练习。但幼儿队列队形的变化需要在一定时间、一定间歇、一定队形中增加必要的身体动作，这是幼儿动作认知能力所决定的。

队列和体操队形的练习，在概念上虽有区别，但在实际运用中却是紧密联系而不可分割的。队列练习包括基本队形变化的因素，如集合、整队、报数、解散等都是以队列为基础的；而队形练习的基础又是队列动作，没有统一的队列动作就不可能有各种协同一致的队形和队形变化。

队列和体操队形是组织体育教学和其他集体活动的重要手段。在体育教学中运用队列和体操队形练习能合理组织幼儿活动，集中幼儿注意力，有助于完成教学任务和提高教学质量。通过队列和体操队形练习，使幼儿掌握队列和体操队形的基本动作，培养幼儿的组织纪律性，增强幼儿集体观念，养成严肃认真、朝气蓬勃的作风；培养幼儿正确的身体姿势，促使身体正常发育；培养幼儿时间和空间的观念，迅速、准确和协同一致的集体行动能力和习惯。同时，队列和体操队形也是团体操的基本内容。

一名合格的幼儿园教师应有能力组织好幼儿园体育教学和各项体育活动，并能正确运用队列和体操队形的变换来组织好幼儿各项集体活动。幼儿教育专业学习期间的队列和体操队形的练习，具有上体育课和训练的双重意义。因此，要有目的、有计划地培养和训练教师喊口令、指挥和调动幼儿参与集体活动的能力。

二、队列和体操队形的教学

1.队列和体操队形的基本术语

（1）列：人员左右并成一线，叫列。

（2）路：人员前后重叠成一行，叫路。

（3）翼：队形的左、右两端叫翼；左端为左翼，右端为右翼。

（4）正面：队列中，人员所面向的一面，叫正面。

（5）后面：队列中，与正面相反的一面，叫后面。

（6）间隔：个人或成队彼此之间左右相隔的间隙，叫间隔。

（7）距离：个人或成队彼此之间前后相隔的间隙，叫距离。

（8）队形：人员共同动作时所排成的队伍形式，叫队形。

（9）队形宽度：两翼之间的横宽，叫队形宽度。

（10）队形纵深：从第一列（站在最前面的人员）到最后一列（站在最后面的人员）的纵长，叫队形纵深。

（11）横队：个人或成队左右并列组成的队形，叫横队。在横队中，队形的宽度大于队形的纵深或相等。

（12）纵队：个人或成队前后重叠组成的队形，叫纵队。在纵队中，队形的纵深大于或等于队形的宽度。

（13）方队：横宽和纵深大体相等的队形，叫方队。

（14）基准人员：教师根据需要指定某一人员为全体人员动作时的目标，该人员即为基准人员。在通常情况下，右翼排头的第一名为基准人员。如需指定其他人员为基准时，则应明确"以××为基准"或以"左（右）翼为基准"。

（15）排头：位于纵队之首或横队右翼的人员（一个或几个），叫排头。

（16）排尾：位于纵队之尾或横队左翼的人员（一个或几个），叫排尾。当纵队向后转时，排头变为排尾，排尾变为排头。

（17）伍：二列或二列以上的横队中前后重叠的人员，叫一伍。如果最后一列人数不足时，叫缺伍。向后转时，后面的人员应进到前列，补足缺位。前列人员离开队列时，该人员的位置应由其同伍的人员补进。

（18）二列队形：一列人员排列在另一列人员的后面，相隔一步或一臂距离，叫二列队形。前列叫第一列，后列叫第二列。队形变换时，各列的名称不变。不足四个人的站队，应排成一列。

（19）一列和二列队形：各列人员彼此间的间隔约为一拳（两肘之间）。如需扩大间隔时，可按教师规定的间隔离开（如一臂或两臂间隔等）。

（20）步幅：一步的长度（前脚脚跟至后脚脚尖的距离），叫步幅。

（21）步频：每分钟所走的步数，叫步频。

（22）口令：一般由预令（指示词）和动令（动词）组成。如，"向右看——齐"，"向右看"是预令，是知道要干什么，"齐"是动令，是开始做。有的口令只有动令，如"立正""稍息""报数""解散"等。预令口令的前部分，使幼儿立即行动。动令要短促而有力。行进间口令，除"向左转——走"和"一列横队变成二列横队"时动令落在左脚外，其余动令均落在右脚。

2.队列和体操队形的教学内容

（1）队列动作的教学内容包括：立正、稍息、看齐、向左（右）转、原地踏步、便步走、齐步走、跑步走、左（右）转弯走。

①立正。

口令："立正！"

要求：两脚脚跟靠拢，脚尖分开，上体正直，两臂自然下垂至身体两侧，头要正，眼睛看前方。

②稍息。

口令："稍息。"

要求：左脚向左侧迈出半步，两手背后相握，重心落在两脚之间。

③看齐。

口令："向前看——齐！""两臂放——下！"

要求：纵队排头不动或两臂侧平举，其余幼儿快速将两臂前平举（两手掌心相对），看前面幼儿的颈部，前后对正。在纵队向前看齐后，幼儿听口令，放下两臂。

④向左（右）转。

口令："向左（右）——转！"

要求：身体向左（右）转90°，同时左（右）脚以脚后跟为轴原地向左（右）转动90°，右（左）脚跟上。

⑤原地踏步走。

口令："原地踏步——走！"

要求：从左脚开始，两脚在原地上下起落，上体保持正直，两臂前后自然摆动，目视前方。

⑥便步走。

口令："便步——走！"

要求：自然走步，不要求统一的走步节奏。

⑦齐步走。

口令："齐步——走！"

要求：从左脚开始，向前走步，要求步伐均匀、与同伴一致，上体保持正直，两臂前后自然摆动，昂首挺胸，目视前方。

⑧跑步走。

口令："跑步——走！"

要求：听到预令后，两手半握拳，拳眼向上，屈肘于体侧；听到动令后，用前脚掌着地跑，同时上体稍前倾，两臂前后自然摆动。

⑨左（右）转弯走。

口令："左（右）转弯——走！"

要求：排头在指定地点向左（右）转弯走，其余幼儿依次跟随行进。

⑩听信号左右分队走。

口令："左右分队——走！"也可以用铃、鼓、口哨等信号代替口令。

要求：排头幼儿左转弯走，第二个幼儿右转弯走，后面幼儿依次左、右转弯走，分成方向相反的两个一路纵队。

（2）队列和体操队形的变换。

①踏步（一般用于调整步法和整齐队伍）。

口令："踏步——走！"

要求：大班幼儿踏步，要求从左脚开始，两脚在原地上下起落，上体保持正直，两臂前后自然摆动，眼睛向前看；中班幼儿踏步，则要求上体保持正直，上、下肢协调踏步；小班幼儿踏步，只要求上体保持正直，动作自然。

②原地一列横队变二列横队。

口令："成二列横队——走！"

要求：幼儿先报数后，教师下达口令。幼儿听到口令后，报单数者不动，报双数者左脚向后退一步，右脚不靠拢、向右跨出一步，站在报单数幼儿的后面，左脚向右脚靠拢，对正看齐。

③原地二列横队变一列横队。

口令："成一列横队——走！"

要求：教师下达口令前，先要求各列幼儿离开一步间隔，然后再下达口令。幼儿听到口令后，报单数者不动，报双数者出左脚先向左跨出一步，右脚不靠拢、向前跨一步，站在单数幼儿的左边，左脚向右靠拢，自动看齐。

④原地一路纵队变二路纵队。

口令："成二路纵队——走！"

要求：幼儿先报数，听到教师口令后，报单数幼儿不动，报双数幼儿出右脚向右前方跨一步，站在报单数幼儿右侧，左脚跟进，对正看齐。

⑤原地二路纵队变一路纵队。

口令："成一路纵队——走！"

要求：幼儿听到口令后，报双数者左脚向左后方退一步，站在报单数者身后，右脚跟随后撤，自动对正。

⑥行进间听口令或信号切段分队（中班）。

口令："切段分队——走！"也可以用铃、鼓、哨等信号代替口令。

要求：先将幼儿分成前后人数相等的若干组。幼儿听到口令后，每组第一名幼儿按教师指定方向走，后面的幼儿跟随行进。

⑦分队走（大班）。

口令："分队——走！"

要求：幼儿先报数，听到教师口令后，报单数者左转弯，报双数者右转弯，绕场行进，排头自然看齐。

⑧并队走（大班）。

口令："并队——走！"

要求：相对行进的两路幼儿快要相遇时，教师发出口令。幼儿听到口令后，左路幼儿左转弯走，右路幼儿右转弯走，交叉站队，两路纵队成一路纵队行进。

⑨综合变队（大班）：

口令："走大圆——大圆走，走十字队——十字队走，走小圆——小圆走，走四队——四队走！"

要求：提前在操场上画好十字和4个小圆的标志。将幼儿等分为4组，每组挑选一名聪明、能干的幼儿当排头。幼儿听到教师发出的口令时，每组第一名幼儿按教师指定方向走，后面的幼儿跟随行进。变十字队时，教师提前将手举起来，让幼儿知道马上要变队了，以免错过。

3.教学建议

（1）体操队形的变化，对幼儿做团体操有很大的益处，在教学中应设计相关内容。

（2）教师可以根据教学大纲提出的要求和幼儿的实际情况选用队列和体操队形内容。

（3）教师对幼儿做的每个动作都要严格要求，并注意调动幼儿的积极性和主动性，注意培养幼儿喊口令和指挥、调动队伍的能力。

（4）队列中尽可能采用小团体的形式，如：4人小组形式的队形变化，组合起来就是大队形效果的达成，这对教师的教和幼儿的学及趣味性的体现都有好处，幼儿可以在玩的过程中很快掌握队形变化。教师只需观察和指导个别小组。

（5）队列和体操队形的练习，多是按教师的口令、指示、示范动作集体进行的。因此，教师口令必须清楚、声音洪亮、指示明确、示范标准。口令是指挥动作的命令，发布口令必须遵守一定的规则和要求。有时要用口令词，先说明口令的对象，然后再发出口令，如"××队，立正""以××为基准，向右看——齐"等。给幼儿下达口令时，可先提示幼儿注意，如"小朋友注意，立正"等。

（6）进行队列和体操队形练习时，教师应站在适当的位置，以便指挥，也便于全体幼儿观察教师的示范动作。如：

①站成横队时，教师应站在横队正面中点，与横队两端成等腰三角形的顶点位置。

②站成纵队时，教师应站在队伍的正前方3~5步处，或站在队伍的左前方。

③纵队行进时，教师应站在队伍左侧中央，随队行进。

教师变换指挥位置时一般用跑步，距离较短时可以用走步。

在学习比较复杂的队列动作时，教师可以在完整示范动作的基础上，采用分解动作的方法进行教学，例如，把"向后转"分为两个动作，然后再做完整的动作练习。

（7）在学习比较复杂的队列队形变换或图形变换练习时，教师可以事先画好场地标记，或放好标志物，再组织幼儿学习和练习。

①在队列和体操队形的教学中，凡是与幼儿园教材相同的内容，教师在讲解动作要领的同时，应强调指出幼儿教学的要求，以引起幼儿重视。

②在进行队列和体操队形练习时，要求幼儿"一切行动听指挥"，坚决执行命令，自觉遵守队列纪律；动作要迅速、准确，协同一致，姿势端正，精神振奋，严肃认真。

三、幼儿体操基本动作

1.基本手型

（1）拳，是指实心拳，四指折叠，大拇指在外，不包括空心拳（也称半握拳）。握拳时，小臂肌肉处于收缩状态（小臂肌肉摸起来是紧实的）（图11-1A），而握空心拳时，小臂肌肉没有收缩（图11-1B）。幼儿握拳动作能锻炼小臂肌肉力量。在踏步动作中，大多要求幼儿用握拳的手型，拳眼朝前，这样胳膊才容易保持直挺。握拳向后摆臂要用力，向前摆要注意控制高度（45°摆动即可），避免前摆臂过高，容易出现耸肩动作。教师注意引领幼儿正确的摆臂动作。

（2）并指掌，幼儿体操动作中常用并指掌，要求五指并拢（图11-1C）。立正时，手掌应采用并指掌，掌自然下垂、置于身体两侧裤缝线处、掌心向内，收腹、挺胸。平时，教师引导幼儿练习站姿，要注意如何站得正确、标准？如何才能站得直？关键动作是抬头、挺胸、收腹、提臀，还应特别提醒幼儿手指尖用力（五指并拢，保持掌的正确手型），对保持身体笔直、挺拔的姿态非常关键。如手指松弛，会导致身体站姿松懈。由此可见，手指是在引领身体的紧张度。

（3）分指掌，要求五指伸开、伸直（注意不要往后翘手指），呈现出大大的面积（图11-1D）。分指掌的应用，如模仿插秧（左、右手分指掌交替向下、掌心向内）、模仿大头娃娃（两臂侧平举高于肩，分指掌掌心朝前，左、右交替性上下晃动）、模仿青蛙（两手掌分立头部两侧、上下摆动）等。在抖动手腕的动作中常保持分指掌的手型。

（4）屈指掌，五指向里屈，指间不分开，犹如虎爪（图11-1E）。此手型常常用于向前推的动作需求。

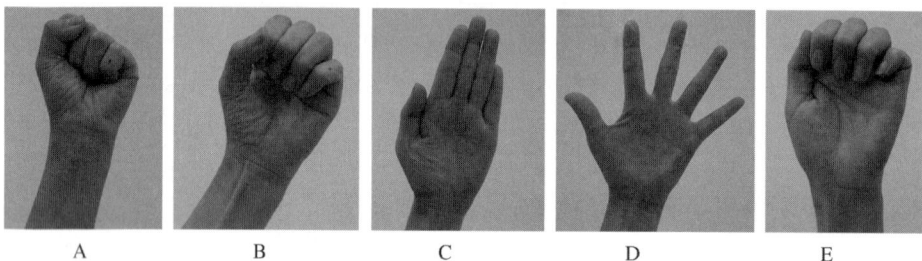

图11-1　幼儿体操基本手型
（A实心拳，B空心拳，C并指掌，D分指掌，E屈指掌）

（5）其他手型，如，芭蕾手型（食指略高于其他手指，稍向上翘），除了应用于舞蹈中，还应用于青年操节动作中。兰花指，常应用于戏曲动作中。健美手指（又称"西班牙手指"）常应用于青年健美操的造型中。这些手型或指型，一般不在幼儿体操动作中运用，不是幼儿园要求的动作指型或手型。作为教师，了解一下即可。

2.基本动作

（1）踏步。要求：身体站直，头摆正，两眼平视前方，双手握拳，拳眼朝前，两臂伸直，前后自然摆动，往后摆臂要用力，往前摆臂要控制高度（45º摆动）；两腿交替高抬腿、轻落地（避免使劲儿踩踏地面）。

（2）侧平举。要求：两臂自然向左、向右伸展，手臂略低于肩，并指掌，掌心向下，两臂保持在同一水平线上。

侧平举时，要求手臂略低于肩，主要出于动作美观考虑，其实体操的所有动作展示中，都应要求颈部自然舒展（显得脖子很长，不能让人感觉在缩着脖子），被模仿的形象一般都是可爱的，诸如模仿孔雀、长颈鹿、小白兔等动物形象，这样的动作展示应该是舒展、优美的。如果侧平举高度与肩等高，感觉很累。相反，如果略低于肩，动作明显舒展，脖子显得长，更美观。

（3）前平举。动作要求同侧平举，两臂向前平举，高度略低于肩，完全露出颈部。

（4）两臂侧上举。两臂往上举起，两臂紧贴耳朵，肩部充分打开，并指掌向上用力，收腹，挺胸，两眼平视前方。侧上举后，稍打开两臂，稍抬头，还原时，两手臂经体侧慢慢放下，并指手掌向下，与裤缝对齐。还原时，动作要轻，避免手掌拍击大腿。

第三节　幼儿体操教学实例

一、小班体操活动示例

示例一：行为习惯唱游律动

扫码观看教学视频

示例二：响铃趣味健身操

扫码观看教学视频

二、中班体操活动示例

示例一：跆拳道体能健身操

扫码观看教学视频

示例二：小花环趣味健身操

扫码观看教学视频

三、大班体操活动示例

示例一：趣味体能健身操

扫码观看教学视频

示例二：全脑型篮球健身操

扫码观看教学视频

示例三：小小国防兵健身操

第四节　幼儿体操教学法

一、语言教学法

语言教学法包括讲解、讲述、叙述和描述，口令、指示、提示、口头评定、音乐伴奏、默诵与自我暗示等。

1.讲解与讲述

说明所学动作名称、要领，揭示完成动作的关键及原理。讲解必须重视幼儿已有的知识和经验。讲解要有针对性，精讲多练。讲解时，语气要肯定，表达应生动、形象，比喻要恰当并富有趣味，把幼儿的注意力集中到听讲上来。调动幼儿学习的积极性，启发幼儿积极思考，这样就会加快幼儿建立动作表象与动作概念。

讲解时要注意运用术语，使幼儿从小就学会正确认识自己身体各部位及名称。总之，要使讲解达到生动、形象、扼要、精确和富有情感，并不是一件容易的事情。因此，每位幼儿教师应加强语言的训练，提高语言修养。

2.口令、指示和提示

（1）口令：口令是调动队伍、指挥做操的重要手段，也是搭建口令与动作衔接的桥梁。对口令的要求，第一要正确。第二要清楚，声音洪亮、有力。第三节奏感要强。如："立正"没有预令只有动令。"齐步——走""跑步——走"，前面是行动的性质，后面的"走"是行动的命令。口令在领操中应根据动作幅度和动作性质来决定口令的快慢、长短和强弱。如踢腿运动要求动作快，口令要喊得短促而有力。跳跃运动要带有跳跃性地喊口令。动作幅度大的腹背运动（即全身运动），口令要喊得悠长一些。最后的整理运动动作慢，口令要喊得轻松、和缓一些。另外，在练习时，可以采用一些带有提示性的口令，如需要重复做动作时，可喊"五、六、七，再做"。需要连接下一节操时，可喊"五、六、七、体转运动"。需要提示时，可喊"一、二、三、四，手臂伸直"。需要停止练习时，可喊"五、六、七、停"等，虽然有提示的不同语句，但不能破坏动作的本质与完整性。

（2）提示和指示：可分为语言提示和手势提示。语言提示是指当幼儿在做动作的时候，教师用简练的语言指导和提醒幼儿注意的地方，如："抬头""挺身""手臂伸直"等。

（3）手势：是指用手指导幼儿练习。如："对齐""向左看"等，手势起到无声语言定向和提示的作用。

3.口头评定

口头评定是指教师用口头语言评定幼儿做操情况，一般应以表扬、鼓励为主。

4.音乐伴奏

音乐伴奏是体操教学中不可缺少的教学手段。音乐是一种艺术语言，用音乐的节奏和旋律指导幼儿进行体操练习，对提高动作的节奏感和优美感都有很好的作用。同时，还能激发幼儿学习体操的兴趣，并伴随情感的激发与培养。一般常用录音机、响铃手鼓、风琴、钢琴、各种打击乐器等进行伴奏。

二、直观演示法

幼儿在学习动作时，会通过听觉、视觉、自身的练习（本体感觉）体会、理解和掌握动作，缺一不可。只有当幼儿对动作有了空间、时间和用力的感觉后，才能逐渐感受和掌握动作要领。

在教授操节动作的过程中，要注意培养幼儿的观察力，除了认真观察教师的示范动作外，还可以观察同伴的表现，充分运用挂图、视频、教具、模型、标志物及AR技术、虚拟背景等引导幼儿观察、模仿学习。教师也可以引导幼儿相互观察。教师应在观察之前为幼儿指出观察什么、怎样观察等。如对动作进行"对比观察"后，要对比、分析动作中的不同之处，指出错误的地方、产生的原因及改正方法等。经常练习就会提高幼儿的观察力。常用的直观演示法分为以下3种。

1.动作示范法

示范是最生动、最逼真、最真实的直观教学法，示范动作应正确、优美，不仅可以使幼儿建立正确的动作表象和概念，还可以引起幼儿学习动作的欲望，激发幼儿学习的积极性。因此，教师在做动作示范时应注意以下4点。

（1）示范动作应规范、标准、轻松、优美，给幼儿留下深刻的印象，让幼儿看完示范动作后，就产生跃跃欲试的感觉。因此，教师要不断提高示范动作的质量。

（2）示范动作要有目的性。根据不同的目的采用不同的示范内容与方法。为了建立完整的动作表象，一般可先做完整的动作示范。对较难的动作可以进行分解示范、重点示范或慢速示范。这种示范可以加深幼儿对动作细节和较复杂动作的了解和认识。

（3）选择适宜的示范位置。讲解、示范的位置与方法以有利于幼儿观察、完整显示动作路线和便于管理幼儿为原则，同时还要注意环境、阳光和风向等。示范的位置通常选择在队伍中央前等腰三角形的顶点，使全体幼儿都能看清。常用队形：正方形、长方形、三角形、圆形、半圆形、菱形、梯形等。

（4）示范方法。常用的示范方法有：①正面示范（也叫"镜面示范"）。示范时，教师面对幼儿，做反方向动作。正面示范便于教师观察幼儿和管理幼儿。②侧面示范。示范者侧对幼儿做动作，这样便于显示完整的动作路线，如踢腿的高低与方向等。③背面示范。示范者背对幼儿做同方向的动作，这样便于幼儿模仿动作，背面示范多运用于初学者或动作较复杂时采用。

动作示范应根据动作的难易程度采用不同的示范方法。如动作简单、幼儿对该动作具有一定的基础时，建议按正常速度做完整示范。如果动作较复杂，可以先做慢动作示范，边讲解边示范，必要时采用分解示范，然后再进行完整示范。

2.借助工具演示

采用教具模型、图解、照片、电影、视频等进行演示。演示时，利用实物、图表、照片、录像、电影等工具把身体各部位动作的变化过程显示出来，使幼儿更好地认识、了解操节动作。演示过程中，教师还要配合必要的讲解，才能达到更好的教学效果。

3.借助标志物和助力

标志物起到定向的作用。助力是教师帮助幼儿完成较难动作时给予一定的助力。

总体来说，选择幼儿体操的教学方法应根据操节动作的难易程度、幼儿的动作发展基础及幼儿对动作的接受能力。只有找到适合幼儿的教学方法，才能使体操教学事半功倍。

知识小贴士

幼儿体操教学注意事项

1.选择宽敞、平整的活动场地

宽敞、平整的场地，使幼儿在体操活动中更舒适，并能保障幼儿的间距，是幼儿体操活动的安全保障。

2.做好相应的准备活动

活动开始前，要确保幼儿成体操队形散开。体操活动同样不能忽视相应的热身准备活动。如简单的原地踏步热身，以及身体各部位的活动，要确保幼儿身体发热，做好运动准备。

3.关注器械使用的安全

体操练习的器械是多种多样的，无论使用哪种器械，教师在安排活动时，都要根据器械的特点和功能安排好幼儿间的活动距离和使用器械的基本方法，确保幼儿在活动中的安全。如，幼儿棍棒操，要让幼儿两手持棍棒侧平举和前平举，不能触及其他幼儿的身体和棍棒，规定并保持好幼儿之间的距离。活动过程中，教师要注意观察，确保幼儿不打闹、间距不发生改变。如有改变时，应及时提示和纠正幼儿站位。

4.活动后的安全工作

每次体操活动结束后，也要进行必要的放松活动。注意观察幼儿是否有不适的现象和反应。使用器械的体操活动要及时、正确地收放好器械，以保障幼儿安全地离开场地。

第十二章 幼儿体能发展与亲子体育活动

第一节 亲子体育活动概述

一、亲子体育活动的意义和作用

亲子体育活动是幼儿园体育教育的必要延伸和拓展，也是幼儿体能课程不可或缺的重要组成部分。运动不仅是幼儿教育的重要内容，更是一种习惯养成教育。运动应该是没有严格的园内和园外之分。事实上，幼儿动作发展和运动技能的形成仅靠幼儿园的活动是远远不够的，还需要幼儿园之外的家庭、社会协调与配合，尤其需要家长主导下的家庭体育活动的开展来加强运动技能的实践。

幼儿体能及综合运动能力的发展离不开幼儿家庭的影响。好的、积极的、正向的家庭干预和影响能与幼儿园教育协同运作形成高效的教育合力，促进幼儿身心健康发展。

亲子体育活动是促进亲子感情的最佳手段和方法，是建立幼儿园和家庭的重要桥梁和纽带，是家园共育的重要内容。实际上，家园共育的内容不仅包括幼儿的日常生活、学习及智力发展，同样也包括幼儿运动能力的发展。

通过体育节或家长开放日（周）安排家长来园参加亲子互动活动，是幼儿园常见家园共育的内容和手段。亲子互动的核心内容之一，就是体育活动。将家长请到幼儿园，参加亲子体育活动，再通过幼儿园的教育与指导，让这种亲子体育活动的内容延伸到家庭，这是很自然的事情，也是幼儿园开展家园共育的常用方法和手段。体能发展教育（或者说体育教育）是幼儿园教育工作的核心基础。通过亲子体育活动，一方面，给家长提出有针对性的游戏活动或亲子活动建议，另一方面，也给家长如何在这些活动中观察和指导幼儿提出建设性意见，为幼儿的健康发展提供有力支持。

家庭体育是全民健身运动的重要组成部分，也是促进家庭与社会和谐发展的重要手段。家庭亲子体育活动是指父母与孩子之间以满足家庭成员身心健康发展为目的，以体育运动或体育游戏为主要内容的活动，是亲子交往的重要形式。在3~6岁幼儿家庭中，亲子体育活动主要以体育游戏为主。家庭亲子体育游戏是指为了增进幼儿身心健康和促进家庭和睦发展，以父母和幼儿为活动主体进行的体育游戏活动。

美国耶鲁大学的一项研究表明，由爸爸带大的孩子智商高，学习成绩往往更好，将来走向社会也更容易成功。学前期是幼儿身体运动能力发展的关键期，多开展家庭亲子体育活动，对促进幼儿运动能力的提升具有显著的效果。近期，国内有学者研究指出，幼儿走的敏感期是2岁左右，跑的敏感期是3~4岁，投的敏感期是4~5.5岁，平衡的敏感期是4~5岁，跳跃、游泳、骑车、跳绳的敏感期在5~6岁。

亲子运动游戏在促进幼儿发展，尤其是心理发展方面，具有极其重要的意义和价值。教师应指导幼儿家长提高对体育游戏价值的认识，这是促使家长参与体育游戏的思想认识基础。当然，这还不是促使家长参与体育活动行为的必然动力。调查显示，影响家庭亲子体育游戏开展的决定因素主要有以下两个方面：

（1）家长和幼儿对体育游戏的内部需要：这里包括体育运动意识、兴趣爱好、需要动机、心理及生理上的需要等。

（2）开展体育游戏的外部条件：包括亲子体育游戏的知识、场地、器材、时间及文化传统、家庭环境等。

二、亲子体育活动中的运动指导原则

现代社会的儿童，普遍处于"运动贫穷"状态，尤其是城市学龄前儿童，出门乘车，"闲置"起双足，住高楼大厦，乘电梯，远离童年游戏，远离儿童天然的集体主义。因此，学龄前儿童尤其需要加强体育活动。教师应指导家长，积极开展家庭亲子体育活动。活动时，应遵循学龄前儿童运动基本准则。

2018年6月9日，由北京体育大学、首都儿科研究所、国家体育总局体育科学研究所3家单位共同研制的国内首部《学龄前儿童（3~6岁）运动指南（专家共识版）》提出："学龄前儿童的运动应符合其身心发育特点，应以愉快的游戏为主要形式，在保证活动时间和活动强度的前提下，以发展基本动作技能为核心目标，兼顾该阶段快速发展的多种身体素质，同时鼓励增加日常生活中的身体活动，在培养生活能力的同时，提高体质健康水平。"具体应注意：

（1）运动目标应合理，目标和要求应循序渐进，避免过早要求幼儿完成超出其能力的运动。运动过程中注重鼓励，保护幼儿运动的兴趣。

（2）亲子体育运动应以培养幼儿兴趣、树立坚强、勇敢的意志品质、学习动作、丰富运动体验为目标，以游戏为主要形式，不应为获取超越年龄的竞技性运动成绩而进行长时间、高强度的专业化体育训练。

（3）运动的选择应满足多样性，即多种目标、多种环境、多种强度和多种形式。

（4）运动中应注意身体各部位都能参与活动，应兼顾粗大（大肌肉群）动作和精细（小肌肉群）动作的发展。

（5）运动时需成人看护，避免幼儿过度运动和意外伤害的发生。

其中，有以下几点建议应当特别注意：

（1）全天内各种类型的身体活动时间应累计达到180分钟以上，其中，中等及以上强度的身体活动累计不少于60分钟。

（2）每天应进行户外活动至少120分钟。

（3）在保证每天活动时间和活动强度的前提下，幼儿应每天尽量减少久坐行为，其中看屏幕的时间每天累计不超过60分钟，且越少越好。任何久坐行为每次持续时间均应限制在60分钟以内。

总之，积极、活跃的幼儿通常表现为动得更多、坐得更少、健康、快乐又灵巧。

三、教师在亲子体育活动中的作用

教师既是幼儿园体育教育的推动者、主导者、设计者、观察者和支持者，又在亲子体育活动中承担着特殊的角色和作用。亲子体育活动虽然不像幼儿园体育活动那样，必须教师每次亲力亲为地教，但需要教师积极倡导、推动、督促和激励。因此，可以说，教师往往是亲子体育活动的桥梁和纽带，是亲子体育活动的倡导者、推动者、设计者、督促者、评价者，在亲子体育活动中起着非常关键的作用。

第二节　家庭亲子体育活动的内容和形式

一、家庭亲子体育活动的主要问题

一项调查研究表明，家长认为家庭亲子体育活动存在的主要问题有：

（1）缺乏科学的指导；

（2）家长工作忙或家务忙，没有时间带领幼儿进行亲子体育活动；

（3）家庭居住面积小，适于家庭的亲子体育游戏项目少；

（4）社区缺乏体育活动场地。

其中，缺乏科学的指导和工作忙或家务忙而没有时间的比例较大，都接近60%。

该项调查还表明，社区、公园、家庭居所是亲子体育游戏活动开展的主要场所。

二、家庭亲子体育活动的主要内容

城市社区人口密度一般都很高，体育运动场地和设施普遍相对不足，有健身活动场地的小区并不常见，即使有，也非常有限。但只要家长的运动意识强，还是能找到可以利用的运动空间和场所。家长应选择天气晴好的日子，带着孩子到楼下做一些亲子体育活动，如，找相对空旷的地方一起玩球（拍球、抛接球、传接球）、跳绳、玩滑板车、骑三轮车或平衡车。

在家庭亲子体育活动中，绝大多数家长一般都会选择在客厅开展亲子体育游戏，这与客厅面积相对较大有一定关系。

其实亲子体育游戏应当涉及走、跑、跳跃、投掷、钻爬、平衡、滚翻等基本动作，以发展幼儿相应的运动素质和技能水平。在实际生活中，经过调查也发现家庭亲子体育游戏的内容相对比较单调，主要有球类游戏、追逐跑类游戏、投掷类游戏、跳跃类游戏等，这可能与体育游戏场地、器材和缺乏科学指导有很大关系。教师需要引导幼儿家长开展较为全面的体育游戏。

适合家庭开展的亲子游戏按动作类型区分，可以分为以下几类：

1.跳跃动作类

包括纵跳触物、高跳下、单脚跳、立定跳远、跳绳、跳皮筋、跳房子等。

2.投掷类

包括甩牛皮纸、滚接球、抛接球、拍球、投飞镖等。

3.平衡类

包括单脚站立、闭目行走、旋转游戏等。

4.钻爬类

可以在客厅的地垫上、卧室的床上玩钻爬游戏。

三、家庭亲子体育活动案例及指导

家庭亲子体育活动可以从以下几个方面入手。

1.从日常生活化的活动入手，如扫地、取快递、饲养宠物等（图12-1）。

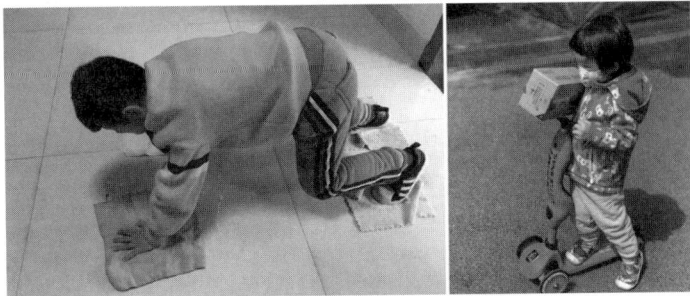

图12-1　日常生活类的活动

2.从适合幼儿参与的民间体育游戏入手（图12-2、图12-3）。

3.运动意识引领家长将亲子体育活动玩出"花样"，玩出"水平"。

首先要重点培养幼儿的运动兴趣，让孩子从想玩到爱玩，通过付诸于行动——亲子体育活动，促进亲子共同成长，从最初的不会玩到会玩，再到"慧玩"，启发家长领悟"生活中处处是教育"的道理，通过各种亲子活动，让幼儿从日常生活实践中接受锻炼和教育。

图12-2　适合幼儿参与的民间体育游戏活动（一）

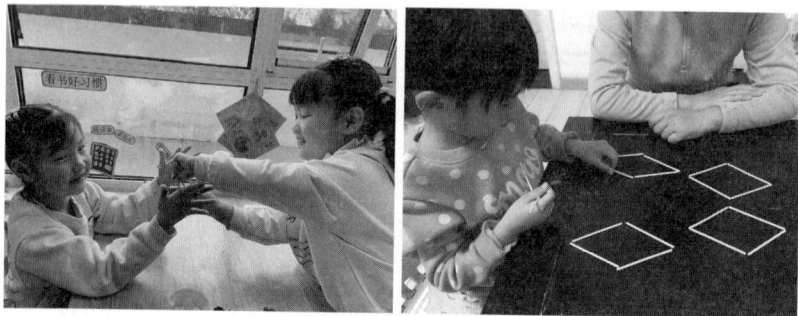

图12-3　适合幼儿参与的民间体育游戏活动（二）

下面列举几个家庭亲子体育游戏案例，仅供参考。

★ 游戏案例1：赶马车或开火车

目标：练习按口令协调走步或手膝爬、手脚爬，发展四肢肌肉力量和动作协调性，体验亲子游戏的乐趣，培养亲子感情。

玩法：家长将长绳（或长布条、毛巾、丝巾）套在幼儿胸前或腹部。幼儿以直立或手脚着地爬的形式往前行进（图12-4）。家长在其身后双手牵拉绳索，让幼儿稍负重前行。也可以选择在家里（如客厅、卧室）自由行动，如果配上音乐或如下的儿歌，游戏气氛会更好，更能激发幼儿的兴趣和积极性。

本游戏适用于小班。

附儿歌：

赶　马　车

套上绳，驾马车，小龙马，快快跑；

我把缰绳来拿好，马儿健步往前跑。

开　火　车

呜呜呜，火车叫，咔嚓咔嚓开动啦！

小小火车跑得快，爸爸夸我最可爱。

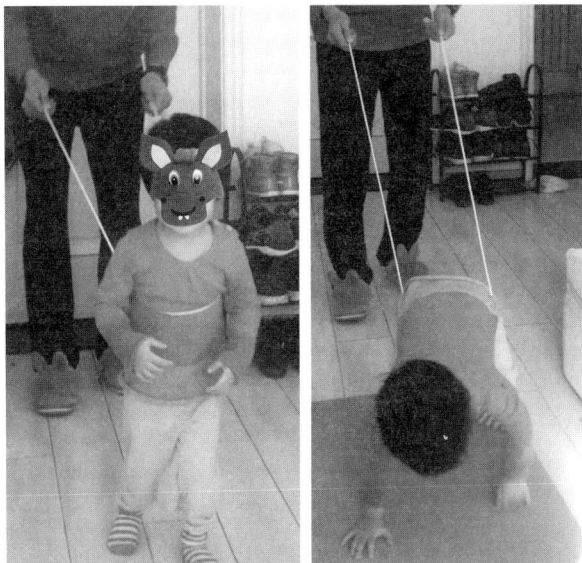

图12-4　"赶马车"或"开火车"游戏示意图

★ **游戏案例2：走平衡**

目标：练习全脚掌走平衡及前脚掌侧向走平衡，锻炼幼儿的平衡感和下肢力量，增强身体平衡性和空间感知。

玩法：地面放一根长绳（也可以用丝带或橡皮筋代替）（图12-5），将长绳绑缚于两凳之间。幼儿两臂侧平举，沿着长绳行走。也可以在平整的地面用卷纸平铺一条纸带（2~3米），当做"独木桥"，幼儿双脚脚尖朝前，全脚落于纸带上，从起点开始往前走，到达终点后退回到起点；或改变行进方法，如用前脚掌接触纸带，侧向移动式过"独木桥"，到达终点后，再以同样的方式返回到起点。如此循环练习2~3次。连续移动约30秒为一组，每天5组，每组间歇30秒。

本游戏适用于小、中、大班。

图12-5 "走平衡"游戏示意图

★ 游戏案例3：揪尾巴

目标：练习追逐跑、躲闪跑，锻炼幼儿手眼协调性和反应能力。

玩法：家长在腰间左、右侧（或身后）扎上一条或两条毛巾，当做尾巴，在一定的空间范围内来回躲闪、移动，幼儿在追逐家长的过程中趁机揪掉毛巾。

本游戏适用于小班。

★ 游戏案例4：追逐"跟斗云"

目标：练习抛投和追逐跑，锻炼幼儿手眼协调能力及心肺耐力，尤其是提升上肢、肩颈肌肉力量及协调性。

玩法：在一定的空间范围内，家长和幼儿保持一定的间距（1.5~2.5米），手中各持一个塑料袋，同时将塑料袋抛向空中，然后快速交换位置，快速抓住对方抛出的塑料袋，要求在塑料袋落地之前抓住，否则就算失误。反复抛、抓塑料袋数次，失误最少的为获胜方。

本游戏适用于小、中班（适当增加家长和幼儿之间的间距）。

★ 游戏案例5：双脚夹包踢投

目标：练习夹物跳，提升下肢爆发力，脚部精细动作和空间感知，增强心肺耐力及免疫力。

玩法：准备若干个纸杯和一包抽纸巾（或其他大小相似的纸盒）；将纸杯摆成方形，杯口朝下或朝上；幼儿站在距离纸杯约1米的位置，双脚夹住纸巾包起跳，将纸巾包甩向前方的纸杯，将纸杯击倒。注意调整方向和力度，击中每一个纸杯。击中10个纸杯为一组，每天练习5组，每组间歇1分钟。

本游戏适用于中、大班。

★ **游戏案例6：投掷游戏**

目标：练习单手肩上投掷，发展幼儿投掷动作技能和专注力，提升手眼的协调性，提高幼儿空间感知力。

玩法：以纸箱（也可以是塑料盆、洗脸池、浴缸等）作为投掷目标，让幼儿站在距其1.5~3米的投掷起始线（图12-6）后，往纸箱里投掷纸团（也可以用乒乓球、海绵球、袜子团、小玩偶等代替）。当幼儿投掷准确率达到较高（90%及以上）水平后，家长可以逐步增加投掷起始线与目标物之间的距离或改变目标物的高度（将目标物放置在小椅子或桌子上），增加投掷游戏的难度。也可以让幼儿与父母比比看，看谁投得准、投中得多。注意：投掷20次为一组，20次后换另一只手进行练习。每天练习8组。每组练习间歇半分钟。

本游戏适用于小、中、大班。

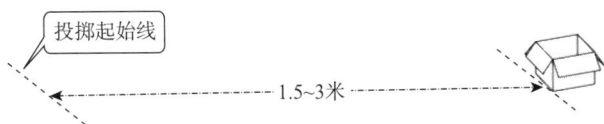

图12-6　"投掷游戏"场地示意图

★ **游戏案例7：摇摆节奏跳**

目标：练习双脚原地跳，发展幼儿的跳跃技能，增强跳跃动作的节奏感，提高幼儿的反应力及专注度。

玩法：准备一根晾衣杆。家长蹲下，将晾衣杆平放在地面上，在幼儿脚下左右摇摆晾衣杆。幼儿根据晾衣杆摆动的节奏，双脚向上跳起、再落下，注意不能踩住晾衣杆。幼儿经过反复练习，熟练掌握跳跃动作后，家长可以适当加快摆动晾衣杆的频率，幼儿也相应地加快双脚原地跳跃的速度。最终，让幼儿能根据晾衣杆摆动的速度来调节双脚起跳的快慢。

本游戏适用于中、大班。

★ **游戏案例8：爬行搬运PK赛**

目标：练习手脚爬，"S"形绕障碍跑，锻炼幼儿身体的核心力量，提高腿、脚的敏捷性。

玩法：准备若干个纸杯和纸巾包，按图12-7所示摆成两条直线，家长与幼儿同时从起始线出发，手脚爬到终点线，拿起一个纸巾包，绕纸杯走"S"形路线跑回起始线，放下纸巾包，继续按前述动作要求，到达终点线取纸巾包，直到取完所有的纸巾包，最先完成游戏任务的获胜。

本游戏适用于中、大班。

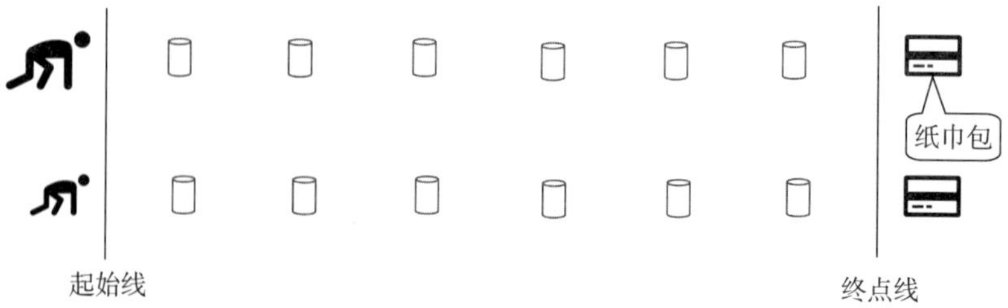

图12-7 "爬行搬运PK赛"游戏示意图

★ **游戏案例9：单脚立式对抗**

目标：锻炼单脚站立并保持身体的平衡，提升幼儿的反应力、平衡力及核心区的稳定性。反复练习，增强下肢力量，促进单脚跳能力的发展。

玩法：用跳绳在地面围成一个圆圈（占地面积2~3平方米），家长和幼儿面对面单脚站立在圈内。家长发出"开始"的口令后，双方互推双手。一方悬空脚落地者为失误，计对方得1分。如双方都出现失误或都没有失误，则双方都不得分。经过若干次互推或以计时1分钟、得分高的获胜。

本游戏适用于中、大班。

★ **游戏案例10：躲避投球**

目标：练习投掷动作及躲闪跑，提升幼儿的反应力、专注力和身体的协调性，通过左右躲闪和跑动，有效提升心肺耐力，增强身体的免疫力。通过投掷移动的目标，锻炼投掷动作技能，提升上肢肌肉力量。

玩法：准备纸团若干（也可以用乒乓球或海洋球代替）。幼儿与家长保持2~3米的距离，家长向幼儿投掷纸团，幼儿左右躲避，不要被纸团击中。家长逐渐加快投掷纸团的速度。家长投掷10次后，与幼儿互换角色。双方记录各自被击中的次数。一轮游戏后，以击中次数少的获胜。

本游戏适用于小、中、大班。

第三节　家庭亲子体育活动策略

一、创设良好的运动环境

良好的运动环境既是幼儿参与运动的重要条件，也是开展亲子体育活动的物质基础。良好的运动环境能有效激发幼儿参与活动的欲望和热情。家长首先应充分考虑利用家庭居室内的空间与材料，为家庭亲子体育活动进行空间布局和材料准备，积极创设一个良好的运动环境，最大限度地发挥环境育人的作用。

1.挖掘家庭居室内的空间资源

幼儿教育资源无处不在，以多种途径、多种方式开发与利用丰富的资源，才能促进幼儿全面发展。为此，家长应充分挖掘家里的运动空间资源，促进幼儿动作发展。如：利用小板凳练习高跳下，利用地砖线走平衡，利用桌椅下的空间练习钻爬，利用沙发和梯子练习攀爬，利用床铺练习翻滚，利用自行车或门框练习悬垂。

2.丰富家庭体育器械及玩具

幼儿通常对体育器械及玩具有着与生俱来的好奇心。家长可以利用幼儿的这种好奇心，自制或购买一些运动辅助器械。如捆绑易拉罐当作梅花桩，练习走平衡；利用大纸箱制作"坦克履带"，让幼儿钻纸箱或手脚并用向前爬；利用矿泉水瓶玩"保龄球"；利用水果网兜装上报纸团当作"流星球"，练习抛接球；利用抖床单、长条丝巾等锻炼幼儿的手臂及腕部力量……只要家长有心，家里的很多材料都可以制作成体育器械玩具，满足幼儿游戏运动的需要。

3.拓展户外活动空间场所

社区附近的草坪、沙地、广场、树丛、体育馆等自然环境及设施都是开展亲子活动可以利用的空间。如：利用小区空旷地面，画出各种迷宫格子、圆圈、弧线等，带领幼儿练习走、跑、跳及平衡等，利用社区周边山坡地势练习爬、滚等，利用小区健身器械进行身体各部位的机能锻炼；充分利用社区体育场、健身场或广场，陪幼儿一起散步、走跑交替练习、跑步，带领幼儿玩各种球（如羽毛球、篮球、足球等），引导幼儿跳绳、踢毽子、骑平衡车、耍陀螺、抖空竹、套圈、玩呼啦圈、玩跳跳圈等。如果条件允许，还可以多带领幼儿压跷跷板、荡秋千、玩攀爬器械等。

积极开展周末节假日出游活动，带领幼儿逛公园、儿童游乐园，包括登山、钻山洞、玩旋转木马、跳蹦床、爬网架等。

二、采用灵活、多样的活动方式

《纲要》健康领域中指出："要根据幼儿的特点组织生动有趣、形式多样的体育活动，吸引幼儿主动参与。"这不仅是对幼儿园组织活动的要求，同样是对开展家庭亲子活动的要求。通过灵活、多样的活动方式，不断引导幼儿参与活动，培养其参与活动的兴趣，提高幼儿运动质量。

1.根据年龄特点和循序渐进的原则安排活动内容

幼儿的发展既有其持续、渐进的特点，又有其阶段性特点。应根据幼儿的年龄特点选择亲子活动内容，使活动更有针对性和层次性，从而促进幼儿更好的健康成长。如，球类运动游戏，不同年龄段的幼儿侧重点应有所不同。小班幼儿是触摸觉发展的最佳时期，此时应多为幼儿提供触摸球的机会，让幼儿多练习抓握，提高身体感知觉的灵敏性；中班幼儿身体动作的协调性有所提高，可为幼儿提供稍大的皮球，多练习拍球技能，也可以为幼儿准备羊角球，多做弹跳练习；大班幼儿手臂力量不断增强，身体的协调性、灵活性也得到了进一步提高，此时，可以用乒乓球或小篮球进行球类运动。这样针对幼儿年龄特点，小步递进式锻炼，幼儿运动能力提升的效果才会更加明显。

2.关注个体差异，做到有的放矢

幼儿的发展既有相似的发展进程，又有其独特的个体差异，即使是同龄幼儿，不同个体间常具有不同的发展速度与水平，关注并尊重幼儿的个体差异，允许幼儿以适合自己的速度和方式去学习，只有这样，才能助力幼儿的健康发展。家长要多从幼儿的角度审视、观察他们的内心活动和运动需求，理解他们的学习特点，适时调整活动材料、活动内容及活动方式，使活动更加适合自己孩子的运动需要。如在"穿越封锁线"活动中，若幼儿身体协调性较差，应适时提高绳与地面的距离，鼓励幼儿小心穿越；若幼儿身体协调性较强，则可以逐步降低绳与地面的距离，结合改变其他条件，如限定穿越时间，在绳上拴系铃铛等，逐步提高穿越难度，鼓励幼儿调整身体运动方式，达到快速穿越的目的。又如，有的幼儿初学跳绳，不敢跳，也不会跳。家长可以采用稍长的绳子，慢速摇绳，尽量避免绳子绊到幼儿，帮助幼儿逐步克服害怕心理。

3.积极互动，提高活动的趣味性

游戏是幼儿最喜欢的活动方式，也是幼儿最容易接受的学习方式。亲子体育活动最好的方式就是家长与幼儿一起进行游戏互动。小班幼儿处于具体形象思维阶段，他们需要借助现实场景进行思维，活动中，应尽量创设游戏情境。如爬行练习中设计"蚂蚁运粮"的情境，用枕头当粮食，用被子当山坡，让幼儿扮演蚂蚁，爬过山坡，搬运粮食。而中班幼儿的理解能力有所发展，互助合作能力也有较大的提高，且具有初步的竞争意识。因此，亲子活动中可以适当引入竞赛的成分，竞赛能有效提高幼儿的运动兴趣。如：单纯拍球和跳绳比较枯燥，动作单调，容易厌烦，如果家长采用与幼儿比赛的形式进行练习，效果会更好。

三、注重整体性发展，培养运动品质

家庭亲子体育活动不仅是娱乐健身活动和动作技能练习，更是培养幼儿良好心理品质的契机，包括自我保护、运动思维及勇敢、顽强的意志、品质等。

1.培养幼儿自我保护的意识和能力

幼儿的自我保护意识和能力是幼儿在参与各类体育活动中逐步获得的。在亲子体育活动中，家长不仅需要教幼儿如何做才能有效保护自己，更要让其懂得为什么要这样做。通过活动，反复练习，使其自我保护行为成为习惯。如：在摔倒时，要学会用双手撑地；在追逐游戏中，培养其灵活躲闪的能力；在平衡游戏中，要用两臂侧平举来调节身体的平衡等。

2.培养幼儿探索未知的能力

体育活动不仅能促进幼儿动作发展和综合运动能力的提升，还能让幼儿产生探究周围世界的积极性，发展幼儿学习的自主性。家长应给幼儿自由的空间，创造自主探索的机会，让幼儿在体育活动中，真正成为自主学习的主人。如，给幼儿提供几块沙发垫，看看幼儿会想出哪些运动游戏。结果发现，幼儿会将沙发垫当作"投掷物"，练习向上抛，再伸手接住；还会将垫子放在背上驮着，练习爬；将垫子顶在头上，练习走平衡；铺在地上，当作"小河"，练习跨跳；夹在两腿之间，练习双脚行进跳；坐在垫子上，把垫子当作"小船"，练习双手撑地式移动身体，将垫子连接成"独木桥"，练习走平衡；将垫子竖起来，连接成迷宫，练习走或跑等。只要给幼儿充足的探索空间，他们总会用自己已有的知识和经验来尝试探索不同的运动方式。在这个过程中，他们的想象力和创造力得以发挥，综合运动能力和运动思维能力得到提高。

3.培养幼儿的自信心

在家庭亲子体育活动中，家长应尊重幼儿的行为需要，适度创造与其年龄相适应的"困难"情境，使运动过程具有适宜的挑战性，让幼儿感受到：挑战、勇敢应战、克服困难、努力获得成功后的成就感。如传统游戏"滚铁环"，对于大班幼儿来说具有一定的挑战性，家长应鼓励幼儿面临挑战时要沉着、冷静，反复练习，不断尝试寻找滚动铁环的平衡点。当幼儿经过努力成功地向前滚动铁环时，他们获得了成功后的愉悦感，这是培养他们意志和毅力的开端，是他们建立自信心的开始。

教师应结合上述内容，按不同年龄段的幼儿侧重点不同，定期或不定期给家长提出具体的活动建议，并针对不同的具体活动建立家园互动的联系卡及活动记录册，也可以采用电子记录（如拍照、录像等）的方式，进行微信群上传、分享。

参 考 文 献

［1］李金泉，李荣．幼儿体育［M］．北京：高等教育出版社，2010.

［2］人民教育出版社体育室．幼儿园体育活动的理论与方法［M］．北京：人民教育出版社，
2013.

［3］Greg Payne，耿培新，梁国立．人类动作发展概论［M］．北京：人民教育出版社，2008.

［4］窦作琴．幼儿运动分解教学［M］．上海：复旦大学出版社，2019.

［5］汪超．幼儿园体育活动设计与指导（第二版）［M］．上海：复旦大学出版社，2018.

［6］文岩．幼儿体操教程［M］．北京：人民教育出版社，2012.

［7］陶宏．幼儿体育教学活动实践手册［M］．上海：华东师范大学出版社，2017.

［8］陈洪森．日本幼儿体育活动这样做［M］．上海：华东师范大学出版社，2016.

［9］刘馨，张首文．幼儿园健康教育资源 体育活动［M］．北京：人民教育出版社，2018.

［10］赵薇，朱晓燕．自制玩具与体育游戏［M］．南京：南京师范大学出版社，2016.

［11］赵晓卫，李丽英，袁爱玲．幼儿园民间体育游戏课程［M］．福州：福建教育出版社，
2015.

［12］李安娜，赵宜，李洋．玩出智慧：图说民间游戏［M］．北京：科学普及出版社，2011.

［13］白爱宝．幼儿发展评价手册［M］．北京：教育科学出版社，1999.

［14］叶平枝，等．幼儿园领域课程指导丛书：幼儿园健康领域教育精要：关键经验与活动
指导［M］．北京：教育科学出版社有限公司，2016.

［15］［美］安·S.爱泼斯坦（Ann S. Epstein）．身体发展和健康：关键发展指标与支持性教
学策略［M］．霍力岩，刘祎玮，刘睿文，等，译．北京：教育科学出版社，2018.

［16］［美］玛乔丽·J.科斯泰尼克，安妮·K.索德曼，艾丽斯·菲普斯·惠仁，等．发展
适宜性实践：学前教育活动的组织与评价［M］．郑福明，等，译．北京：教育科学出
版社，2011.